中国教育法制评论

Chinese Educational Law Review (Volume 23)

劳凯声　余雅风　陈鹏　主编

第辑

教育科学出版社
·北京·

出 版 人　郑豪杰

责任编辑　王晶晶

版式设计　郝晓红

责任校对　马明辉

责任印制　叶小峰

图书在版编目（CIP）数据

中国教育法制评论. 第 23 辑 / 劳凯声，余雅风，陈
鹏主编 . —北京：教育科学出版社，2022.12
ISBN 978-7-5191-3366-5

I.①中⋯　II.①劳⋯　②余⋯　③陈⋯　III.①教育法
—研究—中国　IV.① D922.164

中国版本图书馆 CIP 数据核字（2022）第 253958 号

中国教育法制评论　第 23 辑
ZHONGGUO JIAOYU FAZHI PINGLUN

出 版 发 行	教育科学出版社				
社　　　址	北京·朝阳区安慧北里安园甲 9 号		邮　　编	100101	
总编室电话	010-64981290		编辑部电话	010-64989363	
出版部电话	010-64989487		市场部电话	010-64989009	
传　　　真	010-64891796		网　　址	http://www.esph.com.cn	
经　　　销	各地新华书店				
制　　　作	高碑店市格律图文设计有限公司				
印　　　刷	唐山玺诚印务有限公司				
开　　　本	720 毫米 ×1020 毫米　1/16		版　　次	2022 年 12 月第 1 版	
印　　　张	15.5		印　　次	2022 年 12 月第 1 次印刷	
字　　　数	249 千		定　　价	45.00 元	

目　录

Contents

Legal Practice

Hot Spot Analysis

Advice from Others

Policy Research

□ 管　华

党领导教育立法的成就与经验 ①

【摘　要】党领导教育立法经历了萌芽、探索、发展和完善时期。萌芽时期党重视政治教育、普及教育和干部教育，探索时期形成了中小学、高等教育、扫盲教育和语言文字等方面的制度，发展时期我国教育法律体系基本形成，完善时期党加强对教育立法的全面领导。坚持党的领导、问题导向、人民至上和教育优先是党领导教育立法所取得的基本经验。

【关键词】中国共产党　教育立法　成就与经验

一、党领导教育立法的萌芽时期

中国共产党成立到 1949 年，是党领导教育立法的萌芽时期。这一时期党发布了一系列关于教育的主张、宣言，颁布了大量发挥法律作用的决议、命令和规定，是中国共产党领导教育立法的初步尝试。

1921 年《中国共产党第一个决议》提出成立工人学校，"灌输阶级斗争的精神"以"提高工人的觉悟"。1922

①　本文系教育部哲学社会科学研究重大课题攻关项目"全面依法治国视域下司法行政职能定位及作用发挥问题研究"（20JZD021）成果。

年《中国共产党对于时局的主张》提出的奋斗目标包括"实行强迫义务教育"。同年《中国共产党第二次全国代表大会宣言》提出"改良教育制度，实行教育普及"。这些文告中提出的教育为革命服务、普及义务教育等主张长期指导着后来的立法。1931年《中华苏维埃共和国宪法大纲》和《关于中国境内少数民族问题的决议案》规定了苏维埃政权保证工农的受教育权、实行免费的普及教育，并强调落后民族地区文化的提高。1931—1934年，中华苏维埃共和国制定的教育相关法规达20余部，涉及红军教育、干部教育、扫盲教育、社会教育和小学教育等各方面（陈元晖 等，1981）[168-342]。1941年《陕甘宁边区施政纲领》提出消灭文盲，普及国民教育，改善小学教员生活，推广新文字教育，加强干部教育，给予游民教育机会。

本阶段党的领导人在戎马倥偬之余高度重视教育，将教育作为取得革命胜利的重要手段，形成了党领导教育事业发展的指导方针，建立了适应战时需要的教育制度，表现出以下特点。（1）教育为战争服务。毛泽东指出："一切文化教育事业均应使之适合战争的需要。"（中华人民共和国教育部 等，2002）[18]《关于在职干部教育的指示》提出军事干部和地方干部都要学习军事知识。《陕甘宁边区战时教育方案》要求中小学进行军事教育，增加防空防毒、制造火药地雷等实用知识和军事训练。（2）干部教育第一。《陕甘宁边区抗战时期施政纲领》中明确规定实行干部教育、培养抗战人才（中央教育科学研究所，1986a）[7]。《关于在职干部教育的决定》指出干部教育工作在全部教育工作中应该是第一位的，党中央围绕干部教育制定了一系列法规，如《延安在职干部教育暂行条例》《关于延安干部学校的决定》等。（3）坚持"学干结合"。《关于延安干部学校的决定》批评了主观主义、教条主义的学风。《关于在职干部教育的决定》要求一切在职干部"做什么，学什么"。理论联系实际的学风也落实到了小学，《晋冀鲁豫边区小学暂行规程》规定进行理论与实践的统一教学。（中央教育科学研究所，1986b）[437]中国共产党建党伊始，摒弃了千百年来的陈腐教育，普遍开展政治教育。1934年《列宁小学校学生组织大纲》指出："离开了斗争、劳动与实践，专拿书本来读，是说不上共产主义教育的。"（陈元晖 等，1981）[334]党在经费极度困难的时期，仍注重保障教师待遇，《小学教员优待条例》规定，小学教员的生活费、土地税与医疗待遇都和苏维埃工作人员一样。上述内容加上扫除文盲、普及教育、男女平等、简化汉字等关于教育的早期主张和制度实践，既构成了新中国教育事业发展的指导方针，也为新中国成立后党领导教育立法提供了经验基础。

二、党领导教育立法的探索时期

1949—1976 年是党领导教育立法的探索时期。这一时期党中央和政务院（1954 年以后为国务院）发布的一系列有关教育的指示、决定，内容涉及中小学教育、高等教育、扫除文盲、语言文字等各方面，形成了我国教育法制的雏形，为新中国教育法制奠定了基础。

中国共产党在《中国人民政治协商会议共同纲领》起草过程中发挥了决定性作用（孟红，2012）。《中国人民政治协商会议共同纲领》第四十一条规定中华人民共和国的文化教育的性质是新民主主义的，政府教育工作的主要任务是提高人民文化水平，培养国家建设人才，肃清封建的、买办的、法西斯主义的思想，发展为人民服务的思想。第四十六条规定教育方法是理论与实际一致。第四十七条规定实行普及教育，发展中等教育、高等教育、技术教育、业余教育、在职干部教育和政治教育。第五十三条规定少数民族有发展其语言文字的自由，人民政府应帮助其发展教育事业。1954 年《中华人民共和国宪法》第九十四条规定了公民的受教育权，第九十五条规定国家对从事教育事业的公民的创造性工作给予鼓励和帮助。这一时期党领导形成了多方面的教育制度。

中小学教育制度。1953 年《关于整顿和改进小学教育的指示》明确："教学是学校中压倒一切的中心任务"，"教师质量，是办好小学教育的决定因素"。1963 年的"小学 40 条"和"中学 50 条"都强调教育为无产阶级的政治服务，教育与生产劳动相结合，以教学为主，进行共产主义思想教育，还规定了体育卫生、教师、学校行政和党的工作等几方面内容。

高等教育制度。1950 年《高等学校暂行规程》规定了高校的任务，入学，课程、考试、毕业，教学组织，行政组织，社团等事项。在《关于高等学校领导关系的决定》《关于修订高等学校领导关系的决定》的基础上，形成了高等教育由中央、省两级管理的制度，明确了教育部、中央各部门和省级政府的职责。1950 年《关于高等学校一九五零年度暑期招考新生的规定》包括报考资格、考试科目、考试时间、从宽录取对象等内容。1961 年中共中央原则批准"高校 60 条"，该文件包括以教学为主、正确执行知识分子政策、与生产劳动相结合、党委领导下的以校长为首的校务委员会负责制等内容。

扫盲教育制度。1950 年国家先后发布《关于开展职工业余教育的指示》《关于开展农民业余教育的指示》，提出针对工厂职工、农村干部和农民开展识字教育（郝和国，2001）。为了扫除文盲，1954—1960 年国家先后发布了《关于加强农民业余文化教育的指示》《关于扫除文盲的决定》《关于推广注音识字的指示》。截至 1964 年，有近 1 亿中国人摘掉了文盲的帽子。

语言文字制度。1956 年《关于文字改革工作问题的指示》同意：简化汉字、推广普通话、拟订拼音方案。随后《关于公布汉字简化方案的决议》对汉字进行了进一步简化。传统中国文字构造复杂，书面语与口语不同，各地发音也不同，"中国现代大学之父"郭秉文因此感叹"中国数百万民众的教育普及是一件困难重重的事"（郭秉文，2017）[156]，但这样棘手的问题在新中国成立后就得到了妥善处理，语言文字相关政策的颁布，为 2000 年《中华人民共和国国家通用语言文字法》的颁布奠定了基础。

此外，1958 年《关于教育工作的指示》提出党的教育方针是"教育为无产阶级的政治服务，教育与生产劳动相结合"，强调要培养师生的阶级观念和劳动观念。中央还形成了"健康第一"的教育方针。《关于改善各级学校学生健康状况的决定》提出调整学生的学习、睡眠和体育活动或生产劳动的时间，要求减轻学生课业负担。类似的指示之后发布过多次。

总之，在这一时期，党领导的教育立法工作在教育的性质、原则、方法、受教育权，以及包括扫盲教育、中小学教育、高等教育和语言文字在内的相关制度方面，都展开了有益的探索，为改革开放后大规模教育法制建设奠定了基础。本阶段解决了萌芽时期提出的教育主权问题①，受教育权主体扩展到全体公民，扫盲教育、政治教育从根据地、解放区扩展到全国，中华民族被从愚昧麻木中解放出来，精神面貌焕然一新。

---

① 《中华苏维埃共和国第一次全国工农兵代表大会宣言》宣告："教育事业之权归苏维埃掌管。"

三、党领导教育立法的发展时期

改革开放到党的十八大以前，是党领导教育立法的发展时期。前两个时期大量党的文件、指示直接发挥法律作用，这一时期党中央强调"党政分开"，党领导教育立法主要体现为领导人民通过全国人大制定教育法律，我国陆续颁布了《中华人民共和国学位条例》《中华人民共和国义务教育法》《中华人民共和国教师法》《中华人民共和国教育法》《中华人民共和国职业教育法》《中华人民共和国高等教育法》《中华人民共和国国家通用语言文字法》《中华人民共和国民办教育促进法》。

"八二宪法"是对"五四宪法"的全面修改，修改过程中彭真指出，"教育问题是要写得更突出一点"（《彭真传》编写组，2012）[151]。所以"八二宪法"关于教育的规定相当完备，囊括了教育目的、家庭教育、学前教育、义务教育、职业教育、高等教育、扫盲教育、特殊教育、民办教育、推广普通话、教育与宗教分离、受教育权和科学研究自由等方面的内容。

《中华人民共和国学位条例》。这是新中国第一部教育单行法。改革开放前，党中央曾三次提出建立学位制度，并展开相关文件起草工作，但受政治环境制约，均未取得成功。1979 年党中央做出建立学位制度的指示（《胡乔木传》编写组，2007）[50]，1980 年《中华人民共和国学位条例》通过。2004年《中华人民共和国学位条例》修改，学位评定委员会组成人员名单不再需要报批，我国朝着"扩大高等学校办学自主权"的方向迈出了一小步。

《中华人民共和国义务教育法》。"八二宪法"中明确规定了普及初等义务教育。1986 年全国人大通过的《中华人民共和国义务教育法》明确规定免收学费。为了解决教育经费问题，促进法律出台、保证法律实施，彭真亲自与国务院领导协调，推动在法律生效之前，增拨 13 亿元教育经费。2003年，《中华人民共和国义务教育法》的修改进入全国人大和国务院的立法工作计划（洪丰，2004）。2006 年初，温家宝总理提出全部免除农村义务教育阶段学生的学杂费。随后全面修改后的《中华人民共和国义务教育法》通过，一举取消了杂费，要求促进义务教育均衡发展，取消重点校、重点班，实施素质教育。

《中华人民共和国教师法》。1978 年邓小平在全国教育工作会议上指出要提高人民教师的政治地位与社会地位，要研究教师首先是中小学教师的工资制度。《中华人民共和国义务教育法》通过以后，国家教委立即着手起草"教师法"，在审议过程中，委员们感到关于教师待遇的规定过于空泛，与教师的期望差距很大，建议推迟通过。1993 年《中国教育改革和发展纲要》明确：提高教师工资待遇，建立正常的工资增长机制。当年 10 月通过的《中华人民共和国教师法》规定，"教师的平均工资水平应当不低于或者高于国家公务员的平均工资水平"，这是我国立法史上的突破。

《中华人民共和国教育法》。1983 年全国高等教育工作会议上，很多代表提出制定"教育基本法"。1994 年江泽民明确指出要加快"教育法"的起草。1995 年《中华人民共和国教育法》通过，将教育优先发展确定为立法原则，并专设一章规定了"教育投入与条件保障"。2009 年为了适应义务教育"以县为主"管理的现实，《中华人民共和国教育法》修改，基本取消了乡的办学职责。

《中华人民共和国职业教育法》。1958 年邓小平指出："任何时候都不要忽略职业中学的教学质量问题。"（中华人民共和国教育部 等，2002）[90] 1985年《中共中央关于教育体制改革的决定》提出，职业技术教育是我国教育事业最薄弱的环节，要树立行行出状元的观念，从中学阶段开始分流，力争 5年左右达到职普比相当。职业教育是否包括职业培训是《中华人民共和国职业教育法》起草过程中最大的难点，经几位副总理和有关部门协商，确定职业培训属于职业教育范畴和教育部门为职业教育机构的主管部门（张光喜，2010）。1996 年，全国人大常委会通过《中华人民共和国职业教育法》。

《中华人民共和国高等教育法》。1993 年《中国教育改革和发展纲要》提出：通过立法明确高校的权利和义务，政府管理高校首先要运用立法手段。1997 年《中华人民共和国高等教育法（草案）》在审议过程中出现了关于高校的领导体制的争执。1998 年 6 月 4 日，党中央讨论了这个问题，结论是高教法要写上有关党的领导的内容（李鹏，2006）[90]。随后《中华人民共和国高等教育法》通过，明确规定了党委领导下的校长负责制。

《中华人民共和国国家通用语言文字法》。该法不仅规定了学校和教育机构应使用普通话和规范汉字，也对国家机关、汉语言出版物、电台电视台和公共服务行业提出了要求。《爱国主义教育实施纲要》指出"要进行中华民族优秀传统文化教育"，"要正确使用祖国的语言文字，大力推广普通话"。1996 年 227 位全国人大代表提出对语言文字进行立法（汪家镠，2000），2000 年《中华人民共和国国家通用语言文字法》正式通过。

《中华人民共和国民办教育促进法》。1982 年《关于中华人民共和国宪法修改草案的报告》中提出："发动各种社会力量"，包括"国家批准的私人办学者"举办教育事业。但由于长期面临着"姓社姓资"的诘难，民办教育发展举步维艰（陈桂生，2001）。1999 年《中共中央国务院关于深化教育改革全面推进素质教育的决定》提出，鼓励和支持社会力量办学，"加快民办教育的立法"。针对"是否允许民办教育营利"的问题，2002 年李鹏提出："市场经济应允许合理回报，如果没有这一条，不但积极性调动不起来，而且现在已经办的、正在办的或者是办得比较好的民办教育可能维持不下去。"（李鹏，2006）[781] 随后《中华人民共和国民办教育促进法》在全国人大常委会获得通过，规定允许取得合理回报。

从改革开放到党的十八大以前，是党领导教育立法的发展时期，有中国特色的社会主义教育法律体系基本形成。这一时期不仅继承了探索时期未竟的制度建设事业，在义务教育、高等教育和语言文字等方面制定了法律，在扫盲教育上由国务院制定了《扫除文盲工作条例》，而且通过国家立法大大提高了教师的地位，建立了职业教育制度，开始探索社会主义市场经济条件下如何促进民办教育发展，掀起了教育事业蓬勃发展的高潮。同时，坚持党对教育的领导、加强思想政治教育、教育与劳动相结合这些优良传统也在立法中得到了体现。2011 年，我国全面完成普及九年义务教育、扫除青壮年文盲的任务，创造了人类教育史上的奇迹。

四、党领导教育立法的完善时期

党的十八大以来，党领导教育立法进入完善时期。2010 年《国家中长期教育改革和发展规划纲要（2010—2020 年）》（以下简称《教育规划纲要》）提出了"六修五立"的立法计划，目前《中华人民共和国教育法》《中华人民共和国高等教育法》《中华人民共和国民办教育促进法》的修改已完成，《中华人民共和国家庭教育促进法》于 2021 年通过。党对教育和立法的领导都进入全面领导、系统领导和整体领导时期，这一时期的教育立法呈现出了新的特点。

《中华人民共和国教育法》。《中华人民共和国教育法》在 2015 年、2021 年经过两次修改。2013 年《中共中央关于全面深化改革若干重大问题的决定》（以下简称《决定》）提出："坚持立德树人，加强社会主义核心价值体系教育"，"增强学生社会责任感、创新精神、实践能力"，"大力促进教育公平"，"统筹城乡义务教育资源均衡配置"。上述内容分别体现于 2015 年修改的《中华人民共和国教育法》第六条第一款的教育方针和第十一条第二款国家发展教育的措施中。《教育规划纲要》专设一章规定了"学前教育""扩大教育开放""加快教育信息化进程"，2015 年修改的《中华人民共和国教育法》分别在第十八条、第六十六条、第六十七条落实了上述要求。《教育规划纲要》提出"探索营利性和非营利性民办学校分类管理"，2015 年修改的《中华人民共和国教育法》删掉了"不得以营利为目的举办学校及其他教育机构"，为制度变革留下了空间。习近平总书记强调：在各民族中牢固树立国家意识、公民意识、中华民族共同体意识，推进双语教育。2015 年修改的《中华人民共和国教育法》第十二条对于以少数民族学生为主的学校和教育机构，删去了"可以使用本民族或者当地民族通用的语言文字进行教学"的规定，要求"实施双语教育"。2018 年《中华人民共和国宪法》修改，将邓小平理论、"三个代表"重要思想、科学发展观和习近平新时代中国特色社会主义思想写入国家的指导思想，将"党的领导"写入《中华人民共和国宪法》正文。2021 年修订的《中华人民共和国教育法》第三条增加了上述内容。习近平总书记指出，教育"对提高人民综合素质、促进人的全面发展、增强中华民族创新创造活力、实现中华民族伟大复兴具有决定性意义"，上述内容被写入 2021 年修订的《中华人民共和国教育法》第四条。2013 年以来，习近平总书记多次强调"树立劳动观念"。2015 年、2021 年《中华人民共和国教育法》修改分别将"美"和"劳"增补为培养目标。党的十九大报告提出"革命文化和社会主义先进文化"，2021 年修订的《中华人民共和国教育法》将其写入第七条。

《中华人民共和国高等教育法》。2015 年《中华人民共和国高等教育法》的修改和《中华人民共和国教育法》同时进行，一揽子通过，在贯彻《决定》《教育规划纲要》精神上基本一致。2018 年《中华人民共和国高等教育法》再次修订，取消了对修业年限调整的审批。

《中华人民共和国民办教育促进法》。2013 年、2018 年《中华人民共和国民办教育促进法》的修改均是微调，体现了简政放权的精神。由于民办教育按照营利、非营利的标准分类管理遭到不少举办者和社会舆论的反对，原计划于 2015 年通过的《中华人民共和国民办教育促进法》被暂缓表决。2016 年通过的《民办学校分类登记实施细则》《营利性民办学校监督管理实施细则》解决了该争议（贺春兰 等，2017）。对于义务教育阶段是否应当一律禁止设立营利性学校的争议，由于"是党中央明确提出的要求"，义务教育应"体现国家意志，应当充分体现教育的公平性和公益性"，"不得设立实施义务教育的营利性民办学校"最终被写入《中华人民共和国民办教育促进法》第十九条。此外，2016 年修订的《中华人民共和国民办教育促进法》在《中华人民共和国教育法》2021 年修改时增加"坚持中国共产党的领导"之前，就规定了党的基层组织，这个突破也是党的全面领导的体现。

《中华人民共和国义务教育法》。《中华人民共和国义务教育法》于 2015 年、2018 年两次修改，2015 年的修改下放了教科书定价权，2018 年的修改属于纯技术修改。

《中华人民共和国家庭教育促进法》。习近平总书记高度重视家庭家教家风。[①] 该法不仅体现了《中华人民共和国教育法》最新修改的精神，还全面落实了习近平总书记关于家庭教育的论述（管华 等，2021）。习近平总书记强调"家长应该担负起教育后代的责任"，"办好教育事业，家庭、学校、政府、社会都有责任"，"教育、妇联等部门要统筹协调社会资源支持服务家庭教育"，"最重要的是品德教育"，《中华人民共和国家庭教育促进法》就专设一章规定了"家庭责任""社会协同"，第十六条不仅规定了对未成年人进行品德

---

① 参见中共中央党史和文献研究院. 习近平关于注重家庭家教家风建设论述摘编［M］. 北京：中央文献出版社，2021.

教育，还规定了"铸牢中华民族共同体意识，培养家国情怀"。习近平总书记重视党员干部的表率作用，最终通过的法案在二次审议稿的基础上增加了第四条第三款，强调国家工作人员的带头作用。

截至 2022 年 1 月，"六修五立"中的其他立法项目也取得了进展：2021 年 4 月 12 日，《中华人民共和国学前教育法草案（送审稿）》报送国务院审议；4 月 15 日，《中华人民共和国学位法草案（征求意见稿）》结束向社会公开征求意见；6 月 7 日，《中华人民共和国职业教育法（修订草案）》经过全国人大常委会第一次审议；12 月 20 日，《中华人民共和国教师法（修订草案）（征求意见稿）》结束向社会公开征求意见。新时期，党领导教育立法工作稳步发展，即将迎来丰收季节。

完善时期党领导教育立法的根本特点是善于使党的主张通过法定程序成为国家意志，具体体现为三方面。一是完善教育法律体系。从内容上看，完善了教育方针、发展措施、指导思想、教育原则。二是推动重大改革。加强对民办教育的监管和治理，是新时代教育事业发展最鲜明的特色，其终极目的是维护教育的公平性和公益性，促进学生全面发展、健康成长。三是补齐制度短板。通过修改《中华人民共和国教育法》，规定学前教育制度，完善了我国的学校教育制度，为制定《中华人民共和国学前教育法》奠定了基础。《中华人民共和国家庭教育促进法》尽管对家长和监护人规定的强制性法律责任不多，但也贯彻了习近平总书记"领导干部的家风，不是个人小事、家庭私事，而是领导干部作风的重要表现"（新华社，2015）的指示。全国人大及其常委会主动落实中央精神，是这一时期教育立法的突出特点。

五、党领导教育立法的历史经验

坚持党的领导。在党领导教育立法的萌芽时期和探索时期，党的决议、决定直接发挥了法律的作用，对各级各类教育制度建设进行了全面探索，为改革开放后党领导全国人大及其常委会制定教育法律积累了经验、奠定了基础。党对教育立法的领导主要体现在两个方面。一是提出立法动议。《中华人民共和国学位条例》《中华人民共和国义务教育法》《中华人民共和国教育法》《中华人民共和国高等教育法》《中华人民共和国国家通用语言文字法》《中华人民共和国民办教育促进法》之所以能够进入立法议程，都是直接以中央指示或决定为依据的。二是解决重大争议。义务教育能否免收学杂费、教师待遇如何保证、高等学校如何坚持党的领导、职业教育是否包括职业培训等问题的解决，最后都是基于中央领导的指示或由中央讨论决定。

坚持问题导向。为人民谋幸福、为民族谋复兴是党的初心和使命，也是教育立法要遵循的宗旨，在不同的历史条件下，教育立法要完成的具体任务也各有不同。在党领导教育立法的萌芽时期，为了发动革命，群众教育的目的就是灌输阶级意识，提高斗争精神。在党领导教育立法的探索时期，为了保证国家的社会主义前途，立法规定了教育的新民主主义性质，要求教育为无产阶级的政治服务。在党领导教育立法的发展时期，为了提高教师待遇，制定了《中华人民共和国教师法》；为了保证教育经费持续稳定增长，制定了《中华人民共和国教育法》；为了鼓励支持社会力量办学，制定了《中华人民共和国民办教育促进法》。在党领导教育立法的完善时期，为了完善教育的宗旨、方针、指导思想和重要意义，修改了《中华人民共和国教育法》《中华人民共和国高等教育法》；为了保证教育的公益性，修改了《中华人民共和国民办教育促进法》；为了发扬中华民族重视家教的传统，制定了《中华人民共和国家庭教育促进法》。

坚持人民至上。党的十九届六中全会决定提出"坚持发展为了人民、发展依靠人民、发展成果由人民共享"，体现在教育立法领域就是坚持教育立法为了人民、教育立法依靠人民、教育立法成果由人民共享。在教育立法依靠人民方面，我国教育立法呈现出很强的回应型立法的特点，体现了全过程民主。六届人大以后，每年全国人大、政协开会，都有很多代表和委员提出加快制定"教师法"的议案和建议。在此基础上，全国人大常委会副委员长孙起孟给李岚清副总理写信，提出制定"教师法"刻不容缓（吴福生，1994）。在教育立法成果由人民共享方面，制定和修改《中华人民共和国义务教育法》，实现义务教育全免费。《2006年全国教育事业发展统计公报》显示，2006年全国小学学龄儿童净入学率达99.27%，女童净入学率比男童高出0.04个百分点，实现了教育平等和普及。制定《中华人民共和国民办教育促进法》《中华人民共和国职业教育法》，增加了教育机会；修改《中华人民共和国民办教育促进法》，禁止民办教育过度牟利，减轻了家长的经济负担。

坚持教育优先。坚持教育优先发展，坚持教育优先立法。《中华人民共和国教育法》明确规定"国家保障教育事业优先发展"，教育经费支出占国民生产总值的比例逐渐提高，教育财政拨款增长应高于财政经常性收入增长；《中华人民共和国教师法》明确规定教师工资水平不低于公务员工资水平，这在我国各项事业发展中是绝无仅有的。2002年《中华人民共和国民办教育促进法》通过后，有中国特色的社会主义教育法律体系基本形成（管华，2018）。2020年11月，习近平总书记强调，要总结编纂民法典的经验，适时推动条件成熟的立法领域法典编纂工作。2021年4月，全国人大常委会公布立法工作计划，提出研究启动教育法典的编纂。

党领导教育立法，从一片空白到建立中国特色社会主义教育法律体系，形成覆盖各级各类教育的基本教育制度，保障了广大劳动人民的受教育权，创造了在超大规模国家实现教育普及、维护教育公平的人间奇迹。展望未来，为了实现第二个百年奋斗目标，应继续坚持党的领导、坚持问题导向、坚持人民至上、坚持教育优先，从历史中汲取营养。党领导教育立法的成就和经验如繁星璀璨、异彩纷呈，本文难免挂一漏万，谨希望能为党领导教育法典的编纂和后续研究提供一点助益。

参考文献

《胡乔木传》编写组，2007.胡乔木与中国社会科学院［M］.北京：人民出版社．

《彭真传》编写组，2012.彭真年谱：第五卷［M］.北京：中央文献出版社．

陈桂生，2001.人民共和国"民办教育"的现实道路［J］.集美大学学报（教育科学版）（3）：7-10.

陈元晖，璩鑫圭，邹光威，1981.老解放区教育资料（一）［M］.北京：教育科学出版社．

管华，2018.教育法治四十年：回顾与展望［J］.法学评论（4）：30-39.

管华，孙美，2021.用习近平新时代中国特色社会主义思想指导家庭教育立法［N］.人民政协报，2021-10-20（10）.

郭秉文，2017.中国教育制度沿革史［M］.北京：商务印书馆．

郝和国，2001.新中国扫除文盲运动［J］.党的文献（2）：71-74.

贺春兰，陈亚聪，2017.民办教育不能做"桉树"：专访中国教育发展战略学会执行会长、教育部政策法规司原司长孙霄兵［N］. 人民政协报，2017-09-06（10）.

洪丰，2004.376 名代表签名与《义务教育法》修订五大焦点［J］. 公民导刊（1）：12-14.

李鹏，2006. 立法与监督：李鹏人大日记：上［M］. 北京：新华出版社 .

孟红，2012.《共同纲领》诞生记［J］. 秘书工作（3）：47-49.

汪家镠，2000. 关于《中华人民共和国国家通用语言文字法（草案）》的说明：2000 年 7 月 3 日在第
　　九届全国人民代表大会常务委员会第十六次会议上［J］. 中华人民共和国全国人民代表大会常务委
　　员会公报（6）：588-593.

吴福生，1994. 一部重要法律的诞生：制定《教师法》的前前后后［J］. 人大工作通讯（1）：29-32.

新华社，2015. 科学统筹突出重点对准焦距 让人民对改革有更多获得感［N］. 人民日报，2015-02-08
　　（1）.

张光喜，2010.《职业教育法》的立法追忆及修订建议［J］. 中国职业技术教育（30）：32-36.

中华人民共和国教育部，中共中央文献研究室，2002. 毛泽东邓小平江泽民论教育［M］. 北京：中央
　　文献出版社 .

中央教育科学研究所，1986a. 老解放区教育资料（二）：抗日战争时期上册［M］. 北京：教育科学
　　出版社 .

中央教育科学研究所，1986b. 老解放区教育资料（二）：抗日战争时期下册［M］. 北京：教育科学
　　出版社 .

Education Legislation under the Leadership of the Communist Party of China : Major Achievements and Historical Experience

Guan Hua

Abstract: Education legislation under the leadership of the Communist Party of China has experienced four stages: the sprouting stage, the exploration stage, the development stage and the perfection stage. During the sprouting stage, the Party emphasizes political education, universal education and cadre education. Early system of primary and secondary education, higher education, literacy education and language and writing has formed during the exploration stage. During the development stage, China has basically built the system of educational law and the style of the education legislation under the leadership of the Party. During the perfection stage, the leadership of the Party over education legislation is strengthened. The historical experience consists of upholding the Party's leadership, question-orientation, people first and giving priority to education.

Key words: the Communist Party of China   education legislation   achievements and historical experience

作者简介

管华，广西大学法学院教授、博士生导师，研究方向为宪法学与行政法学、教育法学。

□ 杨 挺 王 红

营利性民办学校公民受教育权保障问题研究 ①

【摘 要】营利性民办学校是我国规范和发展民办教育过程中分化出来的新型办学主体。资本逐利性的特征，导致营利性民办学校在办学过程中产生营利性与公益性的冲突，易引发对公民入学机会平等权、受教育选择权、受教育条件保障权和自主发展权等受教育权的损害。可通过建立税收优惠制度、制定科学合理的收费监管机制、加强社会监督力度等措施强化教育的公共性，促进营利性民办学校公民受教育权的保障。

【关键词】民办学校 民办教育 受教育权 营利性 公益性 公共性

改革开放四十多年来，我国公共服务供给逐步形成政府与市场共同参与的格局，在此背景下，民办教育不断发展壮大，成为我国国民教育的重要组成部分。2016 年修订的《中华人民共和国民办教育促进法》提出对民办教育实行分类管理，根本目的在于规范和发展民办教育，更好地保障公民受教育权。实行分类管理后，营利性民办学校一方面要通过营利来满足举办者获利的需求，另一方面作

① 本文系教育部人文社会科学规划项目"权利视角下的学校治理变革研究"（20XJA880006）系列成果之一。

为公共教育机构又承担着保障公民受教育权的责任，如何平衡营利性民办学校的营利性与公益性来保障公民受教育权，成为一个重要的理论问题和政策问题。

一、营利性民办学校的性质：
分析营利性民办学校公民受教育权保障的前提

（一）营利性民办学校具有营利性

1. 投资办学的经济属性体现了营利性

首先，出资人的出资目的是获取利益。我国民办教育的基本特征是投资办学（邬大光，2007），这就意味着出资人举办民办学校是以经济利益为导向，其办学动机是获取利益。民办学校出资意图抽样调研表明，66.2% 的举办者是为了投资；全国人大教科文卫委员会 2005 年的调查显示，90% 的民办学校举办者要求获利（方建锋，2017）。其次，资本具有逐利性。社会资本是为了得到回报而投资在社会关系中的资源（文东茅，2004），逐利是社会资本的典型特征。支撑营利性民办学校的社会资金具有寻利性就凸显了其营利性。最后，企业法人的产权认证。由《中华人民共和国民办教育促进法》可知，营利性民办学校要获得工商行政管理部门办学许可，办学结余按公司法相关规定处理，所以营利性民办学校就是企业，举办者享有基于股权而产生的法人财产权，可自由分配利润。

2. 法律规定体现的营利性

首先，相关法律更改了教育不得以营利为目的的规定。2015 年颁布的《中华人民共和国教育法》将"任何组织和个人不得以营利为目的举办学校及其他教育机构"修改为"以财政性经费、捐赠资产举办或者参与举办的学校及其他教育机构不得设立为营利性组织"。同年颁布的《中华人民共和国高等教育法》删除了"不得以营利为目的"的规定。2016 年颁布的《中华人民共和国民办教育促进法》也明确规定营利性民办学校举办者可以取得办学收益。其次，定价机制依靠市场调节。《中华人民共和国民办教育促进法》

第三十八条规定"营利性民办学校的收费标准，实行市场调节，由学校自主决定"，这意味着政府放开了对其收费标准的限制，作为企业法人，营利性民办学校享有自主定价权，可根据市场竞争自主确定收费标准，凸显了营利性。

（二）营利性民办学校具有公益性

1. 教育活动具有公益性

教育具有为社会服务的功能，教育为公众和团体服务是教育公益性的重要体现（邬大光，2016），因此教育活动本身就具有天然的公益性。营利性民办学校是为公众服务的，在培养社会人才、促进社会发展等方面发挥了巨大作用，这就体现了其公益性。

2. 投资办学效益的外溢性体现了公益性

首先，民办学校扩大了教育供给，满足了教育需求。当前公共教育资源无法满足公民教育需求，社会力量参与教育供给已是客观事实。《2020 年全国教育事业发展统计公报》显示：全国共有各级各类学校 53.71 万所，其中民办学校 18.67 万所，占全国学校的比重为 34.76%；各级各类学历教育在校生 2.89 亿人，其中民办学校在校生 5564.45 万人，占全国在校生的比重为 19.25%。可见民办教育在平衡教育资源的需求与供给方面贡献较大。其次，民办教育缓解了教育经费不足问题，减轻了政府财政压力。虽然我国财政性教育经费已连续八年超过 GDP 的 4%，但是我国学生基数大，且 2019 年才实现财政性教育经费投入超过 4 万亿元，2020 年教育部还表示要完善落实 4% 的长效机制（王家源 等，2020），我国财政性教育经费投入还不足。依靠民间资本办学的营利性民办学校很少受财政支持，减轻了政府财政压力。

3. 法律规定对公益性的引导

首先，法律对教育公益性有明确规定。现行法律体系对教育公益性有明确规定，营利性民办学校要坚持社会效益与经济效益相统一，其公益性不言而喻。其次，在义务教育阶段限制举办营利性民办学校是从消极层面体现了营利性民办学校的公益性。从属性来看，义务教育是国家为公民提供的公共产品和公共服务，属于纯公共物品，若不限制在义务教育阶段举办营利性民办学校，义务教育公益性与营利性间的天然矛盾必然会将义务教育推向市场，会破坏义务教育的公益性。因此在义务教育阶段限制举办营利性民办学校在保障义务教育公益性的同时，也体现了营利性民办学校的公益性。

（三）营利性民办学校性质的定位：公益性为主、营利性为辅，强调公共性

1. 营利性民办学校的营利性与公益性从排斥到共存

2002 年颁布的《中华人民共和国民办教育促进法》第五十一条指出"出资人可以从办学结余中取得合理回报"，引发了一系列关于"合理回报"的讨论，民办教育公益性与营利性的争议也由此展开。有研究指出，"合理回报"不是分红，而是对投资办学的肯定（张春生，2003）[124]；有研究认为，"合理回报"是一种奖励性回报而非投资性回报（许安标 等，2003）[176]。2002 年颁布的《中华人民共和国民办教育促进法》将"合理回报"放在了第七章"扶持与奖励"，即法律本身认为"合理回报"并非"营利"。这意味着民办学校公益性与营利性是互斥的。

后来有研究者从外部性视角来理解民办教育公益性与营利性的矛盾，如有学者提出"市场化公益行为"，认为公益性和营利性机构都可提供公共教育，教育公益性并不必然排斥营利性行为（劳凯声，2003）；有学者指出营利性是有关办学行为与办学结余的制度安排，公益性是办学影响，两者具有非矛盾性（文东茅，2004）；还有学者认为公益性与营利性是两种价值取向，并不矛盾。2016 年分类管理规定的正式提出表明法律承认了民办学校营利性与公益性共存的特征。

2. 分清民办教育公共产品属性与私人产品属性的主次

从经济学角度看，民办教育具有"准公共产品"的特征。根据萨缪尔森（P. A. Samuelson）"公共产品"观点可知，非排他性是公共产品的典型特点之一（Samuelson，1954）。事实上公办学校和民办学校提供的教育产品本质上都属于公共产品，但二者在成本收益方面的不同追求导致公共性程度有差异。公办学校是政府基于公权力确定教育服务的规模，并享有法律规定的成本义务和收益权益；营利性民办学校是举办者基于个人意愿承担成本收益。

自主定价会导致一定程度的教育排他性，所以营利性民办教育是介于"公共产品"与"私人产品"间的"准公共产品"。

"准公共产品"与"私人产品"有本质差异，营利性民办教育产品应以公共产品属性为主，私人产品属性为辅，强调教育的公共性先于私人性。哈贝马斯（J. Habermas）认为："公共性本身表现为一个独立的领域，即公共领域，它和私人领域是相对立的。"（哈贝马斯，1999）[2] 不难看出哈贝马斯认为公共性是对所有人都开放的空间，体现的是公共价值和公共利益。受教育权强调的就是公共利益，所以要保障受教育权就要强调教育的公共性。但教育的公共性与私人性并非非此即彼，市场化背景下私人因素卷入公共教育导致教育公共性与私人性的界限越发模糊，不能将教育属性简单地界定为公共性或私人性，要看到教育兼具这两种属性（陈兴发，2015）。因此在强调营利性民办学校公共性的同时，要尊重其私人性。

二、营利性与公益性的冲突：
阻碍营利性民办学校公民受教育权的实现

（一）影响公民入学机会平等权

入学机会平等权是指公民依法平等享有入学机会的权利。入学机会平等权的保障与教育资源的供给有密切联系。国家义务教育 4A 标准的可获得性指要有合适的教育机构存在，教育机构又是资源分配的结果之一，在此从营利性民办学校的布局来分析。在资本寻利导向下，与经济欠发达地区比，民间资本会倾向于经济较发达地区，有研究显示东部和中部的民办高等学校多于西部（樊晶 等，2015）。与经济较发达地区公共财政投入较多、市场需求多元化所形成的公办民办教育"双优"格局相比，经济欠发达地区公共财政投入不足而导致公共教育不足、营利性导致民办教育资源稀缺，从而形成了公办民办教育"双差"格局。

经济欠发达地区教育资源的稀缺意味着营利性民办教育资源配置出现了偏差，使公民获得的教育资源存在差异，处于经济欠发达地区的群体

在入学机会方面无法享有实质平等，影响公民入学机会平等权。罗尔斯
（J. B. Rawls）在论述公平时采用了两条基本原则：平等自由原则、公平机
会和差别原则（罗尔斯，1988）[6]，即承认人们在某些方面存在不平等，但
要给处境不利的人平等的机会。基于此，既然教育资源无法公平配置，就应
在保证平等自由的基础上倾向于经济欠发达地区，事实上，由于营利性民办
学校的营利性无法做到这一点，经济欠发达地区的群体无法获得平等的入学
机会。

（二）影响公民受教育选择权

受教育选择权是公民依法自由选择教育类型、学校以及教师的权利。国
家义务教育 4A 标准的可进入性指教育机构要在平等基础上向学生开放，不
设不平等的条件。在义务教育阶段限制举办营利性民办学校的原因在于，义
务教育阶段的受教育权是基础权利，国家必须平等保障；在非义务教育阶段
不限制举办营利性民办学校的原因在于，非义务教育阶段的受教育权是普通
权利，国家应适度保障。因此非义务教育阶段的民办学校可遵循市场选择，
在自主定价权下设置一些标准，如收费标准，来满足其获利需求。

高昂的收费标准无疑会影响公民的相应权利。教育选择权产生于教育权
主体与受教育权主体间的博弈，当教育资源不足时，是教育权主体选择受教
育权主体；当教育资源充足时，是受教育权主体选择教育权主体（杜海平，
2016）。营利性民办学校作为社会力量办学主体，在公共教育资源不足的情
况下供给教育，就产生了对受教育权主体的选择，具体就是依靠高昂的收费
标准进行选择。《2017 年中国教育财政家庭调查》显示，相同学段的民办学
校与公办学校收费差距较大，61% 的经济水平高的家庭基于高质量教育需
求，主动选择更好的民办学校，72% 的经济水平低的家庭因为无法进入公立
学校，被动选择民办学校（魏易，2018），这种被动选择是有高质量教育诉
求，但因民办学校收费高昂望而却步，最终无法进入公立学校而被动进入民
办学校，影响了公民受教育选择权，正如学者劳凯声指出的，"不能自主选
择的受教育权不是真正平等的受教育权"（劳凯声，2021）。

（三）影响公民受教育条件保障权

受教育条件保障权是指公民依法享有教育物质保障和心理保障的权利。国家义务教育 4A 标准的可接受性指教育要达到一定标准，意味着学校内部条件要得到保障。以受教育权保障为核心的学校条件会为公民受教育条件保障权的实现创造条件，但基于营利性，营利性民办学校举办者更加关注成本与收益，为实现投资效益最大化，会缩减内部投入成本，无法保障学校内部条件。

压缩成本带来的学校内部条件下降会影响公民的相应权利。首先，师资队伍与基础设施方面的成本压缩会影响学生受教育权。为节约成本，营利性民办学校一般没有固定的师资队伍，学校师资队伍数量和质量长期徘徊在最低标准线（程真，2021），设施配置也无法满足学生的学习需要，影响了学生的受教育条件保障权。其次，学生资助方面压缩范围与程度会影响学生获得教育资助权。民办学校学生资助源于其收取的学费，所以学校在学生资助方面较吝啬会影响学生获得教育资助权，研究显示，民办学校校内资助体系呈现资助渠道单一、受资助学生比例低等问题（宋志豪，2019）。最后，压缩成本会影响公民环境保障权。环境保障即学校提供给学生的受教育场所符合国家安全标准。但为了削减成本以谋取更大利益，一些营利性民办教育机构在存在安全隐患的场所开展教育活动（张孝斌，2020）[21]，影响了公民环境保障权。

（四）影响公民自主发展权

自主发展权作为一项基本人权，强调并尊重人的自由全面发展。国家义务教育 4A 标准的可适应性可理解为教育活动要满足学生的个性化需求。但部分营利性民办学校会出现控制成本的情况，影响学生活动参与质量。根据规模经济理论，学校提供的教育产品一定时，学生需求越多，学校生均培养成本越低，越有获利的可能。所以学校更愿意开设大部分人喜欢的教育活动，而不是少数人喜欢的，这就使得学校提供的教育活动更多是满足大众需求的而不是满足个性化需求的。

规模效应下教育活动的开展无法满足个性化需求就会影响公民自主发展权。首先，从联合国关于教育目的的论述来看。《世界人权宣言》第二十六条指出："教育的目的在于充分发展人的个性并加强对人权和基本自由的尊重。"由此可见，受教育权是保障公民充分发展个性必不可少的权利，但在规模效应下教育活动无法满足公民的个性化需求，进而会影响其自主发展权。其次，从阿玛蒂亚·森（A. Sen）关于人类发展的观点来看。阿玛蒂亚·森将人类发展定义为扩大人类选择的过程（Sen，1989），但营利性民办学校教育活动受限会局限公民的选择，阻碍其自主发展权实现。

三、公共性：
营利性民办学校公民受教育权保障的逻辑起点

（一）建立税收优惠制度

1. 完善教育税收优惠立法

目前教育税收优惠政策多以规章制度的形式呈现，缺乏强制性和规范性，且多基于国家宏观调控，缺乏针对性和操作性，更缺乏税收优惠法律效力，应从以下方面予以改进。其一，制定教育税收法规。我国当前并没有专门针对教育税收的法律法规，这使得税收法定原则在实践中难以落实，不免会导致一系列问题，营利性民办学校税收优惠的诸多争议就基于此。其二，政策法规衔接要得当。我国现有教育税收政策多出台于国家未对民办学校实行分类管理之时，是否适用于营利性民办学校无法确定。随着分类管理政策的实施，与之配套的政策法规要衔接得当。其三，区分中央与地方政府的税收法定责任。中央政府应从顶层设计的角度出发，从税收的原则、标准等入手制定优惠政策；地方政府应从具体执行的角度出发，遵循中央政府税收法定精神，根据地方经济和教育发展水平制定详细的优惠政策。

2. 实行差异化税收优惠政策

根据营利性民办学校带来的社会效益不同实行差异化税收优惠政策。其一，针对不同类型的学校。营利性民办非学历教育与学历教育在保障公民受教育权方面承担着不同的责任，非学历教育主要满足受教育者的个人诉求，更多具有内部性特征；学历教育既能满足个人诉求，也有利于公共利益的实现，具有较强的外部性特征。两种类型的学校带来的社会效益不同，应实行差异化税收优惠。其二，针对不同阶段的学校。与学前教育、初等教育、中等教育相比，高等教育直接担负着社会人才培养的重任，大批高校毕业生直接奔赴工作岗位，带来的社会效益更直接、更大。其三，针对不同区域的学校。营利性导致区域间教育资源配置不均会影响公民入学机会平等权，为通过均衡资源配置来保障公民受教育权，在制定优惠政策时要考虑区域差异。政府要给经济欠发达地区的营利性民办学校较大的优惠空间，吸引民间资本流入，保障公民受教育权。

3. 调整营利性民办学校所得税比例

营利性民办学校作为企业法人，按照 25% 的税率来征收所得税，过高的税收标准不利于教育公共性的实现，因此调整其所得税比例极为重要。《中华人民共和国企业所得税法》第二十八条指出，为鼓励小型微利企业和高新技术企业发展，分别对两者征收 20% 和 15% 的企业所得税。事实上营利性民办学校对教育和经济发展做出的贡献并不亚于这两类企业，可按这两类企业的税收标准来征收所得税。

（二）制定科学合理的收费监管机制

1. 限制自主定价权的范围

自主定价可能会使学校滥用该权利，破坏教育的公共性，政府基于对公共利益的保护，应对自主定价进行干预。其一，扩大政府定价权的范围。营利性民办学校提供的教育类别与质量有利于公民多样化教育需求的满足，有利于实现公共利益，对其实行政府定价具有现实依据和法律依据。通过扩大政府定价权来保障教育公共性尤为重要。其二，通过义务和责任分配缩小营利性民办学校自主定价权的范围。若不限制营利性民办学校自主定价权，完全由市场调节，就会损害教育的公共性，影响公民受教育权。缩小营利性民办学校自主定价权范围的最恰当方式就是增加一些义务性条款和惩罚性规定，分配相应的义务和责任。

2. 严格把关定价标准

公共服务需要由政府监管，要严格把关营利性民办学校定价标准。其一，按办学成本定价。成本定价是法律规定的定价标准，学校须严格执行，政府要加强监管。其二，按教育质量定价，实行以质论价。就营利性民办学校而言，公民是否就读取决于其价格与质量的匹配度，学校与公民间的关系更像是经营者与消费者的关系，遵循等价交换原则。所以"一分钱一分货"，定价要与教育质量相匹配。其三，考虑学校奖助学金的范围和力度。民办学校奖助学金源于其学费收入，这就意味着学校资助范围和力度与其学费收取情况密切联系，将其作为定价标准有一定的参考意义。其四，考虑消费者购买能力。经济欠发达地区与经济较发达地区相比，家庭经济承受能力不同，教育需求也不同，所以区域间学费定价应有区别。

3. 健全收费公示制度

《中华人民共和国民办教育促进法》规定民办学校要进行收费公示，健全收费公示制度要遵循以下要求。其一，明确公示内容，包括收费的依据、标准、具体项目、金额等。其二，明确公示形式，如学校官网公示、学校章程公示、招生简章公示等。其三，建立收费公示动态调整机制，公示的费用变更时，学校要及时上报相关部门，说明变更的原因、依据、具体内容等，得到批准后及时更改。其四，建立收费公示阶段性审查机制，相关部门应将营利性民办学校收费情况检查作为一项常规工作，定期排查各校收费公示制度落实情况。

（三）加强社会监督力度

社会参与营利性民办学校办学有利于形成良好的公民选择导向机制，通过社会力量提升营利性民办学校公共性，须充分发挥第三方机构的监督作用。首先，建立第三方教育质量评估机制。教育质量是受教育权保障的重要方面，引入第三方教育质量评估机制对教育公共性和公民受教育权保障具有重要意义。教育质量作为一个多维概念，包括课程与教学、教师与学生、建筑与设施等内容（中国教科院教育质量标准研究课题组 等，2013），所以教育质量评估应包括基础设施、教师队伍建设、课程开设情况、活动开展情况等的评估。其次，建立第三方学费监控体系，对收费标准、收费项目、使用去向等内容进行监督。营利性民办学校一切活动的开展都依赖于其收取的学费，学费收取与使用合理对受教育权保障起着重要作用。

参考文献

陈兴发，2015. 教育的属性与社会公正［J］. 湖北社会科学（9）：174-180.

程真，2021. 民进中央：建议保障民办学校教师与公办学校教师同等法律地位［EB/OL］.（2021-03-08）［2022-02-15］. http://www.moe.gov.cn/jyb_xwfb/xw_zt/moe_357/2021/2021_zt01/daibiaoweiyuan/dangpai/202103/t20210309_518605.html.

杜海平，2016. 教育选择权：问题、原因及实施策略［J］. 当代教育与文化（4）：1-6，12.

樊晶，王一涛，2015. 我国民办高校区域分布研究：基于2014年的数据［J］. 浙江树人大学学报（人文社会科学版）（1）：18-22.

方建锋，2017. 民办学校分类管理宏观制度设计的基本走向［J］. 复旦教育论坛（2）：46-53.

哈贝马斯，1999. 公共领域的结构转型［M］. 上海：学林出版社.

劳凯声，2003. 面临挑战的教育公益性［J］. 教育研究（2）：3-9.

劳凯声，2021. 受教育权新论［J］. 教育研究（8）：23-34.

罗尔斯，1988. 正义论［M］. 北京：中国社会科学出版社.

宋志豪，2019. 基于公办高校比较视角的河南省民办高校学生资助研究［J］. 教育与职业（13）：102-106.

王家源，焦以璇，2020. 教育部：6项措施为"4%"保驾护航［EB/OL］.（2020-12-01）［2022-02-15］. http://www.moe.gov.cn/fbh/live/2020/52692/mtbd/202012/t20201201_502756.html.

魏易，2018. 2017年中国教育财政家庭调查：中国家庭教育支出现状［EB/OL］. (2018-03-08) [2022-02-15]. http://ciefr.pku.edu.cn/cbw/kyjb/2018/03/kyjb_5257.shtml.

文东茅，2004. 论民办教育公益性与可营利性的非矛盾性［J］. 北京大学教育评论（1）：43-48.

邬大光，2007. 我国民办教育的特殊性与基本特征［J］. 教育研究（1）：3-8.

邬大光，2016. 从民办教育看教育的公益性与营利性［N］. 光明日报，2016-12-06（14）.

许安标，刘松山，2003.《中华人民共和国民办教育促进法》释义及实用指南［M］. 北京：中国民主法制出版社.

张春生，2003. 中华人民共和国民办教育促进法释义［M］. 北京：法律出版社.

张孝斌，2020. 重庆市营利性民办教育培训机构的政府治理研究：以中小学教育培训机构为例［D］. 长春：长春工业大学.

中国教科院教育质量标准研究课题组，袁振国，苏红，2013. 教育质量国家标准及其制定［J］. 教育研究（6）：4–16.

SAMUELSON P A, 1954.The pure theory of public expenditure [J].Review of Economics & Statistics, 36
(4): 387–389.

SEN A,1989.Development as capability expansion [J].Journal of Development Planning, 19:41–58.

Research on the Protection of Citizens' Right to Education in For-profit Private Schools

Yang Ting   Wang Hong

Abstract: For-profit private school is a new type of school-running subject differentiated from the process of standardizing and developing private education in China.The profit-seeking nature of capital leads to the conflict between profit-making and public welfare in the process of running for-profit private schools, which is easy to cause damage to citizens' right to education, such as equal access to education, right to choose education, right to guarantee educational conditions and right to self-development.The publicity of education can be strengthened by establishing preferential tax system, formulating scientific and reasonable charge supervision mechanism and strengthening social supervision to promote the protection of citizens' right to education in for-profit private schools.

Key words: private school   private education   right to education   profit making   public welfare   publicity

作者简介

杨挺，博士，西南大学教育学部教授，研究方向为教育政策与法律。

王红，西南大学教育学部硕士研究生，研究方向为教育政策与法律。

□马焕灵　但唐洪

论父母的家庭教育权利及其给付义务①

【摘　要】父母与子女之间的血缘关系和父母对家庭"反哺"功能的追求是其家庭教育权利的自然渊源，而各国宪法和国际法对家庭教育权利的规定则是父母家庭教育权利的法律渊源。与亲权内涵的演变相伴的是绝对父权的弱化与儿童权利的强化。儿童最大利益原则是父母家庭教育权利内容确认的前提。父母家庭教育权利的具体内容包括教育内容选择权、教育方式选择权、学校选择权、学校教育参与权和诉权。父母家庭教育权利的实现有赖于相关主体的尊重及给付义务的履行。其中，相关主体给付义务主要包括政府促进父母家庭教育权利实现的给付义务、社会支持家庭教育服务体系建设的给付义务、学校指导父母家庭教育素养培育的给付义务、父母提供物质能力和责任能力及行为能力的给付义务。

【关键词】家庭教育权　儿童最大利益原则　给付义务

2021年1月20日，全国人大常委会会议审议了《中华人民共和国家庭教育法（草案）》。同年10月，我国正式颁布了《中华人民共和国家庭教育促进法》（以下简称

---

①　本文系中国教育学会2021年度教育科研重点规划课题"家庭教育法律关系研究"（202100432801A）的研究成果。

《促进法》）。该法从初审到正式颁布速度之快，足以体现国家对家庭教育重视程度之高。然而，长期以来，父母一直被认为是家庭教育责任的承担者以及义务的履行者，父母的家庭教育权利及其给付义务往往被忽视。其后果是不利于各相关法律主体自觉履行家庭教育给付义务，不利于父母在家庭教育中创造性的发挥和活跃度的提升。因此，在《促进法》颁布后重申父母的家庭教育权利及其给付义务至关重要。

一、父母家庭教育权利的渊源

自然渊源和法律渊源是父母家庭教育权利的两大渊源。自然渊源是父母与子女之间的血缘关系和父母对家庭"反哺"功能的追求，法律渊源则是各国宪法和国际法对父母家庭教育权利的规定。

（一）自然渊源：父母与子女间的血缘关系和父母对家庭"反哺"功能的追求

父母与子女之间的血缘关系是父母家庭教育权利的自然渊源之一。人是社会性动物。教导后代，使后代习得自己的生活技能、生活经验、道德思维方式是人类的天性。首先，父母与子女之间的血缘关系决定了父母的家庭教育权利是随着子女降生而来的。其次，国家及社会任何其他主体都无法代替父母享有教育子女的自然权利。家庭教育权利并非来自法律赋予，也不会随着政权更替而存灭。父母的教育权利伴随着子女降生而来，但父母这项权利的保留是基于其对子女的长期正向影响。进入现代社会以后，若父母持续实施不利于子女健康成长的行为，其教育权利也可能被剥夺。

父母家庭教育权利还源于父母期望通过家庭教育实现家庭"反哺"功能。家庭"反哺"功能即父母所期望的老有所养。父母以自身的能力来教育子女，在爱护与教养子女的同时他们也有请求子女赡养的权利。古人早已发现人在身体上的缺陷和在道德上的惰性，提出父慈子孝和尊老爱幼等传统家庭人伦来约束父母子女的道德行为。从子女的角度看，家庭"反哺"是子女必须履行的义务；而从父母的角度看，则是父母家庭教育权的现实诉求，他们将老有所养的诉求融入日常教育内容和教育观念之中。

（二）法律渊源：各国宪法及国际法规定

世界各国宪法均把父母教育子女的主体权利规定为国民的基本权利或文化教育权利，国际法也在各国宪法基础之上推进儿童在家庭场域内的受教育权。

20世纪以来，世界各国宪法制度不断完善，有关家庭教育的法律条文不断得到确认。一般而言，各国宪法条文均将父母家庭教育权利的表述放于首位。第一，世界各国宪法普遍认可教育子女是父母享有的基本权利和自由。比如，波兰、俄罗斯等国宪法均把父母教育子女放入公民的基本权利与自由一章。第二，相关条款表述包括总述父母对子女的教育权利和具体表达父母对子女的教育权利。总述性的宪法条款主要阐明父母教育子女的原则性权利，如意大利宪法第三十条规定："父母有义务和权利支持、抚养和教育包括非婚生子女在内的子女。"关于父母对子女的教育权利的具体内容之规定主要包括：教育方式选择权，如《匈牙利基本法》第XVI条第二款规定"父母有权为其子女选择教养方式"；教育内容选择权，如西班牙宪法第二十七条第三款规定"政府应当保障父母的权利以保证子女得根据其信仰接受宗教和道德指导"；学校教育选择权，如丹麦宪法第七十六条规定"父母或监护人为其子女或被监护人自有安排且达到普通初级学校水平之教育者，可不必送其子女或被监护人入普通初级学校接受教育"，再如波兰宪法第七十条第三款规定"父母有权为其子女选择非公立学校"。

第二次世界大战（以下简称"二战"）后，20世纪初期及以前的各国宪法为国际人权法发展提供了借鉴和参考。《世界人权宣言》起草过程中，许多国家的宪法成为其起草的基础参考性资料（王德志，2019），参考范围包括基本权利、政治权利和文化权利等方面。《世界人权宣言》第二十六条第三款规定父母对子女的受教育种类享有优先选择权。此规定中父母为子女选择教育的权利属于基本权利和文化权利。在"二战"刚结束的国际背景下，父母在子女接受何种教育这一问题上享有的优先选择权，是对纳粹政权洗脑策略的一种牢记和警醒（葛兰顿，2016）[190]。父母享有教育子女的权利，是国际社会对人的基本权利和自由的尊重。同《世界人权宣言》一样，《经济、社会及文化权利国际公约》第十三条第三款也规定了父母对子女的教育选择权。上述两款规定从根本上来说是为了保障儿童发展权。《儿童权利公约》以儿童最大利益原则为儿童的发展权提供保障。《儿童权利公约》第十四条第二款规定父母有权为适应儿童发展阶段之需要选择教育方式；第二十七条规定父母需要为儿童的发展提供帮助措施，包括提供物质援助和支助方案。

二、父母家庭教育确权

自近代起，儿童利益备受法律关注，逐渐走向法律中心。在教育权利方面，从父母的绝对权威转向子女本位的立法思考，为实现未成年人健康成长提供了新的立法理念。父母的家庭教育权利以儿童最大利益原则为基础逐渐成为普遍认知，并为我国家庭教育立法提供了借鉴。

（一）父母家庭教育确权应遵循儿童最大利益原则

儿童最大利益原则与亲权制度有着深刻的血脉联系。亲权源于罗马法的家父权和日耳曼法的父权，指父亲具有管教子女的绝对权威。后随着女性在家庭教育中的作用被发现，父亲对子女的绝对权威逐渐弱化。比如，1839年英国《幼儿监护修正法案》开始考虑母亲对儿童的监护权问题，该法案的基本假设是爱与照顾是年幼子女的基本需求，而母亲更能满足子女的这一需求。这一假定被怀疑过分强调子女对母亲的需要，而弱化父亲的作用，后来遭到摒弃（吴鹏飞，2013）[133]。英国1925年颁发的《儿童监护法》已经开始隐现"儿童最大利益"一词，该法宣称父母任何一方都不享有优先于他方的请求权（陈文雅，2008）[5]。1959年《儿童权利宣言》首次提出儿童最大利益原则。1989年《儿童权利公约》把儿童最大利益原则进行了具体化。由此，儿童最大利益原则经历了"父本位—父母本位—儿童本位"的发展历程。

亲权内涵现今已发展为父母对子女所拥有的权利和义务，由亲权演化来的儿童最大利益原则强调父母在处理与子女利益相关的问题时应考虑子女最大利益。

一是儿童最大利益原则的限度。父母依据亲权对子女进行教育、抚养和关怀，父母行使亲权的自由意志边界构成子女利益最大化的限度，即亲权发挥充分与否影响着儿童利益最大化的程度。在家庭教育中，要实现儿童最大利益，首要需要给父母确权。由于儿童理性思维存在局限性，所做抉择可能难以保全自身利益，因此需要父母依据实际情况选择家庭教育内容和教育方式、选择适合儿童的学校、寻求保护儿童的救济渠道。

二是儿童最大利益兼具个别儿童与集体儿童的最大利益。《儿童权利公约》第三条第一款并未明确将儿童视为一个受益群体还是独立的个人，其条款的表述兼具个人主义和集体主义（何海澜，2016）[155]。父母家庭教育权利的行使应当兼顾儿童个人与儿童集体双重最大利益。但是，在保障子女集体最大利益时，父母就已超越传统上以家为单位的父母角色，他们便共同组成一个为子女最大利益维权的制度性家庭共同体。

（二）父母家庭教育权利内容

1. 家庭教育选择权

首先，父母享有家庭教育内容选择权。未成年子女不具备完全行为能力，不能清晰辨别是非善恶，很难选择有益于自己身心健康发展的内容。父母作为未成年子女的第一责任人，自然享有为未成年人选择教育内容的权利。家庭教育内容选择应从子女生活最基本的技能及需要开始，兼顾卫生、医药、社交、两性、心理等内容的选择。

其次，父母享有家庭教育方式选择权。家庭教育方式可分为民主型、专制型、溺爱型和放纵型四大类（李茹，2015）[3]。民主型家庭教育方式最为可取。奉行专制型家庭教育方式的父母会给子女设定死板的标准，这种限制儿童的做法容易侵犯儿童作为公民享有的基本人权，也容易违背儿童最大利益原则。奉行溺爱型教育方式的父母偏向于迁就子女，过分保护子女（林磊，1995），这也不利于儿童社会适应性的培养。而放纵型教育方式培养出来的子女，在儿童期存在认知与社会能力低下问题，到青少年时期会有自控能力和学习成绩均较差的特点（谢弗，2012）[396]。

另外，家庭教育惩戒权是家庭教育方式选择权的重要内容之一。父母运用家庭教育惩戒权的情形主要是未成年子女不听从父母管教，有不良行为，父母对子女进行适当的惩戒，以教育子女改恶迁善（余延满，2007）[457]。父母实施教育惩戒的根本目的是通过负强化帮助子女纠正错误行为，达到教育、保护和警戒的目的。

《促进法》第十七条对家庭教育方式方法适用前提和具体内容做了规定。这些方式方法较为全面地反映了长期以来我国父母教育子女的具体实践与经验总结，也凸显了我国儿童权利本位的立法理念。由于《促进法》的强制性相对较弱，其在促进家庭教育发展的同时不能有效遏制父母不当教育行为发生，如无法规范惩戒权的不当使用行为。因此，为保障儿童利益，我国法律还需要进一步明晰家庭教育惩戒权的内容和限度。

2. 学校选择权

父母的学校选择权体现在父母为子女选择公、私立学校就读的权利和父母为子女选择下一阶段就读学校的权利。《世界人权宣言》赋予父母在子女教育上的"优先选择之权"：父母有权根据自身经济情况及儿童意愿为儿童选择适合的教学环境。异地就学是父母为获取优质教育资源和增强子女社会竞争力而对家庭教育资本的选择性支配，在某种程度上是父母行使教育选择权的表现。

3. 学校教育参与权

一方面，按照父母参与学校教育权利的递进层次，父母的学校教育参与权包括知情权、提案发言权和共同决定权（尹力，2011）[208]。共同决定权弥补了父母行使知情权和提案发言权在低层次上参与学校教育的不足。另一方面，按照保护儿童个人最大利益与保护儿童集体利益相结合原则，父母学校教育参与权包括个别参与权和集体参与权。个别参与权包括父母对学校教育内容的影响权、异议权、程序权、资讯请求权，集体参与权包括家长会组织权、学校教学参与权、教育行政参与权等（劳凯声，2020）。另外，监督权的适用也体现了个别参与权和集体参与权相结合原则。

4. 诉权

在家庭教育中，父母享有的诉权主要是当儿童的受教育权遭受侵害时，父母为维护儿童身心健康和受教育权利，代理未成年子女行使诉讼权利。《中华人民共和国民法典》第一千零八十四条明确了父母离婚后，父母双方对子女仍有抚养、教育、保护的权利和义务。但当父母一方因离婚而不承担子女的教育费用时，另一方或者除父母以外的监护人应帮助儿童提供自我辩护的支持，以及协助儿童通过独立的申诉程序申诉或向法院起诉，并给予儿童必要的法律和其他援助。

三、父母家庭教育权利实现的主体给付

父母家庭教育权利的实现需政府、社会、学校及父母自身共同履行给付义务。具体而言，包括政府促进父母家庭教育权利实现的给付义务，社会支持家庭教育服务体系构建的给付义务，学校指导父母家庭教育素养培育的给付义务，父母提供物质能力、责任能力及行为能力的给付义务。

（一）政府促进父母家庭教育权利实现的给付义务

政府介入家庭教育，表现为对家庭教育宏观管理层面的监督和因地制宜地提供家庭教育指导服务。家庭教育权因国家教育权的壮大而缩小，政府若过度干预家庭教育，家庭教育活力必然受到影响。家庭教育活力是指父母对家庭教育方式、教育手段、教育理念等的创新与引领能力（王兆璟 等，2017），即家庭教育活力受制于父母的家庭教育自由度和家庭教育能力。因此，家庭教育活力的激发需要政府放权，保障父母家庭教育自由权的行使。此外，政府还要适时适当地介入家庭教育，为父母提供家庭教育指导服务，提升父母家庭教育能力。

政府为促进父母家庭教育权利实现必然要承担物质性给付义务。权利意味着自由，家庭教育权利实现的前提是财政支持。政府通过财政支持为家庭教育事业的发展提供保障。截至目前，我国各省、自治区及直辖市所颁布的《家庭教育促进条例》以及《促进法》，都把家庭教育发展纳入财政预算。这为家庭教育发展的物质给付提供了法律法规保障。

政府还肩负着促进家庭教育体系发展的职责。《促进法》第十一条鼓励和支持高校开设家庭教育专业课程、进行家庭教育学科建设和家庭教育专业人才培养，这些都是完备的家庭教育体系的重要组成部分。2018 年，《普通高等学校本科专业类教学质量国家标准》将家庭教育学列为社会学类的家政学专业的专业课程。此后，南京师范大学、上海师范大学和重庆师范大学等高校纷纷开设家庭教育相关课程，华中师范大学为回应《促进法》成立了家庭教育学院。

（二）社会支持家庭教育服务体系构建的给付义务

家庭教育服务体系的构建是整合公共性支持和私人性支持共同组成家庭教育社会支持结构（李松涛，2014）[32-33]。社会为支持父母家庭教育权利的实现，需要履行服务性给付义务。在协助构建家庭教育服务体系时，各类社会组织的主要任务是提供物资、建立家庭教育服务场所和提供公益服务等。国家在政策层面也应给予支持，以构建社会性家庭教育服务体系，如《关于指导推进家庭教育的五年规划（2016—2020 年）》中提出建立家长学校或家庭教育指导服务站点。

社会应当在履行维护儿童权益义务的前提下积极为家庭教育提供服务。相比于家庭和学校，社会是更为开放的场所。一味只提供物质支持而不考虑儿童身心健康的社会是充满危险的社会。《促进法》第二十二条规定未成年人的父母或其他监护人应当预防未成年人沉迷网络，结合《中华人民共和国未成年人保护法》《中华人民共和国网络安全法》《网络游戏管理暂行办法》等法律法规对未成年人使用网络的规定，社会应当协助父母实施家庭教育，履行保护儿童的义务。

（三）学校指导父母家庭教育素养培育的给付义务

素养是知识、技能、能力在相关工作领域与个体特质相互作用的结果，是个体学习经验的整合，并通过一定的方式表现出来（林崇德，2016）[7]。家庭教育素养是父母根据自身教育观念和知识储备在教育实践中不断发展形成的。我国父母在家庭教育中存在现代教育理念欠缺、科学知识不足、自主学习践行不够等问题（李亚杰，2010）。因此，在得到父母认可后，学校教师可以根据实际情况对父母进行家庭教育指导，这里的学校主要是普通公立学校、家长学校和家庭教育指导机构。

学校为父母提供家庭教育指导服务的形式较为多元。学校可借助家长会、家访和家长委员会进行家庭教育指导，也可建立学校家庭教育指导中心，为父母提供家庭教育指导服务。在家庭教育发展前期无法保证资金充裕的情况下，学校可以解决专门的家庭教育场所不足和家庭教育教师缺乏的问题。另外，父母和学校教师也可以加强沟通，协作培育儿童，为儿童创设良好的生活和学习环境。

学校在家庭教育指导中要依法接受监督，维护受教育者合法权益。学校参与家庭教育，一方面要接受行政部门、司法部门和社会的监督，另一方面要接受父母及受教育者的监督。《促进法》第三十六条第三款赋予了教育等行政部门对家庭教育服务机构及从业人员进行监督与指导的权利。

（四）父母提供物质能力、责任能力及行为能力的给付义务

首先，父母的物质能力为家庭教育实施提供保障。家庭物质能力影响着子女教育机会的获得。物质能力不同的家庭，父母在教育内容、教育方式、教育理念和学校选择等方面都有所差异，甚至在子女教育权利救济上也会有所不同。当父母无法摆脱经济不利状况时，国家和社会应为父母提供物质支持。《促进法》第十八条规定："未成年人的父母或者其他监护人应当树立正确的家庭教育理念，自觉学习家庭教育知识……，提高家庭教育的能力。"

其次，父母的家庭教育责任能力体现为父母预防未成年子女不良行为的发生的能力，也体现为父母在未成年子女做出不当行为后采取弥补性措施的能力。一方面，在刑事法律关系中，父母应当预防未成年子女不良行为发生，达到保护未成年子女，减轻社会利益损害的目的。另一方面，在民事法律关系中，父母需要在子女做出不当行为之后采取弥补性措施。民事责任能力的承担主要是对他人利益造成妨碍或损害后，对他人的利益损失进行弥补或补救，主要包括赔礼道歉、损害赔偿和返还财产等方式。

最后，父母的行为能力推动未成年子女接受家庭教育的权利的实现。未

成年子女作为权利主体享有接受家庭教育的权利，但未成年子女因自由意志和理性欠缺，尽管享有接受家庭教育的权利能力却无完备的行为能力。因此，未成年子女的权利实现必然要依靠父母的行为能力。父母的家庭教育行为能力包括父母享有家庭教育权利、履行家庭教育义务和承担家庭教育责任。在实践中，父母若消极承担管教子女的责任，法律可以根据最有利于未成年人成长的原则决定是否剥夺父母管教子女的身份或者采取必要措施对父母的行为进行监督和强制。比如，2022年2月，平谷法院向盗窃案件未成年被告人父母发出北京市法院首份《家庭教育令》，督促其父母积极履行家庭教育和监护职责。

————————

参考文献

陈文雅，2008.论儿童权利保护法上的"最大利益原则"：以英国儿童法之福利原则为视角［D］.重庆：重庆大学.

葛兰顿，2016.美丽新世界：《世界人权宣言》诞生记［M］.北京：中国政法大学出版社.

何海澜，2016.善待儿童：儿童最大利益原则及其在教育、家庭、刑事制度中的运用［M］.北京：中国法制出版社.

劳凯声，2020.从教育选择权看教育发展的历史性转折［J］.复旦教育论坛（4）：5-11.

李茹，2015.家庭教育方式、家园合作共育对幼儿自信心、独立性的影响研究［D］.武汉：华中师范大学.

李松涛，2014.家庭教育的社会支持研究［D］.大连：辽宁师范大学.

李亚杰，2010.转移家庭教育重心 提高家长教育素养［J］.高等函授学报（哲学社会科学版）（1）：57-58，67.

林崇德，2016.21世纪学生发展核心素养研究［M］.北京：北京师范大学出版社.

林磊，1995.幼儿家长教育方式的类型及其行为特点［J］.心理发展与教育（4）：43-47，54.

王德志，2019.论宪法与国际法的互动［J］.中国法学（1）：122-139.

王兆璟，戴莹莹，2017.论教育活力［J］.教育研究（9）：37-45.

吴鹏飞，2013.儿童权利一般理论研究［M］.北京：中国政法大学出版社.

谢弗，2012.社会性与人格发展（第5版）［M］.北京：人民邮电出版社.

尹力，2011.儿童受教育权：性质、内容与路径［M］.北京：教育科学出版社.

余延满，2007.亲属法原论［M］.北京：法律出版社.

Parents' Right to Family Education and Its Payment Obligations

Ma Huanling　Dan Tanghong

Abstract: The natural source of parents' right to family education is the blood relationship between parents and children and the pursuit of the "refeeding" functions; the legal source of parents' right to family education is the provisions of national constitutions and international Law. The evolution of the connotation of "parental rights" implies two lines of development of rights: the weakening of absolute paternal authority and the promotion of the rights of the child. The principle of the best interests of children is a prerequisite for the recognition of the content of parents' right to family education; the specific content of parents' right to family education includes the right to choose the content of education, the right to choose the mode of education, the right to choose school, the right to participate in school education and the right to appeal. The fulfilment of parents' right to family education depends on the fulfilment of the payment obligations of the relevant subjects, including the obligation of the government to promote the realisation of parents' right to family education, the obligation of society to support the establishment of family education service system, the obligation of schools to guide parents in the cultivation of family education literacy and the obligation of parents to provide material capacity, responsibility and behavioural capacity.

Key words: right to family education　the principle of the best interests of children　payment obligations

作者简介

马焕灵，博士，广西师范大学教育学部教授、博士生导师，研究方向为教育法律与政策。

但唐洪，广西师范大学教育学部硕士研究生，研究方向为教育法律与政策。

□唐　倩　于茜兰

公办中小学教师作为国家公职人员的特殊义务及其法律规制

【摘　要】法律地位对法律关系主体的权利与义务起着决定性作用，教师法律地位由专业人员转变为国家公职人员，必然需要重构教师权利与义务体系。国家公职人员的法律定位，强调了教师职业的公共性与责任担当，凸显了教师作为国家公职人员义务的特殊性。公办中小学教师作为国家公职人员，应当负有为党育人、为国育才和立德树人、维护国家教育安全、服从国家教育行政部门管理、不得进行营利性兼职等义务，充分彰显教师作为国家公职人员所应肩负的国家责任、政治责任、社会责任和教育责任。

【关键词】公办中小学教师　国家公职人员　教师法律义务　《中华人民共和国教师法》

2018年1月，中共中央、国务院印发《关于全面深化新时代教师队伍建设改革的意见》，提出"确立公办中小学教师作为国家公职人员特殊的法律地位"，并强调"公办中小学教师要切实履行作为国家公职人员的义务，强化国家责任、政治责任、社会责任和教育责任"。将公办中小学教师定位为国家公职人员，强化了教师职业的公共属性，意味着教师不仅需要履行《中华人民共和国教师法》规定的专业义务，还应履行其公职身份所负有的特殊义务，承担公共教育服务责任。2021年11月29日教育部发布的《中华人民共和国教师法（修订草案）（征求意见稿）》第十三条规定，"公办中小学教师是国家公职人员，依据规范公职人员的相关法律规定，享有相应权利，履行相应义务"，但对其应履行何种相应义务却未进一步规范。我们认为，与一般公职人员的义务不同，教师职业的专业属性赋予了教师特定义务的特殊性。作为执行教育教学公务的国家公职人员，公办中小学教师应当履行兼具公共性与专业性的特殊法律义务：一是为党育人、为国育才和立德树人的义务，二是维护国家教育安全的义务，三是服从国家教育行政部门管理的义务，四是不得进行营利性兼职的义务。明确教师法律义务是教师权利得以保障和行为得以规范的根本途径，《中华人民共和国教师法》的修订应当通过教师义务的重塑来对教师的国家公职人员法律地位做出回应。

一、教师有为党育人、为国育才和立德树人的义务

作为国家公职人员，公办中小学教师应当履行为党育人、为国育才和立德树人的义务。2020年9月，习近平总书记在教师节到来之际向广大教师提出"不忘立德树人初心，牢记为党育人、为国育才使命"的殷切期望，强调了当代教师的使命担当，重申了教师应负的职业责任。一方面，为党育人、为国育才和立德树人是教师职责的本质体现，其核心在于立德树人。从重视知识传授的"教书育人"转向突出品德培育的"立德树人"，是对教师育人使命的进一步深化，强调教师职责不止于完成教学任务，而更在于以德育人，培育"明大德，守公德，严私德"的时代新人。《中华人民共和国教育法》第六条也明确规定教育应当坚持立德树人，从法律上对教师职责提出了要求，意味着教师不能把自己简单定位成书本知识的传授者，而要努力成为学生"三观"塑造、成长成才、奉献祖国的引路人。另一方面，教育作为一项公共事业，国家对其肩负着理所当然的责任与使命，而教师作为国家公职人员，天然具有代表国家执行教育公务、履行公共教育服务职责的义务。

同时，教育又具有政治性，政府掌握着教育权力，教育性质由国家性质来决定。我国是中国共产党领导的社会主义国家，为党育人与为国育才是党和国家对我国教育事业提出的必然要求，也是作为公职人员的教师的政治责任和首要义务。因此，教师应当自觉站在公职人员的立场上，以实际行动促进教育与党和国家事业发展要求相适应，培养党和国家需要的人才。

纵观古今中外，处于不同时代的不同国家都是按照自己的政治要求与利益在培养符合国家发展需要的人，而无论是彼时依附于朝廷、城邦的知识分子，还是今天作为国家公职人员的教师，以公务执行者的角色积极维护国家利益、培养国家需要的人才始终是其不变的使命。早在汉武帝时期，我国政府机构已开设太学为国家培养优秀学者与官吏，五经博士作为专职学官，即彼时的国家教育公务员，代表统治阶层意志，专门承担培养政府所需人才之职责。时至今日，被各国法律赋予公职身份的教师更为明确地肩负起了为国育才的职责。法国公立学校教师被要求以国家公务员的身份工作，"除了效忠于资产阶级的共和国，别无他途"（王晓辉，2012），中学教师更是一度被视为"国家精英的缔造者"；德国教师有责任通过学校教育赋予学生德国人的道德品质与民族精神，为国家培养合格的公民；韩国《教育公务员法》《教育法》明确要求教育要培养学生对社会和国家的忠诚、合作及高度责任感，教师必须严格按照国家教育目的与方针来培养符合韩国发展需要的年青一代。

为党育人、为国育才和立德树人的义务基于教师公职属性对教师工作提出了具体要求。第一，落实立德树人职责首先要求教师牢记育人使命，在教育过程中坚持德智体美劳五育并举且以德育为先，将"教书"与"育人"深度融合，通过教学工作将社会主义核心价值观深植于学生内心，为年青一代塑造正确的"三观"。第二，为党育人与为国育才的实现以教育工作全面贯彻党和国家的教育方针与政策为前提，这要求教师在教育教学工作中必须坚定自身政治立场，坚持党的领导，同党的思想保持紧密联系。第三，为党育人与为国育才要求教师以人才培养为己任，以学生发展为本，根据学生的身心发展规律循序渐进开展工作，促进学生认知与德行同步发展。第四，为党育人、为国育才和立德树人要求教育者先受教育。大国强教以高素质教师队伍为基石，教师作为国家教育职能的履行者，尽职尽责做好教育工作要求其自觉树立终身学习理念，不断锤炼教书育人本领，与时俱进提高业务能力。唯有教师积极履行为党育人、为国育才和立德树人的义务，我国教育事业的既定培养目标才能实现，因此，公办中小学教师必须明确其公职身份及其所承担的国家责任与政治责任，积极履行这一法定义务。

二、教师有维护国家教育安全的义务

教育在国家安全中居于基础地位，从政治、军事、文化、科技到网络等各个领域的安全问题，究其根本是人的问题，"人的安全"是一切安全的前提，而要确保"人的安全"，关键在教育。教育安全与其他安全相比具有先决性、根本性，唯有国家教育安全，各领域安全才有实现的可能，进而才能在保证国家总体安全的基础上谈及国家发展与社会进步。因此，教育安全问题理应得到足够的重视，教育安全必须成为国家教育工作的一个重点来层层落实，必须成为教育工作者的高度自觉。

国家教育安全是指国家的教育主权、教育制度、教育传统以及教育发展等能够应对来自内外部环境的干涉、侵蚀和挑战，从而能够保障主体教育功能的充分发挥，完成教育的文化引领与价值塑造使命，使公民建立国家认同、民族认同，继而保持良性发展的一种运行状态（王凌 等，2014）。作为执行教育公务的国家公职人员，教师理应承担维护国家教育安全这一义务，为国家培养具有高度认同感的合格公民。首先，根据《中华人民共和国国家安全法》第三条的规定，教师作为公民，无疑具有维护国家安全、荣誉与利益的法定义务，而教育作为涉及国家安全与利益的重要领域，维护其安全是教师职责的应有之义。其次，《中华人民共和国公务员法》将维护国家安全规定为公务员义务，具有公职身份的公办中小学教师自然也应当履行这一义务。显然，从教育安全与国家安全的关系以及教师的法律身份来看，国家安全在教育领域集中表现为国家教育安全，教师的教育安全义务其实是公民、公务员的国家安全义务的具体化、职业化，是教师应负的特殊职务义务。

实际上，部分发达国家早已意识到文化教育领域的不确定因素可能会直接威胁到一个国家、民族赖以生存与发展的价值观念或主流意识形态，进而危害国家整体安全的这一事实，自 20 世纪起就已经开始重视国家教育安全问题。1957 年，美国出台《国防教育法案》，首次将教育提升至国家安全的战略高度，教育安全由此开始在国际上受到关注。在德国，教育安全意识早已融入公民政治教育之中，以宪法为核心价值的政治教育的最终目的就是推动公众形成对德国资产阶级意识形态、政治权力和制度的"集体认同"。而无论国家层面采取何种措施维护教育安全，在任何一个国家，维护教育安全的责任最终都会落到教师身上。尤其是在赋予教师公职身份的国家中，维护教育安全更是教师不言自明的职责。教师对于该职责的无视或违反，将会直接削弱教育的安全功能，甚至使教育发挥反向作用，即威胁国家安全。2019 年我国香港地区爆发的"反修例风波"便是教育发挥反向作用的一个典型案例，而相当一部分长期在课堂上给学生灌输错误思想的香港教师则对此负有直接责任。由此可见，由教师到教育再到国家安全的链条环环紧扣，教师的教育安全职责至为关键，教师必须自觉维护国家的教育安全与利益。

实践中，维护国家教育安全的义务主要表现为教师对自身言行的严格要求以及对学生意识观念的培育。第一，教师应当恪守职业道德，不得在课堂教学中传播误导学生思想认知的信息，不得在任何场合有损害党中央权威、违背党的路线方针政策的言行，要自觉维护党和政府权威。作为国家公职人员，教师是代表国家、社会来培养年青一代的，因而其言行必须符合国家政治利益。第二，教师应当有意识地培育学生对国家政权、制度、历史、文化等的认同感，加强以宪法为核心的政治认同教育，加强中国传统文化认同教育，不断强化年青一代的国家认同观念。第三，教师应当自觉贯彻落实"三全育人"理念，在学科教学中渗透思政与德育元素，通过全员、全过程、全方位育人，引导学生与祖国同向同行，成长为社会主义合格的建设者与可靠的接班人。教师作为与年青一代联系最为密切的职业群体，依法履行维护国家教育安全的义务有着极其重要的意义，若其违反相关规定，造成恶劣影响，必须承担法律后果。如教师在执行教育公务时，明显表现出反党、反政府行为，恶意散布反动言论，教唆学生仇视政府、社会，造成恶劣影响，构成犯罪的，应当依法追究刑事责任；尚未构成犯罪的，应根据情节轻重，予以批评教育、责令检查、诫勉谈话、处分等惩戒。

三、教师有服从国家教育行政部门管理的义务

服从义务是指下级服从和执行上级依法做出的决定和命令。在层级分明的现代公务员制度之下，服从义务是为保证行政效率所必须提出的义务要求，是公职人员必须遵循的工作准则。公办中小学教师作为国家公职人员，在教育工作中也应当履行服从义务，对上级部门的决定和命令严格服从与执行。但作为特殊的国家公职人员，教师对服从义务的履行又有其特殊性。与其他公职人员的工作相比，教师工作具有行政干预少、自主性强的特点，来自教育行政部门的强制性命令与决定对教师而言并不多见，尤其是在此前教师聘任制度之下，政府对教师的行政管理权限本就有限。而伴随教师法律身份从"专业人员"转变为"国家公职人员"，教师与政府、学校间的法律关系发生改变，政府与教师间行政法律关系的形成强化了政府对教师的管理权，同时合法化了教师服从国家教育行政部门管理的义务。基于教师职业特点与当前基础教育现实，教师对服从义务的履行集中表现在教师必须服从教育行政部门的交流轮岗安排（陈鹏 等，2020）。

教师交流轮岗并不是一项新制度，作为能够有效推动师资合理配置进而促进教育均衡的重要手段，该制度早在 20 世纪中叶就已在一些国家的基础教育阶段推行实施，如日本教育公务员的"定期轮换交流制"兴起于第二次世界大战后，完善于 20 世纪 60 年代初，并一直沿用至今，韩国政府自 20 世纪 70 年代起开始实行中小学教师"互换制度"，法国的中小学教师流动机制在 1984 年修订的《法国教育法》中已有详细规定。在这些国家，公立中小学教师均被定位为公务员或教育公务员，参与交流轮岗便成为教师法定义务，这就为该制度的实施提供了制度保障和法理依据，从而保证了教师流动效果。在我国，1996 年国家教育委员会印发的《关于"九五"期间加强中小学教师队伍建设的意见》中就已明确提出了要建立教师流动的有效机制，但在此后 20 多年的时间里，虽然有关部门又陆续出台了多项推进教师流动的政策，我国中小学教师流动制度却始终未能真正建立起来，师资的不均衡仍是制约基础教育均衡发展的主要障碍。究其原因，主要是

我国现行《中华人民共和国教师法》中对教师的身份定位、义务与职责等的规定都无法为教师交流提供法律支持，教育行政部门通过行政手段来强制干预教师流动缺乏合法依据。而当公办中小学教师从法律上被确立为特殊的国家公职人员，教师交流轮岗便有法可依，法律强制力无疑是促使教师流动的最有效措施。

然而，需要明确的是，以职务义务的形式促使教师服从指令而参与交流轮岗，固然可以保证师资合理流动，但要教师自愿流向欠发达地区或薄弱学校，进而全身心投入学校的教育工作，仅仅依靠行政命令是不够的。政府必须制定和实施配套的政策法规措施，为教师依法履行义务提供保障。在此方面，日、韩、法等国具有丰富经验，在确立教师公职身份并规定其服从义务的同时，这些国家都建立了相似的利益补偿与奖励机制，一方面从经济上补偿教师因流动产生的损失，另一方面通过奖励来激励教师参与流动的积极性，双管齐下保障教师流动制度的顺利实行。同样，《中华人民共和国教师法》修订中，也应当补充并细化相应支持性条款，切实为教师工作提供条件保障。在此基础上，教师要责无旁贷地承担起公共教育服务责任，服从地方教育行政部门的统筹管理。具体而言，教师的交流工作涉及两方面内容。一是教师自身的教育信念与认知，教师作为轮岗主体，其教育信念与认知将直接影响其履行义务的态度和效果。教师应当明确自身作为国家公职人员而理应肩负的责任，转变"学校人"的陈旧观念进而树立"教育系统人"的意识，从思想上正确认识交流轮岗制度，而不能将其视为负担。二是教师的教育实践，教师在一所学校任教达到一定年限后，必须服从教育行政部门的组织安排，按规定参与校际流动，并尽职尽责地在流入学校进行教育教学工作。如教师不服从交流安排，或者虽然参与交流但在流入学校消极怠工，则应追究其责任。依据教师与教育行政部门的行政管理关系，可依法追究教师行政处分、扣减工资、限制或撤销资格等行政责任；依据教师与学校的聘任关系，可视情节轻重对违规教师做出解聘、停聘或不续聘的处理（周辉，2016）。《中华人民共和国教师法》修订中，应当补充相应法律责任的规定，对拒不履行义务的教师进行依法惩处。

四、教师有不得进行营利性兼职的义务

法律义务包括作为义务和不作为义务，不得进行营利性兼职是大多数国家公务员的一项较为典型的不作为义务，其基本要求是禁止或限制国家公职人员在担任公职期间，以获取报酬或其他私利为目的兼任本职以外的某种职务（杨泉明，1992），其目的一方面在于约束公职人员利用公权力和公共资源谋取私利的行为，另一方面在于保证公职人员专心于本职工作。《中华人民共和国公务员法》第五十九条第十六款也对此做出规定，要求公务员不得参与营利性活动或在企业及其他营利性组织中兼职。公办中小学教师作为特殊的国家公职人员，同样适用该项义务规定，其特殊性与现实性主要在于教师不得进行有偿补课。

是否应当禁止公立中小学教师的有偿补课行为一直是世界范围内教师权利与义务研究中的一个重要课题，不同国家对此有着不同规定，如德、法、韩等国通过立法严格禁止教师有偿补课，日、美等国有条件地允许教师在非工作时间兼职，我国则对教师有偿补课行为持否定态度。自2008年《中小学教师职业道德规范》提出教师要"自觉抵制有偿家教"以来，教育部陆续发布了多个文件强化相关限制。然而，禁止教师有偿补课，就意味着剥夺了其通过劳动获得报酬的合法权利。作为公民与一般劳动者，教师无疑享有业余劳动权，但作为国家公职人员，教师又有义务遵守国家法律法规中关于公职人员的一般性规定，其中就包括"不得进行营利性兼职"，当权利与义务相冲突，教师的公民权利必然要让位于公职人员的职责与义务，尤其是公办中小学教师，其首要职责就是"切实履行作为国家公职人员的义务"。因此，禁止教师有偿补课具有合法性与合理性。

事实上，限制公立学校教师的有偿补课行为是大多数国家与地区的共同选择。在将教师定位为公务员的国家，教师行为受公务员法约束，如德国《联邦公务员法》规定，公务员应当将自己的整个人格和全部精力投入到公职身份上。教师参与有偿补课将被处分甚至开除，并记入个人档案。在美国，教师的法律身份为国家公务雇员，并不适用公务员法，但在公立学校教师有偿补课问题上，尽管各州政策与法律规定并不完全相同，却基本上都秉持"有条件禁止"的态度（张冉 等，2017），教师在外兼职大都将面临解聘或不续聘的处理。由此可见，不管是在欧陆法系还是英美法系国家，限制教师有偿补课都是立法者的共识，尤其是在赋予教师公职身份的国家中，不得参与以有偿补课为主的营利性兼职活动更是教师必须承担的法定义务。

基于此，从规范公办中小学在职教师有偿补课行为的角度出发，教师对"不得进行营利性兼职"义务的履行至少应包括三点要求。一是教师不得组织、诱导学生参加与自身及其利益相关者的利益挂钩的校内外有偿补课活动。二是教师不得参与校外培训机构或其他团体或个人组织的有偿补课活动。教师的首要职责应是做好本职工作，因课外兼职分散精力而导致校内教学质量降低是教师的一种严重失职行为，也是对学生受教育权的侵害。三是教师不得为校外培训机构或其他营利性团体及个人提供学生相关信息。学生及其家长信息对教师而言具有易获得性，这为教师传播与买卖相关信息提供了可能，从法律上明确规范教师使用及管理学生信息的行为是对学生的必要保护。只有教师真正做到严守法律规范，依法履行义务，最大多数学生的合法权益才能得以保障，公办教育才能真正成为公众信赖的教育。

法律责任是保障法律所规定的权利与义务实现的根本手段，公办中小学教师违规在校外兼职，或者组织、诱导学生参与有偿补课的，必须承担相应法律后果，具体的惩处措施视其违反规定的情节和程度而有所不同。在依据公务员法对教师进行管理的国家，对违法兼职的公务人员的惩戒措施一般有警告、训诫、罚款、停薪、减薪、降职和撤职等种类，现实中对违规教师使用较多的主要是警告、训诫和罚款，仅违法情节严重的教师会被解聘。根据已出台的相关政策，我国对于有偿补课的教师，已经提出了"视情节轻重，分别给予批评教育、诫勉谈话、责令检查、通报批评直至相应的行政处分"（教育部，2015）等惩戒措施，但尚未写入法律，效力等级不高。基于公办中小学教师国家公职人员的法律身份，《中华人民共和国教师法》修订中应当纳入"公办中小学教师不得进行营利性兼职"的规定，并参考相关政策文件补充规定教师违反兼职规定应负的法律责任，以提升规制的法律效力等级，增强对教师违法惩戒的合法性。

参考文献

陈鹏，李莹，2020. 国家特殊公职人员：公办中小学教师法律地位的新定位［J］. 教育研究（12）：
　　141-149.

教育部，2015. 教育部关于印发《严禁中小学校和在职中小学教师有偿补课的规定》的通知［EB/OL］.
　　（2015-06-30）［2021-04-07］. http://www.moe.gov.cn/srcsite/A10/s7002/201507/t20150706_192618.html.

王凌，李官，2014. 教育安全：界说、特征与意义［J］. 学术探索（7）：138-143.

王晓辉，2012. 法国教师地位的变迁［J］. 比较教育研究（8）：47-50.

杨泉明，1992. 论对公职人员兼职的监控［J］. 四川师范大学学报（社会科学版）（2）：1-7.

张冉，姚金菊，2017. 公立学校教师有偿补课的法律规制：美国经验及其对中国的启示［J］. 北京大
　　学教育评论（2）：63-76，188-189.

周辉，2016. 我国中小学教师不履行交流义务的责任追究［J］. 教育学术月刊（10）：43-48.

The Specific Obligation and Legal Regulation of Public Primary and Secondary School Teachers as National Public Officials

Tang Qian　　Yu Xilan

Abstract: The legal status determines the rights and obligations of the subject of legal relationship. It is necessary to reconstruct the system of teachers' rights and obligations when teachers' legal status changes from professionals to national public officials. The legal position of national public officials emphasizes the publicity and responsibility of teachers' profession, and highlights the particularity of teachers' obligations as national public officials. As national public officials, public primary and secondary school teachers should have the obligations of educating people for the party, educating talents for the country and educating people with moral education, maintaining national education security, obeying the management of national educational administrative department, and not engaging in profitable part-time jobs, which fully demonstrates the national responsibility, political responsibility, social responsibility and educational responsibility that teachers should shoulder as national public officials.

Key words: public primary and secondary school teachers　national public officials 　 the legal obligation of teachers 　 teachers' law

作者简介

　　唐倩，陕西师范大学心理学院博士研究生，陕西师范大学教育学部讲师，研究方向为教育政策与法律。

　　于茜兰，陕西师范大学教育学部硕士研究生，研究方向为教育政策与法律。

□刘　扬　任海涛

论学校保护：义务来源、发展脉络与体系化需求

【摘　要】我国中小学与未成年学生的法律关系呈现出公私法属性并存的混合样态，学校保护义务也因此呈现出多样的渊源。我国学校保护立法经过了从开端、奠基，再到不断发展完善的阶段，目前表现出精细化立法的发展趋势。应尽快完成学校保护立法的体系化，提升学校保护立法体系的外部体系规范性与内部价值融贯性。

【关键词】未成年人保护　学校保护　法律体系化

学校保护应指在学校及其周边合理辐射范围内，学校依照《中华人民共和国未成年人保护法》及其他有关法律、法规，对未成年学生在校学习、生活期间合法权益的保护。而当下，学界对于学校保护的理论基础、立法整体样态均缺乏深入剖析。在教育法治建设要求不断提高的时代背景下，学校保护立法的体系化需求应当是值得关照的重要命题。

一、溯源学校保护：中小学与未成年学生的法律关系

学校与未成年学生之间的法律关系，反映了学校保护的义务来源，关系到学校以何种形式开展教育、教学和管理活动，为学校保护当中学校的责任范围、事故处理的归责原则等问题奠定了框架，关系到在校学生权利义务的具体实现。厘清双方之间的法律关系是有效理解学校保护概念和保护义务来源的前提。因此，有必要从中小学与学生间的法律关系入手，通过探究双方在学校保护当中权利义务关系的互动模式，理解学校与学生之间法律关系的具体样态。

（一）中小学与未成年学生法律关系的相关学说

围绕公立中小学与学生之间的法律关系，学界目前主要形成了以下观点。

1. 监护代理关系说

监护代理关系说，也有学者称之为监护职责委托说。该学说认为，学校与未成年学生之间形成监护代理关系，学生家长是监护人，学校是监护代理人，未成年学生是被监护人。监护人出于外出工作等原因，往往无法完整、准确地履行其监护责任，教育法等法律将监护人监护职责中适用且应该由学校履行的部分规定为学校的义务，由学校代理监护人履行监护职责（佟丽华，2007）[8]。该学说通过民法上的指定代理（公立学校）和委托代理（私立学校）制度为学校的监护职责提供解释路径，认为未成年学生入学即可视为未成年学生与学校之间形成了隐性的以代理权为核心的服务合同。基于此，学校仅承担受委托的监护职责，而非基于监护权转移而产生的"监护责任"，对于自身的过失承担"过错责任"。

2. 教育契约说

"教育契约说"认为，学校与学生之间形成的既不是公法意义上的行政管理关系，也不是一般的民事法律关系，而是基于双方的教育契约而形成的契约关系。契约是教育管理的基础，教育管理又是契约的主要内容，双方之

间的教育契约自学生入学后成立（胡林龙，2003）。还有学者认为，教育契约的内容依照相关教育法律、惯例确定，主要体现为以教育管理为主的学生与学校之间的债权债务关系，性质上类似于企业根据国家下达的指令性任务或国家订货合同而产生的企业权利义务关系。据此，家长通过教育委托合同，将保护学生的职责部分或全部地转移给了学校，安全责任条款作为契约的基本组成部分，将学校保护责任确定下来（孙霄兵 等，2017）[417]。

3. 公法关系说

持此观点的学者认为，学校与学生之间不存在民事法律关系，而是根据《中华人民共和国教育法》《中华人民共和国教师法》《中华人民共和国未成年人保护法》的规定形成的，具有公法性质的法律关系（劳凯声，2004）[136]。其依据在于，中小学是根据党的教育方针和国家教学标准开展教育教学活动，承担着具体行使国家教育公权力的任务和使命。根据学校教育权的特殊性质，学校与未成年学生形成的是公法意义上的法律关系，学校对学生的保护职责不是受托于家长，也不是以家长的名义代理，而是按照教育法律对学校义务的特殊规定，以教育者的身份展开的，其行为是法定教育权的组成部分（劳凯声，2014）。

此外，学界还存在"监护关系说""特别权力关系说""代理父母说"等观点，但在我国目前不具备充分的适用基础，在此不做赘述。

（二）基于公、私法双重法律关系的学校保护义务

教育法作为统合性法律部门，其法律关系主体在不同法律关系中可能体现出多样的法律地位，甚至在同一法律关系中，也可能体现出无法单一划归到公法或私法关系的法律身份（任海涛，2021）。笔者倾向于认为，学校与未成年学生间的法律关系呈现出公私法二元混合样态。从学校保护所涉及的法律关系的实然性角度，以学校保护具体内容为标准，可将学校保护的义务来源理解为：基于私法意义上家长对学校的监护职责的委托，以及基于公法意义上的教育行政授权。

1. 学校与未成年学生的私法关系

有学者指出，狭义的学校保护义务约等于"安全保障义务"，"保护"的

侧重点在于防止学生受到各种形式的外界侵害,其内容主要包括:第一,教育活动中的安全注意义务;第二,学生管理中的安全注意义务;第三,后勤服务中的安全保障义务;第四,他人侵犯的防止义务;第五,安全教育与救助义务(姚建龙,2020)。

从以上内容来看,学校安全保障强调的是学校对学生的给付义务,双方之间并未体现出明显的不平等主体之间的管理与被管理、命令与服从关系。可以认为,学生入学后,家长与学校即通过默示的教育契约完成了对学生保护职责的转移,学校与未成年学生构成的是民法意义上平等主体之间的委托监护关系,学校需据此承担对未成年学生在学校及其合理辐射范围内的安全保障责任。

目前学校保护立法体现出对学校保护职责的扩大化倾向,即不仅仅局限于保护未成年学生的人身安全,还强调对未成年学生的人格权、隐私权、财产权等权利的全面保护,尊重学生的平等地位。单一公法关系的解释路径似乎与平等保障学生权益的整体基调相违背。虽然学校往往以教育实施者的权威方身份出现,但是在"学校保护"这一具体问题的讨论上,不应当陷入公私法二分框架的思维桎梏而过度强调学校的教育权。相反,在学校保护中学校与学生形成的公法关系应当是十分有限的,根据公法领域"法无授权即禁止"的原则,没有法律法规的明确授权,学校不得对学生实施不当的管理行为。

2. 学校与未成年学生之间的公法关系

学校保护也可能导致双方公法属性的法律关系的产生,例如学校对欺凌者实施教育惩戒或纪律处分,以实现对受害者的保护。需要讨论的问题焦点在于,中小学对学生的教育惩戒是否可以构成行政法律行为,以及具体在何种情况下构成行政法律行为。

一种观点是,学校对未成年学生进行的教育惩戒,可以构成行政处分(余雅风 等,2022)。其依据为,学校可以根据《中华人民共和国教育法》等法律、法规的授权成为行政主体,学校依照法律授权对学生进行处分时,双方形成了不平等的管理与被管理关系,其处分行为可以视为行政法律行为(孙霄兵 等,2017)[419-420]。

也有观点认为,中小学处分学生不构成行政法律行为。如有学者认为,对于学校是否具备行政法律地位的认定，集中在学校是否可以对学生进行学籍管理上。义务教育阶段的中小学无法开除学生的学籍，其对学生的处分只是一种内部管理行为，而非义务教育阶段的高中可以开除学生学籍，此时双方才可以形成行政法律关系。（任海涛 等，2021）

笔者认为，判断学校对学生的惩戒是否属于行政法律行为，应当看其是否具备"行政权能的存在""行政权的实际运用""法律效果的存在""意思表示行为的存在"四个要素（姜明安，2019）[183-190]。第一，学校在得到法律、行政法规、部门规章的明确授权的情况下，可以作为"法律、法规授权的组织"成为具备行政权能的行政主体，而教师个人无法满足成为行政主体所必需的"组织"条件，因此教师惩戒不是行政法律行为。第二，学校对学生施加的行为要涉及对法律、法规所授权的行政权的运用。例如学校对学生间的矛盾纠纷进行居间调解的过程不存在行政权的实际运用，不能认为双方形成了行政法律关系。第三，学校的行为必须存在相应的法律后果。例如，学校对学生进行停课、停学处分，剥夺学生的受教育权，或者以通报批评等方式使学生的人格受损，通过自身意志设定、变更、消灭、确认学生的某种权利义务关系。第四，学校要有意思表示行为的存在。学校只有将对学生的惩戒通过口头告知、书面送达、广播、张贴布告等形式表示出来，并且使学生知晓后，才符合构成行政行为的要件标准。

综上，从公法意义上来看，学校基于法律法规的行政授权，既有管理、处分学生的权力，又有保护学生的义务。当学生实施了严重的欺凌行为、造成较严重的后果，学校采取停学停课、开除学籍（限于高中阶段）等影响其权利义务关系的惩戒措施，以实现对受害者的保护时，可以认为学校与实施欺凌的学生之间形成了公法意义上的行政法律关系；而对于学校所实施的批评、责令检讨等程度轻微的惩戒措施，不应当认为其属于行政法律行为。

二、国内外学校保护制度梳理

梳理我国学校保护的立法历程，描摹出学校保护立法的整体发展样貌，有利于进一步深入挖掘我国未成年学生学校保护存在的问题；对国际上未成年学生学校保护的工作制度的梳理，可以为我们的学校保护工作提供操作经验，为学校保护水平的进一步提升提供有益指导。

（一）我国学校保护立法的发展沿革

1. 关注学校专门保护义务

我国学校保护立法文件可以追溯到 1987 年颁布的《上海市青少年保护条例》，该文件中首次出现"学校保护"一词，以地方性法规的形式创设了"学校保护"立法章目。立法者认为，学校保护内容包括对学生身心健康的保护、对学生生活开展教育指导、尊重学生人格、对后进学生的教育帮助、对特殊学生的保护、建立家访制度等。该文件的颁布表明立法者开始认识到学校是未成年学生保护的专门主体，奠定了学校作为未成年学生保护责任主体的框架，对《中华人民共和国未成年人保护法》学校保护章的内容有深刻影响。

2. 奠定立法基调

1991 年，《中华人民共和国未成年人保护法》颁布，将"学校保护"列为单独章节。学校保护章内容包括尊重学生受教育权、尊重学生人格尊严、预防人身安全事故、工读学校教育、幼儿园保育教育等，在保障学生受教育权、幼儿园对学前儿童的保护职责等问题上进行了延展，开始注意到避免未成年学生的合法权益受到学校公权力的侵犯，例如规定不得随意开除学生、不得体罚学生等。《中华人民共和国未成年人保护法》的出台促进了学校保护立法大量涌现，《幼儿园管理条例》《幼儿园工作规程》《学校体育工作条例》《学校卫生工作条例》《学生伤害事故处理办法》等法律文件均在 20 世纪 90 年代出台，初步奠定了学校保护法律体系的基础。

3. 以学生权利为中心

2006 年修订的《中华人民共和国未成年人保护法》总则部分第三条中新增了未成年人平等地享有生存权、发展权、受保护权、参与权、受教育权等基本权利相关内容。权利义务条款本身即为体现教育法律主体之间关系的核心内容，以此为基本指向，学校保护章的修订注重保障未成年学生法定权益，增添了未成年学生的身心安全保护措施，强调对学校安全事故的处置和预防机制的建立，要求"学校、幼儿园、托儿所应当建立安全制度"。《中华人民共和国未成年人保护法》第一次修订前后，《中小学幼儿园安全管理办法》《校车管理条例》《教育督导条例》等法律文件的出台，反映出学校保护围绕未成年学生权利进行制度化、规范化保障的趋势。

4. 注重保护的全面性

2020年，《中华人民共和国未成年人保护法》迎来第二次修订，重点回应近年出现的校园安全新形势、新状况。此次修订丰富了学校的安全教育、劳动教育、节俭美德教育等学校教育保护职能；细化了学校的人身安全保护职责，增加了"卫生保健""校车使用"等专门条款；新增了建立"校园欺凌""校园性侵害、性骚扰"防控制度要求；回应了基础教育阶段学校商业化倾向问题，保障学生平等接受教育的权利（姚建龙 等，2021）。《中华人民共和国未成年人保护法》第二次修订前后，《学校食品安全与营养健康管理规定》《中小学教育惩戒规则（试行）》，特别是《未成年人学校保护规定》等文件的出台，凸显出学校保护的立法从以往以未成年学生的人身安全为主要关照点，开始转向对未成年学生各项权益的全面综合保护，体现了在"最有利于未成年人原则"的指导下对未成年学生身心全面发展的精细化保护需求。

（二）国外学校保护工作制度梳理

1. 未成年学生保护基本原则的国际法依据

我国1990年即签署了联合国《儿童权利公约》（以下简称《公约》），《公约》所确定的儿童最大利益原则逐渐成为影响世界各国未成年学生保护立法的重要法律原则和价值基准。《中华人民共和国未成年人保护法》第四条将其细化为未成年人特殊、优先保护，尊重未成年人人格尊严，保护未成年人隐私和个人信息等基本原则。对此，应当将实体法与程序法保障相结合，将学校保护义务与未成年学生权利相结合，在处理涉及未成年学生的事项时坚持未成年人最大利益导向，把未成年学生的权利落到实处。

2. 创建儿童友好型学校

联合国儿童基金会发布的《儿童友好型学校指南》指出，儿童有在安全、健康的环境中学习的权利，应当努力建设儿童友好型学校，建立学校保障环境。儿童友好型学校的创建包括两方面内容：一方面是创建良好的校园健康环境与校园安全保护环境，校园健康环境是指保护儿童免于遭受疾病与营养不良，促进儿童的身体、智力、认知水平的发展；另一方面，在学校内为儿童营造免于陷入人身危险的保护空间，包括建立学校围墙，治理兜售毒品、性骚扰和身体暴力等（Wright, et al., 2009）[5-7]。

3. 完善校园欺凌防治工作机制

对于校园暴力的预防和治理，可以借鉴国际先进治理经验，推动形成学校、教师、家长、社区等多主体参与的专门的解决办法和工作机制。例如，欧洲国家实施的基瓦（Kiva）欺凌预防全校办法，其内容包括课程、网络游戏、与欺凌者和受害者合作、教师材料和家长指南，该项目通过提高学生的社会和情感技能，影响群体规范和旁观者行为，推动学校形成非欺凌的氛围。这一项目在英国、荷兰、比利时、意大利等国家取得了良好的效果（World Health Organization, 2019）[29]。

4. 防治校园性侵害的教师培训机制

2019 年，印度有 47335 起针对儿童的性犯罪报告，平均每小时就有 5 起儿童性虐待报告。对此，联合国儿童基金会在印度中小学开展了一项教师培训课程项目，重点加强对教师的安全教育，以防止性虐待、同伴间的暴力以及学校中的体罚的情况出现。该项目培养了一支学校辅导员队伍，以向儿童提供社会心理支持。此外，联合国儿童基金会还对儿童、家长和教师进行了社会行为改变的干预，为儿童主动报告受侵害案件，以及在需要时寻求帮助创造了有利环境（Frater, 2021）[31]。

三、我国学校保护立法的体系化需求

法律的体系化，即根据法律体系的特定要求，通过立法或法律解释的手段，使相关法律规则与法律原则形成具备逻辑一致性与价值融贯性的有机体系的过程（任海涛，2020）。学校保护立法的体系化，意指在学校保护立法价值基准的指引下，对现行法律中涉及的学校保护法律原则与法律规则进行体系梳理，使之形成外部法律原则和法律规则的逻辑统一、内部法律价值融贯一致的法律规范体系的过程。虽然我国学校保护立法经历了从开端到不断发展完善的整体过程，但其体系化水平仍有很大提升空间。

（一）外部体系的规范化需求

我国学校保护立法体系化水平较低。现代立法理论主张法律规范应当在宪法的统领下，从全局出发、从国家的整体利益出发，寻求不同法律体系、法律内容之间的分工合作，以及法律内部之间内容的衔接（王志亮，2009）。但是长期以来，我国学校保护立法体现为针对学校保护出现的急需解决的问题进行"头痛医头，脚痛医脚"式的应急式立法，教育、公安、卫生、交通等行政部门均可以成为学校保护立法主体，随意立法和重复立法情况较为普遍，学校保护立法仍未形成"法律—行政法规—地方性法规—部门规章—地方政府规章"层次分明、逻辑严谨的法律位阶层次体系，学校保护立法在单一法律位阶层次上"集中扎堆"的问题比较突出。

立法体系化水平较低将导致诸多问题。内容的全面性、规范的一致性、逻辑的自洽性是法律外在体系的形式理性要求（徐以祥，2019）。而当下缺乏立法活动的系统性和规划性，不仅造成法律体系的臃肿化、浪费了立法资源，也极易造成不同法律规范之间，以及法律原则与法律规则之间衔接不畅、对立冲突，使得法律规范的一致性和逻辑自洽性不足。如此一来，一方面"新法优于旧法""上位法优于下位法"的法律适用基本原则无法得到很好的应用，造成教育行政部门和司法机关在法律适用上无所适从；另一方面，由于缺乏专门立法作为位阶体系中的"基石"，学校保护立法缺乏稳定性与可预测性，法律的尊严和权威无法得到有效维护。

（二）内部体系的价值融贯需求

保护未成年人权利是学校保护立法的基本价值导向。立法价值是统合法律体系的灵魂，如果缺少具备融贯性的内在价值的统领，立法只能体现为法律规范的拼凑性集合，而不能满足法律体系的内部价值一致的要求。《中华人民共和国未成年人保护法》第一条规定"为了保护未成年人身心健康，保障未成年人合法权益，促进未成年人德智体美劳全面发展……制定本法"，以立法目的条款的形式明确了学校保护最终追求的社会价值是"保障未成年人合法权益"。其他学校保护法律法规的法律原则以及具体法律规则，都应当以保障未成年人合法权益为内在价值。在具体的制度设计和实施当中，应遵循《中华人民共和国未成年人保护法》这一上位法的规定，保证法律内部体系的稳定性与协调性，避免法律规范对立冲突的问题出现。

在各界对出台教育法典的呼声不断增强的背景下，学校保护立法的体系化是学校保护立法法典化发展的必然路径，有必要通过整合学校保护立法的框架体系，为学校保护立法的法典化打好基础。有学者指出，"总—分"结构的框架模式是教育法律体系化的合理路径（任海涛，2020）。从立法技术上看，"提取公因式"的立法技术是实现总分体例结构的必然要求，即将学校保护法律规范的共同特征通过抽象提取的方式进行概念整合，统合为法律原则的形式予以集中规定。这不仅可以实现学校保护法律体系的简明清晰，还可以消解当下学校保护立法碎片化、臃肿化的弊端。总则部分可以将学校人身伤害、食品卫生安全、消防交通安全、安全应急、校园欺凌、校园性侵害和性骚扰、教育惩戒等制度中有关学校保护所共同适用的法律原则进行凝练概括，寻找具备共通性的法律价值理念，通过立法目的条款和法律原则条款予以体现；在分则部分，以总则条款作为统领对具体内容展开细化排布，以追求法律体系外部形式逻辑的严谨性与内部价值体系的融贯性。

参考文献

胡林龙，2003. 学生伤害事故立法基本问题研究：兼论《学生伤害事故处理办法》之规定［M］// 劳凯声 . 中国教育法制评论：第 2 辑 . 北京：教育科学出版社 .

姜明安，2019. 行政法与行政诉讼法［M］.7 版 . 北京：北京大学出版社 .

劳凯声，2004. 中小学学生伤害事故及责任归结问题研究［M］// 劳凯声 . 中国教育法制评论：第 3 辑 . 北京：教育科学出版社 .

劳凯声，2014. 试论中小学校与未成年学生法律关系［J］. 教育学报（6）：30–39.

任海涛，2020. 论教育法体系化是法典化的前提基础［J］. 湖南师范大学教育科学学报（6）：15–24，76.

任海涛，2021. 论教育法法典化的实践需求与实现路径［J］. 政治与法律（11）：17–29.

任海涛，杨兴龙，2021. 论中小学校的法律地位［J］. 华东师范大学学报（教育科学版）（1）：40–48.

孙霄兵，马雷军，2017. 教育法理学［M］. 北京：教育科学出版社.

佟丽华，2007. 未成年人法学：学校保护卷［M］. 北京：法律出版社.

王志亮，2009. 刑诉法修改应关注刑事法律体系的衔接［J］. 东方法学（1）：51-57.

徐以祥，2019. 论我国环境法律的体系化［J］. 现代法学（3）：83-95.

姚建龙，2020. 论学校保护：以未成年人保护法学校保护章为重点［J］. 东方法学（5）：117-130.

姚建龙，陈子航，2021.《未成年人保护法》的修订、进步与展望［J］. 青年探索（5）：5-17.

余雅风，姚真，2022. 论教育法律关系［J］. 湖南师范大学教育科学学报（3）：36-45.

FRATER C, 2021. Action on how to solve child violence in schools [M].New York: United Nations Children's Fund.

WORLD HEALTH ORGANIZATION, 2019. School based violence prevention: a practical manual[R]. Geneva: World Health Organization.

WRIGHT C, MANNATHOKO C, PASIC M, 2009. Child friendly schools manual [M].New York: United Nations Children's Fund.

On School Protection: Obligation Source, Development Thread and Systematic Demand

Liu Yang　　Ren Haitao

Abstract: The legal relationship between primary and secondary schools and minor students in China presents a mixed state of public and private law attributes, which decides the various origins of the schools' obligation to protect minor students. China's school protection legislation has gone through the stages of starting, laying the foundation, improving, and it is currently developing in a increasingly detailed trend. Specialized legislation for school protection should be completed soonly to enhance the external system normativeness and internal value coherence of the school protection legislative system.

Key words: minor protection　　school protection　　legal systemization

作者简介

刘扬，华东师范大学未成年人学校保护研究中心研究人员，研究方向为教育法学。

任海涛，博士，华东师范大学法学院教授，研究方向为教育法学。

□ 王志远

职业教育产教融合型企业的法律地位研究①

【摘　要】职业教育产教融合型企业是将商品生产经营服务与相关联的职业教育人才培养培训功能融为一体的企业。职业教育产教融合型企业的法律地位可以分为民事法律地位与行政法律地位。作为民事法律关系主体，其具有法人或非法人组织属性，在民法中是"特殊企业法人"或"特殊非法人组织"，教育公益属性是其特殊性的具体表征。在行政法中，职业教育产教融合型企业与行政机关之间存在行政管理法律关系，是行政相对人，其权益受到行政主体行政行为的影响。

【关键词】产教融合型企业　职业教育　法律地位　特殊企业法人　特殊非法人组织　行政相对人

一、引言

党的十九大报告明确提出，要深化产教融合、校企合作。建设产教融合型企业是深化产教融合、校企合作，重塑我国人力资源优势的实践创新。2019年1月，《国家职

① 本文系全国教育科学"十三五"规划2019年度国家一般课题"企业作为职业教育重要办学主体的发展变迁与制度重构研究"（XJA190287）的阶段性研究成果。

业教育改革实施方案》（以下简称《方案》）提出了"到 2022 年，培育数以万计的产教融合型企业"的宏大目标。在配合落实《方案》的基础上，2019年 4 月，国家发展改革委、教育部制定印发了《建设产教融合型企业实施办法（试行）》（以下简称《实施办法》），并在实践中分批认定了一些国家产教融合型企业，职业教育产教融合型企业建设取得实质性进展。然而，职业教育产教融合型企业建设中还存在着一个非常关键的问题没有得到观照，即其法律地位。

通常来讲，法律地位就是指权利主体在法律上的地位（孙国华，1997）[9]，是法律规定的法律关系主体的权利与义务实际状态（任海涛 等，2021）。从法律的角度探讨职业教育产教融合型企业，首先必须明确其法律地位，着重厘清职业教育产教融合型企业是一种什么性质的法律关系主体，它具有哪些权利与义务。对职业教育产教融合型企业法律地位的界定，有助于其更好地处理与其他利益主体之间的法律关系，获得长效发展，继而深化职业教育产教融合、校企合作。

二、职业教育产教融合型企业的民事法律地位

企业是民事法律关系的主体，具有法人或非法人组织的法律地位，是民法中的企业法人或非法人组织。职业教育产教融合型企业作为企业的种概念，属于民法上的企业法人或非法人组织，但因其具有开展职业教育产教融合、校企合作人才培养培训的特殊性，遂又是企业法人或非法人组织中的一种特殊组织，对其法律地位需要进一步深入探讨。

（一）民法上的法人或非法人组织

《中华人民共和国民法典》将民事法律主体分为自然人、法人和非法人组织三类平等主体。当然，不论是法人，还是非法人组织，均强调主体的团体性和组织性，明显区别于自然人（祁占勇 等，2021）。那么，职业教育产教融合型企业到底是法人还是非法人组织？有观点提出，职业教育产教融合

型企业应是在中国境内合法登记注册的独立法人，拥有独立的民事经济活动能力（刘晓 等，2019）。这一观点对职业教育产教融合型企业的内涵理解，以及对于《实施办法》第五条的解释过于简单，并未全面考虑《中华人民共和国民法典》中对于法人及其他民事法律关系主体的规定。在现行法律规定下，如果要赋予职业教育产教融合型企业以法人地位，那么其只能归于《中华人民共和国民法典》第七十六条所规定的营利法人。根据《实施办法》第五条的规定，在中国境内注册成立的企业，其在自愿申报且符合其他相关规定条件的基础上，均可被纳入产教融合型企业的建设培育范围。故而，仅赋予职业教育产教融合型企业法人地位与《实施办法》第五条的规定不符。因此，还需要进一步基于对企业法律地位的分析予以探讨。

企业作为从事生产经营活动，以营利为目的的经济组织（张士元，2013）[7]，是能够参与民事法律关系从而享有民事权利、承担民事义务的民事法律关系主体。既然企业是民事法律关系主体，那么对于其法律地位的探讨则可以从《中华人民共和国民法典》中得到答案。根据《中华人民共和国民法典》第七十六条和第一百零二条的规定，法人或非法人组织中都包含企业。因此，企业是法人或非法人组织的法律地位是确定的。问题的关键是：企业的法人或非法人组织法律地位是否适用于职业教育产教融合型企业？

这里首先需要对产教融合型企业的内涵予以明确。《实施办法》第二条指出："本办法规定的产教融合型企业是指深度参与产教融合、校企合作，在职业院校、高等学校办学和深化改革中发挥重要主体作用，行为规范、成效显著，创造较大社会价值，对提升技术技能人才培养质量，增强吸引力和竞争力，具有较强带动引领示范效应的企业。"这意味着产教融合型企业的主体还是企业。同时，《实施办法》第二条及第五条的规定，事实上明确了我国在职业教育产教融合型企业的入口上，不搞"点球"式定向支持，对我国境内注册成立的企业，不区分所有制性质，同等对待（陆娅楠，2019）。因此，结合上述论述，我们得出的基本解释是：（1）产教融合型企业与企业之间是一种"种＋属"关系，企业是上位的属概念，而产教融合型企业是下位的种概念（欧阳河 等，2019）；（2）即使在企业自愿申报认定为产教融合型企业后，它也只是加入了国家产教融合型企业培育计划，并未改变其法人或非法人组织性质。据此，我们认为，职业教育产教融合型企业就是民法上的法人或非法人组织。

（二）职业教育产教融合型企业具有"特殊企业法人"或"特殊非法人组织"地位

当然，若将职业教育产教融合型企业完全认定为法人或非法人组织，那么，它作为产教融合型企业的特殊性就无法从根本上得到凸显，将会影响其作为职业教育重要主体的权利与义务配置。因而，我们认为，职业教育产教融合型企业作为民事法律关系主体，具有法人或非法人组织属性，在民法中具有"特殊企业法人"或"特殊非法人组织"地位。

1. 特殊企业法人

对于法人资格的考察，应当从《中华人民共和国民法典》中寻求答案。《中华人民共和国民法典》第五十七条规定："法人是具有民事权利能力和民事行为能力，依法独立享有民事权利和承担民事义务的组织。"法人主要有营利法人、非营利法人、特别法人三类。其中，有限责任公司、股份有限公司和其他企业法人等是以获取利润为目的的企业法人。

企业法人是以营利为目的，从事经济活动的法人，符合国家规定的设立登记、企业名称、组织机构等法律条件，具有民事权利能力和民事行为能力，能够依法独立享有民事权利和承担民事义务。《实施办法》第五条中规定的"在中国境内注册成立的企业"中的"企业"，首先应当同时包括有限责任公司、股份有限公司，以及其他企业法人中具有中国法人资格的外资企业[①]三类，它们均是以营利为目的，从事经济活动的企业法人，有独立的法人财产，享有法人财产权，以其全部财产对企业的债务承担责任。以这三类企业法人为主的职业教育产教融合型企业有独立的资本、技术、知识、设施、管理等要素，能够用于举办或参与举办职业教育。因此，其在要件上与企业法人具有一致性。同时，其一旦申报认定成为职业教育产教融合型企业，就具有了企业与产教融合型企业的"属＋种"的双重性质，成为将商品

---

① 《中华人民共和国外资企业法》第八条规定："外资企业符合中国法律关于法人条件的规定的，依法取得中国法人资格。"该条文说明，外资企业可以分为具有中国法人资格的外资企业和不具有中国法人资格的外资企业。

生产经营服务与相关联的职业教育人才培养培训功能融为一体的企业（欧阳河 等，2019）。对它的遴选、评价等主要以它进行职业教育产教融合、校企合作人才培养的深度与人才培养的质量为标准，即其必须秉持教育的某些公共性原则，如独立举办或作为重要举办者参与举办职业院校，长时段接收学生开展实习实训等，在原来单纯的营利目的之中融合教育的公益属性，这是它与一般的非职业教育产教融合型企业的最大区别。

为此，我们认为，职业教育产教融合型企业属于企业法人，它是企业法人中的一种特殊组织，是具有特殊身份的企业法人，可把它界定为"特殊企业法人"（祁占勇 等，2021），其特殊性表现在它除具有一般企业法人的营利目的外，还特别地承担了职业教育人才培养培训的教育公益属性。这一特殊企业法人身份只有在其成为职业教育产教融合型企业之后才具有，并随着其产教融合型企业资格的取消而自动丧失。如国家或一些省市认定公布的吉林省通用机械（集团）有限责任公司、郑州宇通客车股份有限公司、菲尼克斯（中国）投资有限公司等产教融合型企业就属于特殊企业法人。并且，从已发布的名单来看，以有限责任公司和股份有限公司为主的产教融合型企业也是我国职业教育产教融合型企业建设培育的重点。

2. 特殊非法人组织

《中华人民共和国民法总则》创设了非法人组织概念及其规范群，突破了《中华人民共和国民法通则》的二元主体结构，《中华人民共和国民法典》沿用这一做法。非法人组织作为第三民事主体正式且全面进入法教义学的视野（唐勇，2021）。《中华人民共和国民法典》第一百零二条第二款对非法人组织的内涵外延采取了非穷尽式列举，列举了"个人独资企业、合伙企业、不具有法人资格的专业服务机构等"组织。从《中华人民共和国民法典》对于非法人组织的七条规定来看，非法人组织具有以下三个主要特征：（1）应当登记；（2）存在于经济领域；（3）以营利为目的（徐国栋，2021）。

与企业法人不同的是，非法人组织不具有法人资格，但是能够依法以自己的名义从事民事活动。并且，非法人组织中也有企业，如个人独资企业、合伙企业等。可见，在民法上，个人独资企业、合伙企业等非法人组织也满足《实施办法》第五条"在中国境内注册成立的企业"的规定，即其可以自愿申报认定产教融合型企业，更重要的是这一类型的产教融合型企业也已经出现在部分省市产教融合型企业培育试点名单和建设培育名单之中。如上海市 2020 年产教融合型企业培育试点名单中的立信会计师事务所（特殊普通合伙），以及广东省第一批建设培育产教融合型企业名单中的广州市博视医疗保健研究所（个人独资）等。

因此，我们认为，上述职业教育产教融合型企业属于非法人组织，它是非法人组织中的一种特殊组织。不同于一般非法人组织，它是具有特殊身份的非法人组织，可把它界定为"特殊非法人组织"，其与一般非法人组织既有相似性又有差异性，即它除具有一般非法人组织的全部特性之外，还因其在深度参与职业教育技术技能人才培养培训过程中坚持了教育的公益性原则，如以校企合作等方式共建产教融合实训基地，或者捐赠职业院校教学设施设备等，具有一般非法人组织不具有的教育公益属性。当然，在目前公布的名单中这类产教融合型企业所占的比例还较少。

综上所述，根据《中华人民共和国民法典》《实施办法》等相关法律法规的规定，结合中国境内注册企业的所有制形态和性质，我们认为，职业教育产教融合型企业属于企业法人或非法人组织，是企业法人或非法人组织中的一种特殊组织，在民法上应当界定为"特殊企业法人"或"特殊非法人组织"。

（三）职业教育产教融合型企业的特殊权利与义务

职业教育产教融合型企业作为企业法人或非法人组织，其一般的权利与义务在相关法律、法规中已有明确规定，本部分将不再论述。我们主要讨论职业教育产教融合型企业基于教育公益性所具有的"特殊企业法人"或"特殊非法人组织"的特殊权利与义务。

2022 年 4 月，新修订的《中华人民共和国职业教育法》第二十五条规定："企业可以利用资本、技术、知识、设施、设备、场地和管理等要素，举办或者联合举办职业学校、职业培训机构。"职业教育产教融合型企业可以通过独资、合资、合作等方式，利用资本、技术、知识、设施、设备、场地和管理等要素，依法举办或参与举办职业教育。

当然，在享受特殊权利的同时，职业教育产教融合型企业也必须履行以下义务。（1）遵守法律法规的义务。职业教育产教融合型企业必须遵守《中华人民共和国教育法》《中华人民共和国职业教育法》《实施办法》等的相关规定，依法稳定深入开展职业教育校企合作。（2）积极开展职业教育人才培养培训的义务。职业教育产教融合型企业应当与职业院校开展实质性的合作，积极开展职业教育人才培养培训，面向在校学生和社会人员开展技术技能培训服务，促进人力资源开发。（3）维护学生人身权和其他合法权利的义务。职业教育产教融合型企业在独立举办或作为重要主体参与举办职业教育的过程中，应当维护学生人身权和其他一切合法权利不受损害。（4）不以职业教育作为营利活动的义务。职业教育产教融合型企业应当把举办或参与举办职业教育作为履行社会责任的重要组成部分，秉持教育的公益属性，不以职业教育作为其谋取市场利益的手段。

三、职业教育产教融合型企业的行政法律地位

职业教育产教融合型企业的培育建设还存在行政治理问题。《实施办法》第四条第一款规定，"国家发展改革委、教育部会同相关部门共同负责建设产教融合型企业工作的政策统筹、组织管理和监督实施"，这意味着，产教融合型企业在申报建设过程中，要接受相关行政部门的组织管理与监督等，其与相关行政部门之间存在着行政管理法律关系，处于行政相对人的法律地位。当然，对于职业教育产教融合型企业的行政相对人法律地位仍需要进一步讨论。

（一）职业教育产教融合型企业与行政机关的法律关系

自国家发展改革委、教育部颁布《实施办法》以来，各省市相继对照制定了各自的产教融合型企业建设规范性文件。综合来看，这些法规均明确了行政部门必须对产教融合型企业进行组织管理和监督实施，进一步体现了职业教育产教融合型企业与行政机关之间的行政管理法律关系。作为行政主体的各级相关行政部门除了复核确认、认证评价、监督管理之外，还对纳入产

教融合型企业建设信息储备库的建设培育企业和进入产教融合型企业认证目录的企业给予不同程度的政策支持与激励。

职业教育产教融合型企业是行政主体行政管理的对象，其必须服从行政主体的管理，履行规定的义务，否则，行政机关可以对其实施行政强制或行政制裁（姜明安，1999）[131]。二者的行政管理法律关系主要体现在以下方面。（1）组织申报。省级发展改革、教育行政部门建立产教融合型企业建设信息服务平台，结合国家有关要求，组织辖区内符合建设培育条件的企业自愿申报并提交证明材料。（2）复核确认。行政部门组织行业主管部门和行业组织等有关方面，对辖区内的申报企业进行复核，将符合条件的企业列入产教融合型企业建设信息储备库。（3）指导建设。行政部门有针对性地制定具体可操作的培育举措，指导各地开展产教融合型企业建设培育。（4）认证评价。研究制定产教融合型企业认证标准和评价办法，建立产教融合型企业认证目录，对纳入信息储备库的企业进行逐年、分批认证。（5）监督管理。对进入产教融合型企业认证目录的企业进行动态管理，监督其在资格期内是否存在不履行义务的情况与其他违法行为。（6）支持激励。在项目审批、购买服务、金融政策、用地政策等方面对建设培育企业给予支持；对进入认证目录的产教融合型企业给予"金融＋财政＋土地＋信用"的组合式激励，并按规定落实相关税收政策。

（二）作为"行政相对人"的职业教育产教融合型企业的特殊权利与义务

根据我国有关法律、法规的规定和行政法理，我国职业教育产教融合型企业作为行政相对人，可依法享有以下权利。（1）申请权，即依法向相关行政部门提出实现其法定权利的各项申请，如政策优惠、便利支持、金融支持、财政激励等，或者在举办或参与举办职业教育的过程中，当其合法权益受到侵犯时，申请获得法律保护等。（2）参与权，即有权通过参与讨论、听证、论证等方式，参与职业教育产教融合、校企合作相关行政法规、规章及政策的制定，参与与自身有利害关系的具体行政行为的相应程序等。（3）了解权，即有权依法了解相关行政部门除法律、法规规定应予以保密之外的相关行政信息，如关于职业教育产教融合、校企合作等的规范性法律政策文件、会议决议决定以及产教融合型企业申报程序、规则、标准等具体问题。（4）其他权利，如可对相关行政部门及其工作人员实施的违法或不当行为提出批评、建议，对相关行政部门做出的不公正行政行为提出申诉、控告、检举等，以及申请行政复议、提起行政诉讼、请求行政赔偿等。

相应地，作为行政相对人的职业教育产教融合型企业也应履行以下义务。（1）服从行政管理的义务。职业教育产教融合型企业应遵守各级行政部门发布的关于职业教育产教融合、校企合作的行政法规、规章和其他规范性文件、行政命令、决定等。（2）维护公益的义务。职业教育产教融合型企业在举办或参与举办职业教育的过程中，应做到维护国家和社会的利益，不损害国家、社会等的合法权益。如在资格期内无重大环保、安全、质量事故，不存在违法违规经营行为等。（3）接受行政监督的义务。职业教育产教融合型企业要自觉接受相关行政部门依法实施的监督，如检查、资格复审、鉴定等。（4）提供真实信息的义务。职业教育产教融合型企业在申请认证、年度报告或考核过程中，应向行政机关提供各种真实、准确的信息资料，如举办职业院校的真实情况、接收职业院校学生开展实习实训的真实情况、共建产教融合实训基地或实际投入的真实情况等。若故意提供虚假信息，将承担相应的法律责任。（5）遵守法定程序的义务。职业教育产教融合型企业应遵守相关法律、法规规定的所有合法程序、手续和时限等。

四、结语

职业教育产教融合型企业的法律地位问题关系到各类企业申报认定产教融合型企业的积极性，关系到企业举办或作为重要主体参与举办职业教育的积极性与实际行动效果。确立职业教育产教融合型企业的法律地位，能够进一步明确其权利与义务，激发企业的办学活力。本文依据相关法律、法规，结合我国职业教育产教融合型企业认定的实际情况，认为职业教育产教融合型企业在民事法律关系中具有"特殊企业法人"或"特殊非法人组织"地位，而在行政管理法律关系中是行政相对人。当然，职业教育产教融合型企业法律地位的研究是一项非常复杂的课题，相关问题还有待理论界和实务界的进一步探讨与探索。

___

参考文献

姜明安，1999.行政法与行政诉讼法［M］.北京：北京大学出版社.

刘晓，段伟长，2019.产教融合型企业：内涵逻辑与遴选思考［J］.中国职业技术教育（24）：9-14.

陆娅楠，2019.企校大合唱　创新动力强［N］.人民日报，2019-04-04（2）.

欧阳河，戴春桃，2019.产教融合型企业的内涵、分类与特征初探［J］.中国职业技术教育（24）：5-8.

祁占勇，答喆，2021.论教育培训机构的法律地位［J］.当代教育论坛（3）：41-47.

任海涛，杨兴龙，2021.论中小学学校的法律地位［J］.华东师范大学学报（教育科学版）（1）：40-48.

孙国华，1997.中华法学大辞典：法理学卷［M］.北京：中国检察出版社.

唐勇，2021.论非法人组织的泛主体化及其教义学回正：兼论合手原理的引入与限度［J］.中外法学（4）：1006-1026.

徐国栋，2021.《民法典》规定的非法人组织制度与三国民法中类似制度的关系梳理［J］.河南大学学报（社会科学版）（1）：22-28.

张士元，2013.中国企业法律制度研究［M］.上海：立信会计出版社.

Study on Legal Status of Vocational Education Industry-Education Integrated Enterprises

Wang Zhiyuan

Abstract: Industry-education integrated enterprise is an enterprise that integrates commodity production and operation services with the associated training of vocational talents. The legal status of industry-education integrated enterprise can be divided into civil legal status and administrative legal status. As the subject of civil legal relationship, it has the attributes of a legal person or an unincorporated organization, and is a "special enterprise legal person" or "special unincorporated organization" in civil law.In administrative law, there is an administrative legal relationship between industry-education integrated enterprises and administrative organs, and they are administrative counterparts whose rights and interests are affected by the administrative behavior of the administrative subject.

Key words: industry-education integrated enterprise　vocational education legal status　special enterprise legal person　special unincorporated organization administrative counterparts

作者简介

王志远，西南大学西南民族教育与心理研究中心博士研究生，研究方向为职业教育政策与法律。

□马雷军

论教育法典的体系化

【摘　要】教育法典体系化是教育法法典化研究的重要内容，其既包括教育法典内部的体系化，也包括教育法典和外部教育法律系统在体例结构方面的相互衔接与和谐统一。教育法典的体系化应当以潘德克顿学说为体系建构依据，采用统一立法的模式，以受教育权保护为立法逻辑，以总分模式建立起教育法典的基本框架体系。在教育法典的体系化过程中还应当处理好教育法典与其他相关立法的关系，汲取其他国家教育法法典化的先进理念与其他领域立法法典化的成功经验，充分结合我国国情和教育现状，建构具有中国特色的教育法典体系框架。

【关键词】教育法典体系化　立法逻辑　受教育权

改革开放以来，我国教育法律从无到有，已初步形成教育法律体系（秦惠民 等，2016），但是条文高度重复、内容相对分散、存在诸多空白的教育立法现状使我们开始思考教育法典在教育立法中的必要性和可行性。自 2017 年学界提出"教育法典"的立法设想，至 2021 年全国人大正式将教育法典列入立法计划，对于教育法典必要性和可行性的论证似乎告一段落。教育法典相关问题的研究重点随之转移到如何推进教育法法典化上，即研究的视野推进到教育法法典化的具体内容、途径、方法、策略等范畴。

其中，教育法典体系化是推进教育法法典化研究中一个基础性、战略性、前瞻性的范畴。这是因为，教育法典的体系化是教育法法典化的基础，其不仅决定着教育法典的模式、体例、结构、形式与内容，甚至有可能影响到今后对教育法典的理解和适用，影响到教育法律体系中以教育法典为核心的各种教育法律规范的关系。教育法典的体系化问题如果不能从理论上得到深入、系统的阐释，教育法典中的具体法律制度设计就如同无基之楼、无枝之叶，缺乏关联、衔接和支撑。

一、教育法典体系化的概念界定

从形式理性角度看，无论是英美法系还是大陆法系，都致力于实现某一特定领域法律制度的体系化，实现法律制度体系在整体上的融贯性（宋方青，2013）。教育法典体系化包括两重含义。第一重含义是指按照一定的立法原则，遵循一定的立法逻辑，使用一定的立法技术，依据一定的立法标准将教育法典的全部法律规范划分为不同的部门并形成内部和谐一致、有机联系的系统的过程。第二重含义是针对教育法典体系较完善状态的描述，即教育法典已经形成了内容全面、逻辑清晰、层次分明、结构协调、科学实用的体系结构。本文主要针对教育法典体系化的双重含义，从动态和静态双重视角对教育法典中法律规范体系化的过程与状态进行研究。

从狭义的角度讲，教育法典体系化仅指教育法典内部的体系化，即教育法典内部如何实现逻辑清晰、层次分明、内容有序。教育法典内部体系是教育法典的立法目的、立法理念、立法原则、立法模式、立法逻辑的外显，是一个承上启下、关联全局的核心元素，需要在教育法典的编纂过程中将其放置于核心和优先的位置。而从广义的角度讲，教育法典体系化还应包括教育法典和外部教育法律系统在体例结构方面的相互衔接与和谐统一。也就是说，教育法典体系化既是教育法典内部法律规范的体系建构，也是教育法典与其他教育法律体系组成部分之间的关系建构。

要合理理解教育法典体系化的概念，需要理清其与教育法律体系以及教育法法典化的区别与联系。教育法律体系就是由多种与教育相关的法律法规按照其内在的秩序和联系组成的系统（秦惠民 等，2016）。法律体系的概念是单个法律的任何充足定义的先决条件，只有站在体系的高度研究法律之间的联系，才能够从法律之间的联系中认识法律的性质（李桂林 等，2000）[246]。研究教育法律体系，对于科学地进行教育立法预测、立法规划、法典编纂具有重要意义。

而教育法法典化是指将我国现行的所有教育立法进行重新整合、修改和补充，合并为一部系统性的调整教育领域法律关系的规范性法律文件——《教育法典》的立法活动（马雷军，2020）。教育法法典化与教育法典体系化的概念是包含与被包含关系。体系化的方法是法学的重要方法之一（拉伦茨，2003）[316]，教育法典体系化是推进教育法法典化的重要内容和重要步骤。但是教育法典体系化并非教育法法典化的全部，例如教育法法典化还包括教育法律制度设计、教育法律关系建构、教育法律责任确定等方面的内容。另外，教育法典体系化绝不能仅在教育法典的范畴内统筹，必须要将其放置于教育法律体系整体视野中予以考量。

二、教育法典体系化的模式选择

教育法典的立法模式选择首先与一国的法系直接相关，因为不同法系在法典的编纂理念上存在显著差异。大陆法系和英美法系的区别，不仅仅是成文法和判例法的区别，更主要的是是否注重法律的逻辑性和体系性的问题（梁慧星，2003）。目前世界教育法典主要有以俄罗斯为代表的统一立法模式，以日本为代表的总则立法模式，还有以美国为代表的汇编立法模式（马雷军，2020）。

美国的教育法典是典型的汇编立法模式，由教育单行法组成，在结构编排上没有严格遵循逻辑，编纂的目的表现为较强的技术性和实用性（叶强，2022）。所以美国教育法典虽然利用立法技术将若干单行教育立法融入统一的教育法典，突出其实用性，但是难免存在着逻辑性相对较弱的问题。

日本的总则立法模式是以《教育基本法》为引领，同时制定《学校教育法》等若干单行教育立法，从而形成一种相对松散的教育法典模式。这种模式的优势在于各个单行教育立法相对独立，无论是某一个教育领域的新立法，还是某个已有教育立法的修订，都不会对整个教育法典造成较大的冲击。

《俄罗斯联邦教育法》以教育法律关系为线索，结合国际条约的基本原则和本国教育立法经验，编纂出新的符合本国国情的教育法（法典），成为统一立法模式的典范（黄翔，2022）。相对于其他教育法典立法模式，统一立法模式一般会遵循严格的立法逻辑，将教育法典的相关法律规范体系化。其优点是系统性、逻辑性非常强，但无论是立法还是修法，其在立法内容、立法技术、立法博弈等方面的挑战都将是空前的。

通过对国际三大教育法典立法模式进行比较，可以对我国教育法典立法模式选择做出以下几个判断。首先，我国并不需要汇编式的教育法典。因为对当前我国若干现行教育法律法规进行汇编并没有实质性的意义，也无法填补我国教育立法中的若干空白。其次，总则立法模式也不适应我国国情。因为我国当前推进教育法法典化的一个重要目的就是解决立法资源短缺的问题，如果众多教育立法全部采用单行立法的方案，那么诸如教育考试法、学校安全法等若干重要立法都难以在可以预见的时间内出台。所以，利用教育法律"打包立法"的模式，尽快填补我国教育领域立法空白是教育法典编纂的一个重要目的。最后，统一立法模式既适合我国大陆法系的背景，又与我国教育改革和发展的需求相契合，应当是我国教育法典编纂首选的模式。

三、教育法典体系化的范畴边界

教育法典的调整范围如何，决定着教育法典体系化的边界。在确定教育法典调整范围的时候，我们需要考虑两个方面的问题：第一是从广度的视角确定教育法典的内容，教育领域的所有法律规范是否都要纳入教育法典的调整范围？或者哪些教育法律规范可以纳入教育法典的调整范围？有些教育法律规范如果不纳入教育法典的调整范围又将如何处理？教育法典调整范围的边界究竟在什么地方？第二是从层级衔接的视角确定教育法典的法律层级，即哪些教育立法需要纳入教育法典？哪些需要再辅之以其他教育立法的形式出台？

从我国教育改革发展的现状和趋势来看，教育事业正在以前所未有的速度发生着本质性的变革，教育的地位、作用、形式正在不断调整，人们接受教育的形式、程度、观念也在不断变化。在这种情况下，教育法典是否包含范围越广越好？教育法典的设计初衷本身就包含了填补国家教育立法空白，可是当我们填补了原有的教育立法空白，是否又会出现新的教育现象而导致新的立法空白？

首先，教育法典不是教育百科全书，并非所有的教育法律问题都能够在教育法典的范畴内得到解决，教育法典规范的是教育领域主要的法律问题。具体而言，教育法典需要解决的问题是：明确教育领域的法律关系，明确各个教育主体的权利义务及其相互关系，针对各个教育层级和教育类型进行规制。因此，在确定教育法典的调整范畴时，首先需要对急需通过全国人大立法形式予以规范的教育事项进行梳理归纳。其次需要对一些虽不至于非常急迫，但是对于教育法典体系完整性至关重要的教育事项进行梳理归纳。至于教育领域其他暂时无法纳入教育法典调整范围的事项，我们日后可以通过教育法典的修订再纳入。法典化不应是法律及时修订的阻碍，法典该修订时就应当修订。一部合格的法典应具备接受修订或增补新规则的空间与能力（李世刚，2022）。

其次，教育法典仅仅是教育法律体系的一个组成部分，无法纳入教育法典的内容可以通过教育行政法规、地方性教育法规、教育部门规章等其他教育立法形式予以体现。教育法典需要规定的是原则性、根本性、基本的、重大的问题，而其他教育立法形式则需在教育法典的引领下，针对一些具体的、程序性的、阶段性的问题进行规定，从而使其与教育法典一起形成层次分明、衔接有序、粗细得当、统一和谐的教育法律体系。

再次，教育法典出台后，并非意味着其他教育领域的单行立法就完全没有可能了。如果今后在某个教育领域有特别的事项需要法律的规制，但是其又无法纳入教育法典体系框架，可以考虑以出台单行特别教育立法的形式予以解决。这也是当前大陆法系国家在法典化进程中应对"解法典化"冲击的有效路径选择。

四、教育法典体系化的逻辑选择

教育法典体系化的另一个基础性问题就是教育法典体系化的逻辑主线如何确定。也就是说我们按照何种逻辑思路，将教育领域的相关法律规范予以组织、集合、排列，使其形成规范有序的法典体系。

目前，针对教育法典体系化的逻辑主线，学者们提出了不同的思路，例如有的学者提出主体论，即教育法典的体例构建需要突破那种单纯以教育阶段或者教育领域为中心的"类型化"立法模式，而应该针对教育活动中的不同法律关系主体分别规定相应的权利和义务（孙霄兵 等，2021）。有的学者提出关系说，即倾向于将法律关系作为教育法典总则编纂的中心轴（任海涛，2021）。有的学者主张一元权利说，认为受教育权是教育法典的核心，应当贯穿教育法典全篇。还有的学者认为应以教育权为教育法治的逻辑起点，将教育权贯穿于教育法典的指导思想、基本原则及整体架构之中，使教育法典成为实现教育权与发展权的权利宣言。还有的专家提出要重视权利间的平衡，认为编纂教育法典应当寻求实现国家教育权与公民受教育权的平衡。还有的学者提出多元说，认为教育法典要以公民受教育权为逻辑起点，以教育关系为逻辑主线，以体系融贯为逻辑要求。（鲁幽 等，2021）另外在我国教育立法实践中，还存在着以教育行政管理为逻辑主线进行体例安排的范例，例如 2020 年的《中华人民共和国学前教育法草案（征求意见稿）》明显带有以教育行政管理为逻辑主线的特征。

以上关于教育法典的逻辑主线的观点均有可取之处，但笔者还是赞成一元权利说，即以受教育权的保护作为教育法典的逻辑起点，整个教育法典的编纂紧密围绕公民受教育权保护这条逻辑主线展开。其理由主要如下。

首先，受教育权保护是教育立法的终极取向。受教育权是公民的基本权利。如果说民法典是公民的生存权宣言，那么教育法典就是公民的发展权宣言。在教育法学的权利束中，虽然受教育权的内涵和外延随着教育环境的变迁和人们认识的演进不断调整，但是国家教育权、家庭教育权和社会教育权等始终无法撼动受教育权的核心地位。在这里，受教育权不仅仅是

"right to receive education"（宋雷 等，1998）[340]，更应当是"right to access to education"（史蒂文森，2001）[360]。即受教育权并非仅包含接受学校教育的权利，还应包括在学校教育体系之外自我学习的权利，有学者进一步指出，不能自主选择的受教育权不是真正的受教育权（劳凯声，2021）。

其次，受教育权保护是所有教育法律制度的核心目的。所有的教育法律制度，其最终目的都是保护公民受教育权。例如2006年引起教育法学界关注的孟母堂事件，最终判断的标准并非国家教育权、家庭教育权、社会教育权三者孰先孰后、孰强孰弱的问题，而是这些学生的受教育权是否得到了良好的保护。当然，受教育权的权利范畴也并非无限的，这也正是为什么有的学者强调要重视受教育权与其他教育权之间的平衡。例如在美国，针对特定人群的优惠入学政策是否妥当，始终是联邦最高法院关注的焦点。

再次，受教育权为教育法典提供了展开的空间。无论是在教育法典的总则部分还是分则部分，受教育权都为教育法典提供了法律规范排布的空间。无论是对于各个教育法律主体权利义务的界定，还是对各种教育法律关系的设定，都是围绕保护受教育权而展开。这种以保护受教育权为核心的逻辑主线为教育法典从核心理念到框架结构、再到制度设计提供了足够的和可行的展开空间。

五、教育法典体系化的基本内容

（一）潘德克顿模式的教育法典架构

潘德克顿学说是德国民法典编纂的理论依据，是在历史法学派的基础上逐渐发展而来的，《中华人民共和国民法通则》《中华人民共和国民法典》编纂都深受其影响。这一学说的假设是：法律实体内容是自然发生的现象或资料，法律科学家从中可以发现某些原则和关系，如同自然科学家从物理现象中发现自然规律一样。它理想的法律体系是：个别规则都从基本概念总推出并分类（高富平，1999）。根据这一学说，法典的编纂遵循着从抽象到具体、从一般到特殊的原则，犹如法律计算机般缜密地将法律规范予以呈现、组合和排列。

按照潘德克顿式的法典编纂路径，首先需要实现教育法典的概念化，即总结、梳理、创新教育法典中的概念体系，明确其内涵与外延。其次需要实现法典内部的逻辑化，即从抽象到具体的逻辑架构。最后，按照从一般到特殊、提取公因式的方式将总则与分则区分，突出法典体系从抽象到具体的特征。潘德克顿式的法典编纂模式不仅适用于民法领域，而且其理论已经渗透到环境法典等诸多法典的编纂当中，也必将对我国教育法典的编纂工作有重大的启发。但需要注意的是，对任何模式都不能照搬照用，在教育法典的编纂中，要特别坚持理性选择。民法典编纂的重要经验，就是在继受德国民法典潘德克顿体系的同时，进行重大的体系创新、制度创新、价值理念创新（吕忠梅，2021）。

（二）教育法典体系的总则设计

总分结构来自德国潘德克顿学派的民法立法模式，是指通过"提取公因式"的方式将那些具有普遍性、一般性的法律规范提取出来作为法典的总则，而其他法律规范则按照一定标准与逻辑排列组合为法典的分则（Wagner, 1953）。在法典开篇设置总则是人类思维能力进步和立法技术高度发展的产物，也是立法者深思熟虑的产物（王利明 等，2004）[44]。

教育法典编纂中，总则部分的功能主要体现为两点：一是实现对分则的抽象统摄，二是弥补分则在调整对象上的局限性（封丽霞，2002）[33]。总则篇的编纂，要在充分依托《中华人民共和国教育法》相关体系的基础上，进一步提取《中华人民共和国教师法》《中华人民共和国义务教育法》《中华人民共和国高等教育法》等法律的近似条款予以整合、加工。同时，总则要对教育法典中的基本概念予以明确，对其适用范围予以界定，从而发挥"使用说明书"的作用，使得民众可以通过总则的相关条款掌握教育法典的使用规则。综上，教育法典的总则部分要体现"提取公因式"和"使用说明书"的双重特征。具体来讲，总则部分包括但不限于立法目的、适用范围、基本原则、教育主体类型及其权利义务、基本教育制度等内容。

（三）教育法典体系的分则设计

分则是教育法典总则统领下的具体内容的展开和延伸，具体可以分为学校教育篇、社会教育篇、家庭教育篇、教育行政篇、法律责任篇。其中学校教育篇包含学前教育、义务教育、高中教育、高等教育、职业教育、成人教育、民族教育、特殊教育、学位授予、学校安全等章，社会教育篇包括民办教育、培训机构、继续教育、社区教育、终身教育等章，家庭教育篇包括家庭责任、国家支持、社会支持、学校支持等章，教育行政篇包含教育行政管理、教育行政督导、教育财政保障、教育招生考试、教育行政执法、教育行政救济等章。最后需要强调的是，为了解决教育法律的"软法"顽疾，建议专设法律责任篇，将教育法典中所有可能涉及的法律责任汇总为法律责任篇，具体可以按照不同的主体分设法律责任的具体章，例如学校法律责任、教师法律责任、监护人法律责任等章，让教育法典"长牙齿"。

总之，虽然我们提出了教育法典体系化的基本构想，但是在具体的推进过程中还需要注意以下问题：第一，教育法典的编纂应当与当前教育领域急需的教育单行立法同步推进。因为教育法典的编纂不可能在较短的时间内完成，但是教育领域长期的立法空白将会影响甚至阻碍教育的改革和发展。第二，仿效《中华人民共和国民法典》先完成所有单行民事立法，再汇总出台法典的设想不具有可操作性。因为近些年教育立法推进缓慢的重要原因就是国家立法资源短缺，如果等到所有单行教育立法全部完成再推进教育法典编纂，教育法典的出台将遥遥无期。第三，教育法典体系化既要统筹考虑总则和分则，也要分步骤、分阶段实施，尽快完成教育法典总则和相对成熟分则部分的编纂工作。第四，教育法典体系化的研究必须和具体制度研究同步推进，例如针对学前教育立法范畴的制度设计，至今还在围绕学前教育立法是应针对0—6岁儿童还是3—6岁儿童进行争论，严重影响了立法进程。第五，要处理好教育法典与其他相关立法的关系，做到体系衔接和内容统一。

参考文献

封丽霞，2002. 法典编纂论：一个比较法的视角［M］. 北京：清华大学出版社.

高富平，1999. 民法法典化的历史回顾［J］. 华东政法学院学报（2）：19-25.

黄翔，2022. 法典化进程中的俄罗斯教育立法［J］. 湖南师范大学教育科学学报（1）：57-66.

拉伦茨，2003. 法学方法论［M］. 北京：商务印书馆.

劳凯声，2021. 受教育权新论［J］. 教育研究（8）：23-34.

李桂林，徐爱国，2000. 分析实证主义法学［M］. 武汉：武汉大学出版社.

李世刚，2022. 关于《法国教育法典》若干特点的解析［J］. 湖南师范大学教育科学学报（1）：34-40.

梁慧星，2003. 当前关于民法典编纂的三条思路［J］. 律师世界（2）：4-8.

鲁幽，马雷军，2021. 我国教育法法典化的路径、体例和内容：2021 年中国教育科学论坛教育法法典化分论坛综述［J］. 湖南师范大学教育科学学报（6）：116-120.

吕忠梅，2021. 中国环境法典的编纂条件及基本定位［J］. 当代法学（6）：3-17.

马雷军，2020. 论我国教育法的法典化［J］. 教育研究（6）：145-152.

秦惠民，谷昆鹏，2016. 对完善我国教育法律体系的思考［J］. 北京师范大学学报（社会科学版）（2）：5-12.

任海涛，2021. 教育法典总则编的体系构造［J］. 东方法学（6）：123-140.

史蒂文森，2001. 认识媒介文化：社会理论与大众传播［M］. 北京：商务印书馆.

宋方青，2013. 立法质量的判断标准［J］. 法制与社会发展（5）：43-44.

宋雷，肖洪有，1998. 简明英汉法律词典［M］. 北京：法律出版社.

孙霄兵，刘兰兰，2021.《民法典》背景下我国教育法的法典化［J］. 复旦教育论坛（1）：31-37.

王利明，郭明瑞，潘维大，2004. 中国民法典基本理论问题研究［M］. 北京：人民法院出版社.

叶强，2022. 美国教育法典的构成特点与启示［J］. 湖南师范大学教育科学学报（1）：1-8.

WAGNER W J, 1953. Codification of law in Europe and the codification movement in the middle of the nineteenth century in the United States[J].Saint Louis University Law Journal (4): 335–359.

On the Systematization of Education Code

Ma Leijun

Abstract: The systematization of education code is an important content in the study of the codification of education law. It includes not only the systematization of the internal education code, but also the mutual connection and harmonious unity of the style and structure between the education code and the external education legal system. The systematization of education code should be based on Pandekton's theory, adopt the model of unified legislation, take the protection of the right to education as the legislative logic, and establish the basic framework system of education code with general-and-specific model. In the process of systematization of education code, we should also deal with the relationship between education code and other relevant legislation, learn from the advanced ideas of education code in other countries and the successful experience of codification in other fields, and fully combine China's national conditions and education status to construct the framework of education code system with Chinese characteristics.

Key words: systematization of education code   legislative logic   right to education

作者简介

马雷军，博士，中国教育科学研究院教育法治与教育标准研究所副所长、副研究员，研究方向为教育法学、学校安全。

□陈肇新

教育法属性与教育法典编纂体例：互益、分歧与弥合①

【摘　要】推进教育法典编纂已经是立法者和学界的基本共识，但以"汇编型"还是"体系型"模式编纂教育法典，学界仍有争议。域外法典编纂经验表明，"体系型"法典要求有较全面的前期理论研究成果作为支撑，而"汇编型"模式更适合行政法、社会法、环境法等新兴法律部门的法典编纂，并有助于推进学术研究、强化法律适用。当前学界对我国教育法的属性判定有不同见解。教育法典编纂活动，可以将"适度法典化"作为编纂思路，将教育权拆分为"教育公权力"和"教育私权力"。依据此种区分导入相应的法律关系，以此建构法典的整体架构。

【关键词】教育法典　编纂体例　法典化

一、问题的提出

在《中华人民共和国民法典》颁布施行后，"在条件成熟的立法领域继续开展法典编纂工作"已经成为立法者

---

①　本文系中央高校基本科研业务费项目（2020ECNU-HLYT073）的阶段性成果。

和学者的基本共识。2021 年 4 月 16 日，全国人大常委会公布 2021 年度立法工作计划，明确提出"研究启动环境法典、教育法典、行政基本法典等条件成熟的行政立法领域的法典编纂工作"（全国人民代表大会常务委员会，2021）。教育部政策法规司在其 2021 年工作要点中也提出"研究启动教育法典编纂工作"。这些表明立法者已做好教育领域法律法规的法典化准备。

　　教育法典编纂体例研究有助于实现教育法和教育法学的自主性（童云峰 等，2021），增强教育法典编纂的理论底蕴。目前，主流意见认为未来的教育法典应如《中华人民共和国民法典》那样采取"总分式"的"体系型"①法典编纂模式（以下简称"体系型"模式）（任海涛，2021）。但需要注意的是，民法学界不乏支持"汇编型"法典编纂模式（以下简称"汇编型"模式）的声音（薛军，2015），且得到了理论法学界的支持（朱明哲，2021）。更为重要的是，在同样具有法典化需求的环境法领域，以"适度法典化"调和"汇编型"模式与"体系型"模式分歧的观点渐成通说（张梓太，2009）。这些现象暗示，法典编纂体例与基础理论研究之间既有互益，也有分歧。本文正是在阐明此种互益和分歧的基础上提出具体的弥合建议。

二、法典编纂体例与法律学说发展的关系

（一）"先有学说，后有法典"："体系型"模式的一般规律

　　"体系型"模式是法典编纂的经典模式。从法典发展的历史看，边沁（J. Bentham）首倡的"体系型"法典化（codification）模式呈现出非常明显的从抽象到具体的"总分式"架构（徐国栋，2009）。而从法律学说与法典编纂的关系角度来说，"体系型"模式要求法律学说具有较高的成熟度，并且能够描画法典编纂的具体体例，换言之，"先有学说，后有法典"是"体系型"模式的普遍发展规律。例如德国民法典在编纂之前，德国民法学者通过

---

　　① "体系型"与下面的"汇编型"模式的表述出自朱明哲《法典化模式选择的法理辨析》（载《法制与社会发展》2021 年第 1 期）。

重述罗马法《学说汇纂》教科书来建构适应德国民法体系的潘德克顿体系，并在近百年的研究中逐步发展出为后世所熟悉的五编制民法典体例（舒国滢，2016）。而1804年法国民法典的四名起草委员不仅是专业的司法官员和法律职业者，也是深谙罗马法和法国不同地区成文法与习惯法的专家（石佳友，2015）。又例如在我国，苏俄民法典的立法经验、马克思主义政治经济学以及传统民法理论的相互博弈和妥协，一直贯穿于中国民法典和各民事单行法律的起草过程中（徐国栋，2021）。可见，"体系型"模式是根据既有法律学说的精神或学理化构造进行体系化建构，并综合多种学说、域外立法经验和本国实际情况后的产物。

（二）"无招胜有招"："汇编型"法典编纂与学说发展相互促进

与"体系型"模式相对应的是"汇编型"模式。"汇编型"模式不像"体系型"模式那样追求法典内部的严密体系，它允许在法典之外存在规范特殊领域或例外情况的单行立法。在内容上，"汇编型"模式对分则的个性化、差异化的内容布局采取较为宽容的态度，甚至允许原来的各单行立法在不改变内容的情况下直接转变为法典的分则内容，这是"汇编型"模式和法律汇编所具有的相似之处。但与法律汇编不同，"汇编型"模式需要一部能够奠基整部法典的价值判断、基础法律关系和程序性规定的总则或序编，因此它本质上仍然体现着法典所独有的"总分式"立法构造。可以认为，"汇编型"模式是介于"体系型"模式和法律汇编之间的形态。

在当代法典编纂活动中，越来越多的国家和地区采取"汇编型"模式，具体有两个原因。

第一，社会急剧变化的现实导致立法者更愿意通过新的特别规范来调整原本属于法典调整的领域，产生法典内容不断被新的特别法替代的"解法典化"（de-codification）现象（陆青，2014）。而立法者在"再法典化"即吸收新法成果以修订原有的法典时，虽然仍有维持法典体例的意思，但新修订的法典已经从原先强调体系严谨、内容封闭转向"原则性的法典和'法源间的对话'"（徐涤宇，2018），也就是提炼法典与特别法条款的内在原则并加以整合，通过重构法典的内容和体例来塑造新的法典结构，其目的在于帮助裁判者更好地从其他法律渊源中找寻判决依据。据此，在法典化起步较早的国家和地区，立法者在确保法典内部逻辑清晰一致的情况下容忍更多的单行法规范存在，并且在正视和认可"解法典化"的前提下赋予法律职业共同体更充分的规范建构的权力，由它们借助案例分析、法条评注等技术进行法律发现，重述法律条文之间的规范逻辑并建构体系化的法律规则，在推进法律部门的教义学改造的同时为后续的"再法典化"提供"预制件"，最终促进法典编纂、法典完善与法学学说发展之间的良性循环。

第二，社会法、公法领域法典化的趋势渐起，由此增强以法典化带动新兴法律部门和法学学科建设的动力，而"汇编型"模式相对灵活的体例要求能够适应此种法典化发展的新要求。例如美国《统一商法典》（Uniform Commercial Code, U.C.C.）包括总则（General Provisions）和 11 个按照商业流程建构的分编（Article），却仅仅意在促进商业习惯法与普通法的对话（孙新强，2007）。又例如大陆法系国家和地区的公法、社会法、环境法等法律部门的法典编纂往往与学说研究同频共振，如德国社会法典的制定和完善恰好体现了德国社会法学界逐渐深化的研究成果（沈建峰，2019）。此外，这些法律部门的法典编纂还与立法者的法律理念、政治智慧和政治决断有关，法国教育法典的制定就是典型（李世刚，2022）。

三、教育法属性研究的分歧与法典编纂的体例

立法者和学者均认可，需要参照民法典编纂的成功经验来推进教育法典的编纂研究工作。其中，"具有坚实的立法基础和实践基础以及理论研究基础是开展法典编纂的前提条件"（许安标，2021）的判断，表明教育法典的编纂应当以教育法法典化的基础理论研究为前提条件，尤其是要在当前学界对"教育法律关系"概念讨论的基础上，结合目前教育法在法律体系中的"隶属说""独立说""综合说"三种主张，论证这些主张对教育法典编纂体例研究的影响，进而分析以何种体例编纂教育法典更适应当下理论与实践的要求。

（一）"隶属说"：以"汇编型"模式实施法典编纂

"隶属说"在明确教育法隶属于行政法的同时，也明确教育法典编纂适宜采取"汇编型"模式。支持"隶属说"的学者主要从行政法的角度来理解教育法，认为教育法属于行政法律部门的一部分，未来教育法典将是宏观的行政法典分则的组成部分（湛中乐，2021）。在"隶属说"的角度下，教育法典的主要调整对象是教育行政关系，也就是因行政主管部门管理教育事务而产生的社会关系之总和。因此，尽管"隶属说"在教育法典编纂问题上表现出倾向于采取"总分式"模式的意思，但其论说内容却流露出"汇编型"模式的痕迹。例如有学者在提出教育法典的内容构成和体例时，主张教育法典是当前教育行政立法、法规和规章的合成物，因此可以将现行《教育法》与各单行教育立法的总则部分整合为未来教育法典的总则部分，同时对各单行教育立法的分则部分进行增删，形成教育法典的分则部分（湛中乐，2021）。

（二）"独立说"：倾向于"汇编型"模式编纂

"独立说"旨在明确教育法的自主性根基，其更倾向于以"体系型"模式推进教育法典编纂，但也存在以"汇编型"模式建构教育法典的空间。"独立说"对建构"体系型"法典模式的理论基础提出以下主张：第一，重新给出对教育法在法律部门中地位的理解。"独立说"主张，不应当仅从立法者的政策文件中判定教育法的规范地位，而应当将教育法律规范背后共同指向的社会关系作为论述教育法地位的出发点，此时，这种社会关系并不等于单纯的教育行政关系，而是具有更为丰富的内涵。第二，通过重述教育法律关系的特殊性来界定教育法的独立地位，教育学者所主张的"复合型教育法律关系"、法学者所主张的"广义教育法律关系"或"狭义教育法律关系"（雷槟硕，2021），都是这些特殊性的体现。

然而细究上述主张，不难发现，这些观点既可以支持"体系型"模式，也可以支持"汇编型"模式。持有"复合型教育法律关系"或"广义教育法律关系"立场的学者通常把"教育利益"也就是教育领域所涉及的各类抽象利益之和作为教育法体系独立自主的逻辑所在。此时，教育法是一个调整学生、教师和管理者的公法和私法利益的工具。这种认知和法国教育法典的调整范围与内容大体相似，可以采用"汇编型"模式。而"狭义教育法律关系"之于整个教育法而言，在逻辑上类似于"法律行为"或"意思表示"理论在民法典中的地位，因此基于"狭义教育法律关系"而进行的法典编纂将体现出明显的"体系型"模式的特征，但它主张紧扣"狭义教育法律关系"编纂法典而舍去其他无关领域，可能会导致教育法典无法满足统合相关领域全部规范体系的立法动机。就此而言，"独立说"整体上更倾向于支持"汇编型"模式。

（三）"综合说"：以"领域"为关键词的"汇编型"法典编纂

"综合说"主张教育法兼具民法和行政法的性质，是一门新兴综合性学科（覃红霞，2016）。就其主张而言，"汇编型"模式是更好的选择。目前，"综合说"的理论仍有待进一步发展，但从其研究旨趣看，它注意到诸如教育法、金融法等新兴法律规范因牵涉不同法律部门的多种法律关系而具有多元性、复杂性特征，适宜从"领域"而非社会关系的角度来理解法律部门的属性，可以归入所谓"领域法学"的范畴（刘剑文，2016）。在指导立法的问题上，"领域法学"遵循的是"发现问题—分析问题—解决问题"的思路：首先要求按照实践要求搜集或提炼出不同法律部门的法律规范，然后按照法律位阶的顺序加以排序，最后按照指导或回应现实问题的不同侧面来整合相关法律条款（刘剑文 等，2018）。可见，"领域法学"意图搁置传统法律理论念兹在兹的规范定位和内部体系优化等内容，完全转向从实用角度建构法律规范体系，这一立法思维与美国《统一商法典》的制定有着异曲同工之妙。是故，"综合说"也将导出"汇编型"的教育法典。

四、消除理论分歧对教育法典编纂体例影响的举措

（一）明确"适度法典化"的编纂思路

鉴于上述分析，以"汇编型"模式进行教育法典编纂，较为适应目前的立法实践和学术研究现状。而在具体的编纂要求方面，不妨借鉴目前在环境法的法典化领域较具说服力的"适度法典化"作为指导教育法典编纂的思路。

根据现有的研究，"适度法典化"是对现有的单行法律规范进行必要的整合，并就其主要的内容进行体系化、法典化（吕忠梅，2021），在体例上类似美国《统一商法典》和法国教育法典，也就是将相应法律领域中为实践所公认或为立法者所重视的法律规范，按照该领域法律运行的一般规律进行整合，在抽取总则所需的"公因式"的基础上对其他法律内容进行系统整合，也允许其余的单行法律规范继续存在。

可见，"适度法典化"是在"后法典时代"积极回应"解法典化"问题并实施"再法典化"的体现，更具现实可操作性。此时的法典具有两个特征。第一，在形式上，虽然也主张以"总分式"的模式编纂法典，但不追求法典内容的完整无缺和形式上的逻辑严密，而只需要初步具备"总分式"的法典模式。第二，破除法典长久有效、不需修改的迷思，允许实践对法律部门和法典内容提出新的要求，以积极的法典修订来回应实践需要。就此而言，经过"适度法典化"的法典具备两个功能：一是在立法层面帮助立法者观察法典及同一领域的其他单行法律的规范互动；二是在司法层面促进不同法律渊源的对话，帮助裁判者建构法律规范的适用规则，在解决纠纷的同时为未来的法典修订乃至"再法典化"创造条件。

对我国教育法典的编纂而言，"适度法典化"至少具有以下优势。第一，它能够帮助学界区分教育法的理论体系研究和教育法典编纂体例的研究，尤其是可以防止"教育法律关系"的类型和范畴之争上升为法典编纂体例之争，以免教育法理论研究上的诸多争议影响到教育法的法典化研究。第二，

它能够尽快平息教育法典究竟是公法还是私法的争执，不妨直接参考法国教育法典的编纂模式和立法内容，将我国未来的教育法典确定为以公法为主体的法典，同时在事关学生受教育权尤其是高等教育领域学生的受教育权和学校依法行使办学自主权等部分适度引入私法规范。这也可以为后续的法典修订创造更多空间。第三，"适度法典化"后的中国教育法典将可以如德国社会法典之于德国社会（法）学研究、法国教育法典之于法国教育（法）学研究那样，成为未来教育法理论体系化、科学化研究的重要依据。

（二）以"教育权"的公私法划分区分编纂内容

在法典的编纂内容上，未来的教育法典为避免法典编纂沦为对当前教育行政法律法规和部门规章进行的简单的法律汇编，不妨从《中华人民共和国宪法》第四十六条"受教育"的规范概念入手，将教育法典的整体编纂内容建立在"受教育权"的双重属性上。这也有助于突出宪法在我国法律体系中的最高地位。

根据现有理论，"受教育"不仅是公民的一项基本权利，同时也是公民的一项基本义务。就此而言，"受教育"这个陈述本身蕴含着"教育权"的基本权利及其反射利益两个层次的内容，因此"教育权"具有公法和私法的双重属性，能够因此区分为公法领域的教育行政权力即"教育公权力"和私法领域的教育权力即"教育私权力"，其中前者主要指向教育行政机关及其工作人员依据法律法规授权、依据委托以及依据职权所行使的教育管理行为，后者主要指向基于契约而形成的各类以教育为内容的支配权，例如学校中教师所实施的教育权、民办教育培训机构基于教育服务合同而形成的教育权，以及家长基于家庭教育理念和法律所形成的教育权等（于浩等，2021）。

与根据调整对象或调整方法是否具有特殊性而划分教育法律部门的标准不同，这种理解教育权的思路首先正视教育权力横跨公法和私法两个维度，继而从权力的支配属性角度推导出教育权的运行场域，进而确定教育权对不同对象所具有的不同的"权利-义务"关系或"权力-责任"关系，最后将这种法律关系确定为教育法在不同领域所对应的不同法律关系。而且，不同于当前从师生关系或行政管理关系来定义教育法律关系的思路，将教育权区分为公法和私法两个维度的做法，可以确定具有支配地位的一方主体并建构出该方主体所具有的权能，最终确定教育法的调整对象。例如通过界定教育行政机关以及高校所能够合法行使的各类职权来判定"教育公权力"，可以表明教育法与行政法之间的逻辑重叠关系。同时，通过"教育私权力"的概念导出学校、教师以及家长在提供教育服务方面与学生所具有的平等地位，可以进一步拓展教育法律关系的内涵研究，使之既不同于一般的民事法律关系，也不同于公法上所主张的"特别权力关系"，从而更充分地体现出教育法之于行政法所具有的独立性。

五、结论

对教育法学的发展而言，具有一部体系相对完备、内容相对完整、能够体现国家教育意志和回应社会教育期望的教育法典，是后续推进教育法学基础理论研究以及反过来帮助教育法典完善的重要抓手，也是为国家积累行政立法和社会立法经验的重要依凭。本文明确，就目前教育法典编纂的研究工作来看，充分尊重立法者意见和政治家对教育法典编纂的期许，尽快形成学界关于编纂教育法典的体例与内容的共识，是教育法典编纂的首要任务。在未来的法典编纂工作中，应以"汇编型"模式作为法典的基础框架，尽可能在现有的单行教育法律法规和规章的基础上形成教育法典的整体结构。在内容上，也要注意吸纳学界在中小学教育、职业教育、民办教育和高等教育方面的系统性成果并使之转化为具体的条文章节，尤其是在强调贯彻党的教育方针、强调国家对教育负有责任的前提下积极地将契约理念导入校生、师生、家校等关系中，调动更多社会资源投入到教育事业中，实现教育资源的社会化、均等化。至于"汇编型"模式下教育法典的总则与分则应该如何确定内容、是否允许在法典之外留有单行教育法律法规，以及各部分内容究竟需要在多大程度上实现系统化、集成化，则不妨在后续的法典编纂理论研究中逐渐推敲，徐徐图之。

参考文献

雷槟硕，2021. 教育法是独立的部门法 [J]. 华东师范大学学报（教育科学版）（10）：115-126.

李世刚，2022. 关于《法国教育法典》若干特点的解析 [J]. 湖南师范大学教育科学学报（1）：34-40.

刘剑文，2016. 论领域法学：一种立足新兴交叉领域的法学研究范式 [J]. 政法论丛（5）：3-16.

刘剑文，胡翔，2018."领域法"范式适用：方法提炼与思维模式 [J]. 法学论坛（4）：78-86.

陆青，2014. 论中国民法中的"解法典化"现象 [J]. 中外法学（6）：1483-1499.

吕忠梅，2021. 中国环境立法法典化模式选择及其展开 [J]. 东方法学（6）：70-82.

覃红霞，2016. 教育法地位问题新论：传统法律部门理论的超越与反思 [J]. 教育研究（7）：44-51.

全国人民代表大会常务委员会，2021. 全国人大常委会 2021 年度立法工作计划 [J]. 中华人民共和国全国人民代表大会常务委员会公报（4）：919-924.

任海涛，2021. 论教育法法典化的实践需求与实现路径 [J]. 政治与法律（11）：17-29.

沈建峰，2019. 社会法、第三法域与现代社会法：从基尔克、辛茨海默、拉德布鲁赫到《社会法典》[J]. 华东政法大学学报（4）：37-52.

石佳友，2015. 法国民法典制定的程序问题研究 [J]. 比较法研究（3）：24-34.

舒国滢，2016. 19 世纪德国"学说汇纂"体系的形成与发展：基于欧陆近代法学知识谱系的考察 [J]. 中外法学（1）：5-36.

孙新强，2007. 论美国《统一商法典》的立法特点 [J]. 比较法研究（1）：71-87.

童云峰，欧阳本祺，2021. 我国教育法法典化之提倡 [J]. 国家教育行政学院学报（3）：26-34，75.

徐涤宇，2018. 解法典后的再法典化：阿根廷民商法典启示录 [J]. 比较法研究（1）：180-194.

徐国栋，2009. 边沁的法典编纂思想与实践：以其《民法典原理》为中心 [J]. 浙江社会科学（1）：36-45，126.

徐国栋，2021. 1964 年民法典草案的政治经济学化：兼论现行《民法典》中政治经济学条文的处理 [J]. 探索与争鸣（1）：118-128，179.

许安标，2021. 总结编纂民法典的经验 推动条件成熟立法领域法典编纂 [EB/OL]. (2021-09-23) [2022-03-05]. http:www.npc.gov.cn/npc/c30834/202109/58eqadd4310e41a2b47ca839437ba797.shtml.

薛军，2015. 中国民法典编纂：观念、愿景与思路 [J]. 中国法学（4）：41-65.

于浩，郑晓军，2021. 教育权力的法理基础 [J]. 华东师范大学学报（教育科学版）（8）：107-115.

湛中乐，2021. 论教育法典的地位与形态 [J]. 东方法学（6）：111-122.

张梓太，2009. 中国环境立法应适度法典化 [J]. 南京大学法律评论（1）：239-245.

朱明哲，2021. 法典化模式选择的法理辨析 [J]. 法制与社会发展（1）：89-112.

The Nature of Education Law and the Codification of Education Code: Mutual Benefits, Differences, and Bridging

Chen Zhaoxin

Abstract: It has been the basic consensus of legislators and academics to promote the codification of education code, but there is still an ongoing controversy over whether to adopt a "compilation" or "systemic" model for the codification of education code. Experience from overseas codification shows that "systemic" model requires the support of more comprehensive prior theoretical research, while the "compilation" model is more suitable for the codification of new legislative branches such as administrative law, social law, and environmental law, and can interact with the enhancement of doctrinal research and the strengthening of legal application. The theoretical dilemma limiting the codification of China's education code is the divergent views on "educational legal nexus", but all of them tend to agree on a "compilation" model for the foreseeable China's education code. The codification of the education code could be based on the idea of "moderate codification", divide the right to education into "public power in education" and "private power in education" and introduce the overall structure of the codification based on different legal relationships.

Key words: education code   compilation style   codification

作者简介

陈肇新，博士，华东师范大学法学院讲师，研究方向为法理学、法律社会学、教育法学。

□刘　宁

教育法典基本原则的规范表达

【摘　要】法典编纂历史上曾就是否应该直接规定基本原则产生理论分歧，但从基本原则的功能及我国的立法传统出发，教育法典应当明文宣示基本原则，理由在于法典形式理性的要求、保持教育法学的相对独立性和基本原则的实践品性等。通过对我国教育法律规范和域外教育立法的抽象提炼，教育法典的基本原则主要包括立德树人原则、受教育权保障原则、支持教育事业发展原则、教育公益性原则、教育自主原则和教育公平原则。未来教育法典形成之时，作为教育法典基础性规范的基本原则，将对分则诸编的中层原则和具体规则具有统领效力。

【关键词】教育法典　基本原则　总分结构

一、问题的提出

《全国人大常委会 2021 年度立法工作计划》提出"研究启动环境法典、教育法典、行政基本法典等条件成熟的行政立法领域的法典编纂工作"。在此背景下，不少学者开始关注教育法典编纂的研究，中国教育法典理论研究成果初具规模。不过，现有理论多从宏观视角研究教育法法典化的必要性、可行性及编纂路径问题，却忽视了对教育法典编纂中的微观问题展开讨论。基本原则作为教育法典最具基础地位的法律规范，是教育法典编纂之初必须考虑且予以重视的问题。为回应前述问题，首先应立足于法典规定基本原则的理论之争，探讨教育法典规定基本原则的具体缘由，进而从《中华人民共和国教育法》、其他教育单行法及域外教育立法中抽象提炼出教育法的基本原则，最后分析教育法典基本原则对中层原则、具体规则的统领效力。

二、教育法典应明文宣示教育法基本原则

《中华人民共和国教育法》并未直接规定教育法的基本原则，这就需要从现行教育法律规范中抽象提炼出适合于教育法典的基本原则。

（一）法典规定基本原则的理论之争

通说认为，法国民法典开启了近代以来的法典化历程。但是，法国民法典并未直接规定基本原则条款，而是在内容上体现了人人平等、私有财产无限制、契约自由等原则（岳纯之，2003）。相比之下，我国立法素来重视在法律文本中直接表达基本原则。以民事立法为例，《中华人民共和国民法通则》是我国第一部带有民法总则性质的单行法，其在第一章专门规定了民事活动应当遵循的诸项基本原则。制定《中华人民共和国民法总则》时，学界对于立法是否应规定基本原则不无争议。反对者主张，一方面，或因没有规定必要，或因抽象提炼基本原则的难度大等，国外民法典大都没有直接规定基本原则；另一方面，《中华人民共和国民法通则》基本原则章的产生，有其特定的社会背景和历史原因。"民法总则"不应再于法典伊始集中规定基本原则，也不应再将一般法律思想明文化（于飞，2016）。肯定者认为，《中华人民共和国民法总则》明确规定基本原则，是基于弥补成文法的局限性和法律的不周延性，保证法律的统一，实现对抽象社会调整和主体行为指引的需要等原因（赵万一，2016）。《中华人民共和国民法总则》最终承继了《中

华人民共和国民法通则》对基本原则的规定，在基本规定章直接设置了基本原则条款。

《中华人民共和国民法典》亦在总则编规定民事主体从事民事活动应当遵循自愿原则、公平原则、诚信原则等基本原则。《中华人民共和国民法典》的颁布不仅标志着民事立法从体系化迈向法典化，也引领了我国部门法法典化的潮流。就相关研究现状来看，环境法学者对环境法典总则应该包括基本原则条款的观点已形成共识。教育法学者也普遍认同教育法典应当集中规定教育法的基本原则。例如，有学者主张教育法基本原则是建构教育法典的思想出发点，是教育法典的神经中枢（任海涛，2021）。总之，法典编纂历史上曾就是否应直接规定基本原则产生理论分歧，但从基本原则的功能及我国的立法传统出发，笔者主张教育法典应当设定基本原则条款。

（二）教育法典规定基本原则之缘由

第一，基本原则为教育法律行为提供抽象性、基础性依据。狭义的法律行为是民法学上的专属概念，广义的法律行为是指行为人所实施的，能够发生法律效力、产生一定法律效果的行为（张文显，2018）[142]。依此定义，教育法律行为是指教育主体实施的产生、变更和消灭教育法律关系的行为。一般认为，教育法律行为的做出应当以规则为指引，但在具体规则缺位时，基本原则可以成为教育法律行为的主要依据和准则。例如，《中小学教育惩戒规则（试行）》中"不确定法律概念＋空白要件"的形式给学校和教师提供了较大的裁量空间和判断余地（刘宁 等，2021）。在规则不确定的情况下，教师可根据行政法上的比例原则，从妥当性、必要性和狭义比例原则三个方面综合判断，对学生实施教育惩戒。

第二，基本原则对司法裁判的指导功能。在规则语义不确定或者存在立法漏洞时，基本原则可发挥补充性法源的作用，统一法律适用标准，指导司法裁判工作。不过，基本原则往往不能直接成为个案裁判的规则，而是作为裁判说理的工具。目前，我国已有大量教育纠纷案件将基本原则作为裁判说理的依据。例如，在"何小强诉华中科技大学拒绝授予学位案"中，法院认为：各高等学校根据自身的教学水平和实际情况在法定的基本原则范围内确定各自学士学位授予的学术水平衡量标准，是学术自治原则在高等学校办学过程中的具体体现。该判决理由直接反映了学术自治原则的精神。

三、教育法典基本原则体系的确立

（一）《中华人民共和国教育法》对基本原则的提炼

学界基本认同《中华人民共和国教育法》应当成为教育法典总则编纂的立法蓝本。但《中华人民共和国教育法》并未明确且直接规定教育法的基本原则，仅在第三条提及"遵循宪法确定的基本原则"。宪法原则并不等同于教育法基本原则，宪法原则的效力空间及于一切人和物。而教育法基本原则是教育法所特有的基本原则，旨在宣示教育法律价值、保护受教育权以及规范和引导教育活动。因此，需要从教育立法具体条文中抽象提炼具有普适效力、彰显时代价值的基本原则。

1. 立德树人原则

《中华人民共和国教育法》第六条第一款规定了"教育应当坚持立德树人"。党的十八大以来，习近平总书记围绕立德树人形成了一系列重要论述。立德树人是新时期教育事业的根本任务，回答了培养什么人、怎样培养人、为谁培养人等教育领域的根本问题。《中华人民共和国宪法》第十九条第一款规定："国家发展社会主义的教育事业，提高全国人民的科学文化水平。"而社会主义教育事业的起点就是立德树人，直接体现了《中华人民共和国教育法》"培养德智体美劳全面发展的社会主义建设者和接班人"的立法目标。同时立德树人不仅是对基础教育提出的要求，亦涉及中等教育、职业教育、高等教育，贯穿教育事业的全过程。笔者主张将立德树人原则作为我国教育法典的基本原则，理由在于：第一，法律性。立德树人存在于现行教育法律中，是实体法已明文化的内容。第二，统领性。立德树人贯穿教育活动的方方面面，且立德树人需要国家、学校、教师、家庭、社会等共同参与，具备统领性特征。第三，独特性。立德树人是教育法典特有的基本原则，民法典、环境法典等其他部门法典必然不会规定立德树人原则。

2. 受教育权保障原则

《中华人民共和国宪法》第四十六条第一款规定："中华人民共和国公民有受教育的权利和义务。"同样的,《中华人民共和国教育法》第九条第一款规定："中华人民共和国公民有受教育的权利和义务。"受教育权是我国宪法规定的基本权利,教育法对其承担保障落实的责任(申素平,2021)。要将受教育权保障原则作为我国教育法典的基本原则,原因除了其法律性和特有性外,还包括:一方面,受教育权保障原则贯穿教育活动全过程,受教育权是基本人权之一,各个教育阶段均应以实现和保障受教育权为目的与宗旨;另一方面,受教育权保障原则的稳定性,稳定性是指基本原则经过长期实践检验、被证明富有生命力。梳理受教育权保障理论的发展脉络,国际上,1966年《经济、社会及文化权利国际公约》将受教育权列为"第二代人权",在国内,1954年《中华人民共和国宪法》明确规定了公民享有受教育的权利,因此,受教育权保障原则具有相对稳定性,可上升为教育法的基本原则。

3. 支持教育事业发展原则

从《中华人民共和国教育法》第四条关于"国家保障教育事业优先发展。全社会应当关心和支持教育事业的发展"的规定可提炼出"支持教育事业发展原则",此原则也与《中华人民共和国宪法》第十九条"国家发展社会主义的教育事业"的规定相契合。应当明确,国家负有支持教育事业发展的职责,例如,国家提供奖学金、助学金的行为本质是教育资助行为。除此之外,社会也有支持教育事业发展的义务,例如《中华人民共和国家庭教育促进法》社会协同章主要规定了社会对家庭教育事业的支持措施。因此,支持教育事业发展原则对教育法律规范有着普遍的指导意义,可考虑发展成为教育法的基本原则。

(二)其他教育单行法对基本原则的提炼

《中华人民共和国义务教育法》第二条第二款规定:"义务教育是国家统一实施的所有适龄儿童、少年必须接受的教育,是国家必须予以保障的公益性事业。"《中华人民共和国民办教育促进法》第三条第一款、《中华人民共和国中外合作办学条例》第三条等亦使用了"公益性"字眼。教育的公益性问题是 20 世纪 90 年代伴随着教育体制改革的深入发展而成为一个被社会普遍关注的问题的（劳凯声，2003）。公益性涵盖教育事业的各个阶段，是社会主义教育事业的根本属性，旨在实现教育这一公共产品公共利益的最大化。以高等教育为例，公立高校作为公益二类事业单位，以社会公益为目的，自然具备明显的公益性特征。《中华人民共和国民办教育促进法》也强调了民办教育事业的公益性事业属性，体现了社会效益优于经济效益的价值取向。因此，教育公益性原则已具备统领性、稳定性等特征，可考虑上升为教育法的基本原则。

（三）域外教育立法对基本原则的提炼

纵览域外教育立法现状，对教育法律冠以教育法典名义的国家有美国、法国等。除此之外，日本、俄罗斯等国的教育法虽无法典之名，但内容已具备法典的体系化特征，可视为"类教育法典"。这些国家对教育法基本原则的规定可以为我国教育法典基本原则的完善提供参考。

1. 教育自主原则

法兰西 1830 年 8 月 14 日宪章第六十九条规定："若干单行法律尽快分别规定下列事项：……（八）公共教育和教学自由。"（周威，2016）[183]《俄罗斯联邦教育法》第三条规定："1. 教育领域关系的法律调整和国家政策建立在以下原则基础上：……（9）本联邦法律规定的教育组织自治权、教育工作者和受教育者的学术权利和自由，教育组织信息公开并向公众报告。"（公蕾，2018）[5] 从上述条文可以整体推导出教育自主原则。教育自主权主要包括自主组织实施教育教学活动的权利、为保障正常教学秩序而针对受教育者进行管理的权利、部分学术自由的权利等（贺柯，2009）[83-84]。有学者提出根据《中华人民共和国教育法》第八条关于"教育与宗教相分离"的规定可提炼出教育世俗化原则（任海涛，2021），笔者认为教育法确立教育自主原则旨在使教育免受国家的过度干预和宗教的不当渗透，就此而言，不少国家规定的教育世俗化原则与教育自治理念不谋而合，故可将教育世俗化原则视为教育自主原则的子原则。现有关于教育自主权的理论主要集中在高等教育领域的教育自主权，即《中华人民共和国高等教育法》第十条规定的从事科学研究的自由。但实际上，基础教育也应遵循包括学校管理自主和教师教学自主在内的教育自主原则，此外，教育自主原则也存在于家庭教育和社会教育中，如家长实施家庭教育的自主。德国"性教育课程案"直接反映了教育自主原则，德国联邦宪法法院的判决指出："法律保留原则使立法者负有义务对中小学开展的性教育课程作出决定。但如果仅涉及有关生物学或是教学方式等事实性问题则属例外。"（张翔，2012）[212] 因此，教育自主原则是一个宽泛的概念，普遍适用于不同教育阶段，可考虑上升为教育法的基本原则。

2. 教育公平原则

《中华人民共和国教育法》第十一条第二款规定："国家采取措施促进教育公平，推动教育均衡发展。"日本《教育基本法》第四条是关于"教育机会均等"的规定（严平，2019）[4]。不论是我国教育法律，还是域外立法，均明确规定了教育公平原则或教育平等原则。有学者指出："教育公平包含教育资源配置的三种合理性原则即平等原则、差异原则和补偿原则。"（褚宏启 等，2008）笔者认为教育公平原则内涵丰富，教育平等原则是其中一项重要的子原则。教育公平原则不仅是在形式上追求教育的机会和权利平等，还要求实质意义上实现教育个体的平等正义。例如，《中华人民共和国学前教育法（草案）》第十五条规定："各级人民政府应当通过举办公办幼儿园、支持民办幼儿园提供普惠性学前教育服务，为学前儿童提供公平而有质量的学前教育。"该条直接体现了国家对学前教育事业发展的公平原则的强调，进言之，一方面，学前教育是社会主义教育的重要阶段，发展学前教育体现了各阶段教育公平而有质量发展的理念；另一方面，举办公办幼儿园、支持民办幼儿园体现了实质性的教育公平，即对不同举办者有差异化要求但整体实现学前教育发展的目标。

不同基本原则也会出现位阶冲突，这就要对不同的基本原则进行价值排序。譬如，有学者针对民法的基本原则指出，从正面肯定主体自由意志的原则位阶最高，从私主体的层面考虑两者之间自由意志并存的原则次之，基于公共利益的考虑对私主体自由意志进行限制的原则再次之（方新军，2017）。民法基本原则价值排序的思路是意思自治优先，但教育法并不相同，教育法是公私法交汇的第三部门，具有领域法特征，既要考虑公共利益，亦要兼顾意思自治。就此而言，对教育法基本原则的价值排序是一个复杂的问题。但无论如何，居于最优先地位的是立德树人原则，这是一切教育活动遵循的最根本原则。对于其他基本原则，因为公共利益应处于优先考虑的地位，故教育公益性原则优先于教育自主原则。此外，教育最核心的目标是培育健全的个体，即在德、智、体、美、劳等方面全面发展的个体（任海涛，2020），故受教育权保障原则和教育公平原则应优先于支持教育事业发展原则。因此，笔者认为立德树人原则处于最重要地位，教育公益性原则、受教育权保障原则和教育公平原则次之，支持教育事业发展原则和教育自主原则再次之。

四、教育法基本原则的统领效力

学界普遍认为，教育法典应当遵循"总分结构"的体例设计。根据"总分结构"之要求，总则编的规定对于分则各编的规定具有统辖或者统率的效力，分则各编的规定必须遵从总则编的规定（孙宪忠，2020）。基本原则作为教育法典的基础性规范，对分则诸编的中层原则和具体规则同样有着统领效力。

（一）教育法基本原则对中层原则的统领效力

第一，在不违背宪法原则、基本原则的情况下，中层原则体现该教育法律领域的"个性"。分则诸编的中层原则是教育法基本原则的具体化，直接体现了特定教育法律领域的价值准则。以学前教育领域为例，有学者提出学前教育立法应遵循学龄前儿童权益优先、公益普惠、政府主导、依法管理与保护幼师、社会协同等五项基本原则（徐靖，2019）。就公益普惠原则而言，"公益"是教育法教育公益性原则的延伸，而"普惠"意指学前教育事业惠及全民，这是学前教育立法的独特品性。

第二，基本原则与中层原则的体系融贯。融贯理论对法典编纂提出了更高层次的技术要求。一方面，消极意义的融贯理论要求教育法典保持逻辑一致，即将教育法律关系作为教育法典编纂的逻辑主线。另一方面，积极意义的融贯理论要求原则的层次划分和价值排序（方新军，2019）。宪法原则—教育法基本原则—教育法中层原则构成了融贯教育法的原则体系，换言之，原则划分得越细致，其融贯越是紧密。例如，教育公益性原则细分出学前教育立法的普惠性原则。此外，不仅是教育法基本原则应进行价值排序，各个中层原则也有一定的价值位阶，如厘清学前教育立法各项基本原则孰轻孰重。只有如此，方能避免基本原则之间、中层原则之间以及基本原则和中层原则之间的价值冲突。

（二）教育法基本原则对具体规则的统领效力

第一，基本原则从具体规则中归纳得出，是法律规范最具一般性的规定，所有具体规则均处于遵从地位。法律原则的外化主要包括直接规定和间接规定，教育法属于间接规定，即法律并未明确列举教育法的基本原则，而是从数个条文中归纳提炼出教育法的一般性原则。其他具体规则处于遵从地位，在法典化过程中应充分贯彻并体现基本原则的内容。比如，《中华人民共和国义务教育法》并未明确义务教育阶段学校自主办学权的范围及边界。根据教育自主原则，义务教育阶段学校亦享有一定程度的自主办学权。教育法典义务教育部分应规定中小学校自主办学的事项、中小学教师享有实施教育惩戒的职权等。

第二，具体规则在法律适用上的优先性，应禁止"向一般条款逃逸"。禁止"向一般条款逃逸"是指在法律适用时，当基本原则和具体规则得出的法律效果相同时，优先适用具体规则之规定。这背后的法理在于，法律适用时应穷尽具体规则，尽量避免法律规则的虚置化。当然，基本原则对具体规则的统领效力体现在基本原则的兜底功能，也就是在个案分析中，即使具体规则未对某一事项做出明文规定，也应遵守教育法基本原则之内容。以"北京大学与于艳茹撤销博士学位决定纠纷上诉案"为例，法院认为，即便相关法律、法规未对撤销学位的具体程序做出规定，北京大学也应自觉采取适当的方式来践行上述原则，以保证其决定程序的公正性。该判决理由直接体现了基本原则在适用上的兜底效力。

五、结语

本文探讨了教育法典的基本原则问题，但应看到，一方面，相较于民法等部门法对基本原则的研究蔚为大观，关于教育法基本原则的研究仍十分薄弱，且教育法律关系相对复杂，本文与其说是对基本原则的研究，毋宁说是对基本原则的粗浅探讨，起到抛砖引玉之作用。另一方面，基本原则可细分出诸多中层原则。例如，有学者认为可将行政法基本原则分为五大类基本原则共十二项具体的子原则（周佑勇，2021）。相比之下，对教育法中层原则的研究基本处于空白状态，这有待学界同人的共同努力，就此而言，对教育法典基本原则的研究任重而道远。

参考文献

褚宏启，杨海燕，2008.教育公平的原则及其政策含义［J］.教育研究（1）：10-16.

方新军，2017.内在体系外显与民法典体系融贯性的实现 对《民法总则》基本原则规定的评论［J］.中外法学（3）：567-589.

方新军，2019.融贯民法典外在体系和内在体系的编纂技术［J］.法制与社会发展（2）：22-42.

公蕾，2018.俄罗斯教育法律选译［M］.北京：社会科学文献出版社.

贺柯，2009.论教育自主权及教育管理权的析分［M］// 张海燕.山东大学法律评论：第六辑.济南：山东大学出版社.

劳凯声，2003.面临挑战的教育公益性［J］.教育研究（2）：3-9.

刘宁，刘扬，2021.教育惩戒裁量基准的规范构造［J］.教育发展研究（20）：59-66.

任海涛，2020.论教育法体系化是法典化的前提基础［J］.湖南师范大学教育科学学报（6）：15-24，76.

任海涛，2021.教育法典总则编的体系构造［J］.东方法学（6）：123-140.

申素平，2021.教育立法与受教育权的体系化保障［J］.教育研究（8）：35-47.

孙宪忠，2020.中国民法典总则与分则之间的统辖遵从关系［J］.法学研究（3）：20-38.

徐靖，2019.论《学前教育法》立法中应遵循的基本原则［J］.湖南师范大学教育科学学报（6）：1-11.

严平，2019.日本教育法规译文精选［M］.北京：科学出版社.

于飞，2016.民法基本原则：理论反思与法典表达［J］.法学研究（3）：89-102.

岳纯之，2003.继承与创新：法国民法典解析［J］.南开学报（1）：115-124.

张文显，2018. 法理学［M］.5 版 . 北京：高等教育出版社 .

张翔，2012. 德国宪法案例选释：第 1 辑：基本权利总论［M］. 北京：法律出版社 .

赵万一，2016. 民法基本原则：民法总则中如何准确表达？［J］. 中国政法大学学报（6）：30–50，160–161.

周威，2016. 法兰西宪法典全译［M］. 北京：法律出版社 .

周佑勇，2021. 行政法总则中基本原则体系的立法构建［J］. 行政法学研究（1）：13–25.

The Normative Expression of the Basic Principles of Education Code

Liu Ning

Abstract: In the history of code compilation, there have been theoretical differences on whether the basic principles should be directly stipulated. However, starting from the function of the basic principles and the legislative tradition of our country, education code should expressly declare the basic principles. The reasons lie in the requirement of formal rationality of the code, maintaining the relative independence of the basic principles and the practical character of the basic principles. The basic principles of education code mainly include the principle of fostering virtue through education, the principle of guaranteeing the right to education, the principle of supporting the development of education, the principle of education public welfare, the principle of education autonomy and the principle of education fairness. In the future, when education code is formed, the basic principles, which are the basic norms of education code, will have a guiding effect on the middle-level principles and specific rules of the sub-sections.

Key words: education code　basic principles　general-and-specific structure

作者简介

刘宁，浙江大学光华法学院博士研究生，研究方向为教育法学、行政法学。

□张　杰　唐远雄

法律关系视角下教育法典总则的逻辑与构造①

【摘　要】在社会关系频繁变动的背景下，编纂教育法典宜从总则入手分步进行。作为教育法部门归属的判断标准，较稳定的特点决定了法律关系应成为编纂教育法典总则的主线。由于社会教育权的发展改变了国家教育权的垄断局面，教育主体随之扩展为教育主管部门、学校、教育者、受教育者、监护人、社会主体。教育法律关系围绕教育行为这一客体表现为权利-义务和权力-责任，由此呈现出民事和行政双重色彩。因此，编纂教育法典总则不仅需要基于教育法律关系的内部结构，社会教育权作为教育法律关系复杂化的关键，也必须作为构造总则的维度之一，最终总则可由基本规定、法律主体、权利与义务、国家教育权、社会教育权、法律责任六部分组成。

【关键词】法律关系　教育法典总则　国家教育权　社会教育权

《中华人民共和国民法典》的诞生使法典化问题在部门法领域被热议。关于教育法典的讨论虽不及民法典丰

① 本文系国家社会科学基金 2018 年度一般项目"平台组织发展的社会基础及对社会创新的启示研究"（18BSH107）和中央高校 2021 年基本科研业务费专项资金项目"情理在刑事裁判中的作用机制研究"（21lzujbkydx024）的阶段性成果。

富，但部分前提性共识已基本达成，如教育法典宜采取"体系型"编纂模式，篇章结构宜采取"总分式"等。①尽管学界对教育法典的具体内容应以何种结构展开还存在分歧，但不少学者都强调了法律关系在编纂法典时的重要作用。②《中华人民共和国教育法》在整个教育法体系中具有总则性质，其中学校、教师、受教育者等内容单独成章同样呈现出将法律关系作为编纂主线的特点，然而现有研究对此大多一笔带过。事实上，如果我们从法律关系出发审视教育法法典化问题就会发现，不仅问题的关键会自然落在总则上，同时对一些有争议的问题我们也会形成新认识。

一、为何要从法律关系入手？

学界对于教育法法典化的一些前提性问题始终存在争论，例如关于教育法的部门归属就存在"隶属说""独立说""综合法律部门说"三种观点。如果坚持"隶属说"，即教育法隶属于行政法，那么处理教育法与行政法的关系就是编纂者必须面对的问题。因为既然教育法隶属于行政法，那么教育法典就是行政法典分则的组成部分（湛中乐，2021），由此可见，对教育法部门归属的思考涉及编纂法典时对与相关部门法关系的处理。

按照主流观点，法律部门的划分标准是法律规范调整的社会关系和法律规范的调整方法（张文显，2018）[103]。调整方法主要体现为宪法、民事、刑事、行政四种责任形式的追究。以《中华人民共和国教育法》第七十二条为例，该条规定"结伙斗殴、寻衅滋事，扰乱学校及其他教育机构教育教学秩序或者破坏校舍、场地及其他财产的，由公安机关给予治安管理处罚；构成犯罪的，依法追究刑事责任。侵占学校及其他教育机构的校舍、场地及其他财产的，依法承担民事责任"，此条包含了行政、刑事、民事三种责任追究

---

①　这些问题是讨论教育法法典化绕不开的前提性问题，学者们的讨论也大多涉及了这些问题，代表性论文参见：任海涛.论教育法法典化的实践需求与实现路径［J］.政治与法律，2021（11）：17-29；马雷军.论我国教育法的法典化［J］.教育研究，2020（6）：145-152.

②　例如孙霄兵、刘兰兰认为，教育法典的构建应针对教育活动中不同法律关系主体规定相应的权利义务，参见：孙霄兵，刘兰兰.《民法典》背景下我国教育法的法典化［J］.复旦教育论坛，2021（1）：31-37.

形式，如果以调整方法为标准就会认为教育法兼具行政法、刑法和民法属性。但根据罪刑法定原则与《中华人民共和国立法法》对绝对保留事项的规定，认为教育法具有刑法属性显然是错误的。同时如果仅以调整方法划分法律部门，无外乎仅能划分出宪法、民法、刑法、行政法，这与现实也不相符。

所以，法律规范调整的社会关系是判断法律部门归属更为重要的标准。那么什么是社会关系？社会关系是人们在相互交往过程中所形成的人与人之间的联系（朱景文 等，1994）。遵循着物质第一性的马克思主义学说，我国学者认为，法律关系与生产关系、家庭关系、政治关系等社会关系不同，它不是一个独立的实体，而是其他社会关系在法律上的表现形式（张文显，1991）。质言之，社会关系决定法律关系并通过法律关系得以体现，法律关系不能超脱社会关系这个本源。

法律关系与社会关系的联系也体现在我国教育立法的变迁中。改革开放前我国的教育完全由国家主导，教育法律关系呈现出鲜明的行政色彩。20世纪 80 年代，随着改革的深入，在市场力量的作用下，社会力量开始积极办学，并逐步成为国家举办教育的一个补充（周光礼 等，2006）。社会教育权的产生改变了教育领域的社会关系，同时也使教育法律关系开始具有民事色彩。1991 年《农民承担费用和劳务管理条例》第九条规定："乡统筹费内的乡村两级办学经费（即农村教育事业费附加）用于本乡范围内乡村两级的民办教育事业。"这是我国立法中首条关于民办教育的规定，此后关于民办教育的法律法规逐渐增多，2002 年《中华人民共和国民办教育促进法》的颁布更是标志性事件。

由此可见，讨论教育法典的编纂不能完全停留在形而上层面。当下我国教育立法较活跃，仅 2018 年以来就对《中华人民共和国民办教育促进法》《中华人民共和国高等教育法》《中华人民共和国义务教育法》《中华人民共和国国防教育法》《中华人民共和国教育法》《中华人民共和国职业教育法》等法律进行了修正，同时还新制定了《中华人民共和国家庭教育促进法》。目前，特殊教育、学前教育等领域立法尚存在空白。同时，"双减"政策、普职分流等改革势必深刻影响未来的教育体系。因此，在教育改革较为频繁的背景下，教育法律关系存在着"牵一发而动全身"的特征。例如目前《中华人民共和国义务教育法》虽只涵盖九年制义务教育，但已有人大代表提出将高中教育纳入义务教育。[①] 尽管这些提议尚未变成现实，但一旦得到推行，那么财政、考试等制度都需要调整。

因此，出于对法典稳定性的追求，本文认为目前编纂分则的条件还不成熟。有学者提出以不同教育阶段组织分则，但在阶段性立法尚不完整、已有立法修改时间不长、教育改革力度较大的前提下，即使能够制定出分则，立法质量和法律实效都堪忧。但这并不代表教育法法典化就应搁置，教育法法典化的难度相比行政法、环境法等相对较小，原因恰恰在于教育法律关系比较稳定。因此，教育法典总则的编纂需要通过提取"公因式"将教育法律关系中具有普遍意义的主体、客体及内容在总则部分加以规定。

二、教育法律关系的内部结构

有学者认为教育法律关系"是指国家通过教育法调整教育活动而发生在教育主体之间的权利义务关系"（余立力，1996）。这一定义明显是"教育＋法律关系"的逻辑，实质是将通常理解的法律关系的内容即权利义务直接搬到了教育法律关系当中。然而，教育主管部门与学校之间的法律关系显然是行政法律关系，如果认为公权力是权利，根据权利具有的自由属性，学校如果存在不合法的行为，主管部门是否有选择作为或不作为的自由？这样的推论明显存在问题，而问题的关键就在于对法律关系的理解出了问题。

法律关系最早由德国法学家胡果（G. Hugo）于 1789 年提出，这一概念从诞生起就一直与民法联系在一起。由于西方对权利的强调，加之民法的背景性影响，法律关系始终充满私法色彩。主张物质第一性的苏联法学家从生产关系的角度将法律关系视为社会关系，在批判吸收权利义务学说后构建了新的法律关系概念。受苏联影响，我国的主流观点认为法律关系是"以法律规范为基础形成的、以法律权利与法律义务为内容的社会关系"（张文显，

[①]　参见《全国人民代表大会教育科学文化卫生委员会关于第十三届全国人民代表大会第二次会议主席团交付审议的代表提出的议案审议结果的报告》（2019 年 12 月 28 日第十三届全国人民代表大会常务委员会第十五次会议通过）。

2018）¹⁵²。此定义在坚持物质第一性的同时将私法中的权利义务作为内容。然而这一定义在 20 世纪就备受争议，因为"它的一个不可弥补的缺陷是用权利义务来概括法律关系的内容，而权利义务概念却涵盖不住法律关系中的权力因素，从而使得现有法律关系学说只能解释私法关系，不能合乎逻辑地解释公法关系"（童之伟，1999）。因此，不少学者对这一定义进行了修正，修正的要点就是将带有公法性质的权力责任纳入法律关系的内容范畴。^①

用修正后的概念考察教育法律关系会发现，其中明显存在着两种不同性质的内容。行政权的介入使得教育主管部门与学校并非平等关系，而民办学校与学生的入学合同本质上与购买普通商品并无二致。因此，如果重新定义教育法律关系，它至少应包括权力-责任、权利-义务这两类不同性质的内容。而之所以性质不同，原因就在于主体不同，这就涉及教育法律关系主体的问题。

"教育是教育者根据一定社会的要求和年青一代身心发展的规律，对受教育者所进行的一种有目的、有计划、有组织地传授知识技能，培养思想品德，发展智力和体力的活动，通过这种活动把受教育者培养成为社会服务的人。"（柳海民，2015）⁷⁹ 广义的教育包括学校教育、社会家庭、家庭教育，狭义的教育仅指学校教育，教育者、受教育者、教育内容和教育手段构成了教育的基本要素。由于法律关系"是人与人之间的关系，即法律主体与法律主体之间的关系"（王涌，1998），因此教育法律关系主体最核心的就是教育者和受教育者。

学校也是不容忽视的主体，因为"学校是教育系统中最基本的组织结构，学校教育制度在教育制度中居于核心地位"（柳海民，2015）¹⁶⁶。学校不仅是贯彻党和国家教育政策的中介，还为教学活动的开展提供必要的物质条件。因此，"无论是教育法的理论研究，还是法律实践改革，均应当密切围绕学校、教师与学生这三方主体展开"（任海涛，2020）。此外，保障公民的受教育权是国家的宪法义务，因此各级教育主管部门同样不可或缺，它们以机关法人的身份充当法律关系主体。特殊的是，由于受教育者可能是限制

---

① 例如陈锐认为，法律关系最低限度的内容起码有二：一是权利-义务，二是权力-责任。参见：陈锐.法律关系内容的重构：从线性结构到立体模型［J］.法制与社会发展，2020（2）：86-108.

行为能力人甚至无行为能力人，此时监护人也会加入相应的法律关系。

由此，我们从"教育者－受教育者"这对核心主体建构出了教育法律关系主体的主要类型，即"教育主管部门－学校－教育者－受教育者－监护人"。这一类型同样可以涵盖家庭教育，此时监护人从位于补充性地位转化为独立主体。这一框架经过扩展还可容纳社会教育。"广义的'社会教育'和广义的'教育'的含义基本等同，狭义的社会教育指学校教育以外的一切文化设施对青少年、儿童和成人进行的各种教育活动。"（陈娟 等，2020）结合《中华人民共和国教育法》第六章"教育与社会"，法律关系主体的类型还应包括"社会主体"，图书馆、博物馆等社会主体与受教育者亦可形成独立的法律关系。

相较之下，教育法律关系客体是单一的。教育的本质是一种活动，是一种传授知识和技能、灌输思想和观点、培养习惯和行为的活动。这些活动构成了教育的基本要素之一——教育内容，而"教育内容是联系教育者和受教育者的中介"（柳海民，2015）[69]。法律关系客体也是一种中介，"是法律关系主体发生权利义务联系的中介"（张文显，2018）[157]。教育活动不仅符合法律关系客体的中介性质，也符合法律关系客体客观性、有用性、可控性、法律性的特征。按照分类，教育活动应属于法律关系客体中的行为，故可将其称为教育行为。

三、不可缺失的维度：国家教育权与社会教育权

尽管厘清了教育法律关系的内部结构，但如何将其在总则中加以编排依然棘手。仔细斟酌现行《中华人民共和国教育法》，会发现其中缺乏一个重要维度——国家教育权与社会教育权的区别。

以学校为例。不同于公办学校事业单位法人的明确属性，学界对于民办学校的法人属性还存在争议，并产生了公务法人说、社团法人说、财团法人说等学说，这些学说如果以是否实施义务教育为区分又会变得更加复杂。《中华人民共和国民办教育促进法》第三条规定："民办教育事业属于公益性事业，是社会主义教育事业的组成部分。"同时第十九条规定："民办学

校的举办者可以自主选择设立非营利性或者营利性民办学校。但是，不得设立实施义务教育的营利性民办学校。"按照《中华人民共和国民法典》对法人的分类会产生一个问题：非义务教育阶段的营利性民办学校能否归为营利法人？

司法实践对此同样态度模糊。在"中国管理软件学院与北京市工商行政管理局海淀分局行政处罚决定纠纷上诉案"中，对于该校发布的招生宣传是否属于商业广告，一审基于《中华人民共和国民办教育促进法》第三条，认为中国管理软件学院属于民办高等学校，其印发的招生宣传并非为了介绍自己推销的商品或提供的服务，因此不属于商业广告，不应依据《中华人民共和国广告法》对其进行行政处罚。但二审认为，由于现行法律法规并未禁止民办教育机构作为《中华人民共和国广告法》规定的广告活动主体，该广告的目的是获取更多回报，因此一审以该学院属于教育机构为由认为其发布的招生宣传不属于《中华人民共和国广告法》调整的范畴存在错误。① 此案中一、二审出现不同理解的关键恰恰在于民办高校的法律地位在现行立法中不甚明朗。

由此可见，基于不同的主体性质，公办学校和民办学校的权利－义务和权力－责任会出现不同，其他主体与之形成的法律关系也会产生差异。尽管《中华人民共和国民办教育促进法》第五条规定："民办学校与公办学校具有同等的法律地位，国家保障民办学校的办学自主权。"但现实中民办学校在法律地位上与公办学校存在诸多不同，如果无视这种区别而在总则中单设"学校"一章，那么由于学校性质不同造成的差异将给立法者带来极大挑战。

因此，尽管教育法律关系内部结构并不复杂，但如果直接以教育法律关系的内部结构来组织总则又会碰到如上难题。事实上，公办学校与民办学校的对立只是表象，民办学校是社会以学校的形式开展教育的一种形态，它是社会教育的下位概念，更深层的问题在于国家教育权与社会教育权的区别。正是社会教育权的兴起使得行政色彩浓厚的教育法律关系中出现了主体地位平等的民事法律关系，由此使得教育法律关系日益复杂。既然国家教育权与社会教育权并存是造成教育法律关系复杂的主要原因，那么在总则的编纂中

---

① 详情参见北京市第一中级人民法院（2008）一中行终字第 494 号行政判决书。

将国家教育权和社会教育权进行区别反而能够使复杂的法律关系变得清晰。

所以，教育法典总则的编纂还必须加入国家教育权与社会教育权这一维度。需要说明的是，与社会教育、国家教育并列的还有家庭教育，2022年《中华人民共和国家庭教育促进法》的实施凸显了家庭教育的重要性，因此总则的编纂需要为其留出空间。同时，因为广义的社会教育可以涵盖家庭教育，所以可将家庭教育与社会教育合并纳入社会教育权部分而与国家教育权相对。综上，本文认为总则可由基本规定、法律主体、权利与义务、国家教育权、社会教育权、法律责任六部分组成。

四、教育法典总则的结构与主要内容

对于上述六部分的主要内容，简要说明如下。

第一章是基本规定，主要包括立法目的、基本原则、基本制度以及法律效力等。在遵守宪法的前提下，本章可以《中华人民共和国教育法》第一、二章为参照，同时吸收现行教育立法中具有基础性的内容。例如保障作为宪法权利的受教育权并没有在《中华人民共和国教育法》中体现，反倒是《中华人民共和国义务教育法》第一条规定了"为了保障适龄儿童、少年接受义务教育的权利……"，因此，总则的立法目的应吸收《中华人民共和国义务教育法》第一条，并表述为"为了保障公民接受教育的权利"。

第二章是法律主体。内容主要是明确六类主体的法律地位，重点是对主体性质和资格条件加以明晰。需要说明的是，尽管学校、教育者、受教育者、监护人之间的法律关系会因为学校的性质发生变化，但设立学校的基本标准和教师资格等方面是具有共性的，因此本章主要是关于主体资格的规定。

第三章是权利与义务。由于带有公法性质的权力-责任单独列入第四章"国家教育权"，因此本章主要规定受教育者和教育者的权利义务，主要包括保障受教育者的受教育权和教育者的合法权益，对此可参照《中华人民共和国教育法》第四章"教师和其他教育工作者"和第五章"受教育者"。此外，无救济则无权利，对权利的救济应在本章一并规定。鉴于第五章"社会教育权"独立存在，受教育者和教育者在民办学校中的特殊权利义务在第五章做补充说明，本章则基于公办学校的语境展开。

第四章是国家教育权。本章内容是站在权力-责任的公法立场，对各级教育主管部门和学校的权责予以规定，主要涉及教育行政、教育管理监督等内容。由于这一章站在国家教育权的立场，因此对学校的规定应以公办学校为主，民办学校则统一放到第五章进行补充说明。此外，除了直接参与教育活动的教育主管部门外，财政、税收、物价、卫生等保障教育活动正常运转的政府部门各自的权责也应在本章予以明确，对此可参考《中华人民共和国教育法》第七章"教育投入与条件保障"。

第五章是社会教育权。本章主要包括家庭教育和狭义的社会教育。不同于家庭教育相关内容可参考刚出台的《中华人民共和国家庭教育促进法》，由于我国社会教育的立法相当匮乏，除了吸收《中华人民共和国教育法》中"教育与社会"一章外，还需加快对社会教育整体的研究与立法。此外，因民办学校的社会教育性质，涉及民办学校与其他主体的问题统一在本章做特别说明。当然，民办学校和公办学校存在共性，尤其是义务教育阶段的民办学校在公益性上与公办学校基本一致，所以具有共性的内容可通过指引性规范关联至前三章，例如"民办学校其他方面的内容参照第四章中关于公办学校的规定执行"。

第六章是法律责任，本章主要规定各类法律主体因损害教育法律关系所产生的法律责任。本章的责任主体并不局限于权力-责任中的公权力主体，还包括各类主体因违背第一性义务而产生的责任。需要强调的是，立法者需甄别哪些法律责任属于教育法律关系的范畴，并非以教育行为为中介产生的法律责任不应归入此章，如学生之间因打闹致伤产生的侵权责任即使不做规定也能援引民法加以解决。因此，本章仅需规定因不当的教育行为产生的法律责任，同时通过指引性规范合理关联相应的民事、行政及刑事责任。

最后要说明的是，尽管本文阐述的是总则的编纂，但总则与分则不能完全割裂。我国现行教育法体系仍存在空白，部分前提性问题依然不甚清晰，因此完整的教育法典出台还有待时日。但依托教育法典编纂的契机，加快推进教育法法典化的进程以提升教育法体系内部的科学性仍具有重大意义，因为"要实现教育法的法典化，必须率先推进教育法的体系化，以体系化逐步推动法典化的实现"（任海涛，2020）。总之，编制教育法典总则与分则并行不悖，"编制教育法典与推进其他单行教育立法并行不悖"（鲁幽 等，2021）。

参考文献

陈娟，李艳莉，2020. 我国社会教育研究七十年：回顾和展望 ［J］. 成人教育（4）：8-12.

柳海民，2015. 教育学概论 ［M］. 北京：北京师范大学出版社 .

鲁幽，马雷军，2021. 我国教育法法典化的路径、体例和内容：2021 年中国教育科学论坛教育法法典化分论坛综述 ［J］. 湖南师范大学教育科学学报（6）：116-120.

任海涛，2020. 论学生的法律地位 ［J］. 东方法学（1）：123-133.

童之伟，1999. 法律关系的内容重估和概念重整 ［J］. 中国法学（6）：24-32.

王涌，1998. 法律关系的元形式：分析法学方法论之基础 ［J］. 北大法律评论（2）：576-602.

余立力，1996. 论我国教育法律关系之构成 ［J］. 法学评论（3）：80-84.

湛中乐，2021. 论教育法典的地位与形态 ［J］. 东方法学（6）：111-122.

张文显，1991. 法律关系论纲：法律关系若干基本问题的反思 ［J］. 天津社会科学（4）：68-73.

张文显，2018. 法理学 ［M］.5 版 . 北京：高等教育出版社 .

周光礼，刘献君，2006. 政府、市场与学校：中国教育法律关系的变革 ［J］. 华中师范大学学报（人文社会科学版）（5）：131-136.

朱景文，韩旭，1994. 关于法律关系属性的几个理论问题 ［J］. 中国法学（4）：30-35.

The Logic and Construction of the General Provisions of Education Code in the Perspective of Legal Relationship

Zhang Jie　**Tang Yuanxiong**

Abstract: Under the background of frequent changes in social relations, it is appropriate to codify education code in steps, starting with general provisions. As a criterion for judging the attribution of education law sectors, the characteristic of stability determines that legal relationship should be the main line of codifying the general provisions. The development of the right of social education has changed the monopoly of the right of state education, the educational subjects have been expanded to include educational authorities, schools, educators, educatees, guardians, social subjects. The educational legal relationships are centered around the object of educational behavior as rights and obligations, power and responsibility, thus presenting the dual characters of civil and administrative. Therefore, the codification of general provisions requires not only the internal structure of educational legal relationship, but also the right of social education as one of the dimensions, the right of social education is the key to the complexity of educational legal relationship. The general provisions of education code may eventually consist of basic rules, legal subjects, rights and obligations, the right of state education, the right of social education and legal responsibilities.

Key words: legal relationship　the general provisions of education code the right of state education　the right of social education

作者简介

张杰，兰州大学法学院讲师，研究方向为法学理论。

唐远雄，兰州大学哲学社会学院教授，研究方向为组织社会学。

□王思杰　包琳儿

论民办教育法在教育法典体系中的地位

【摘　要】民办教育较之公办教育具有鲜明的特殊性。从法律关系上分析，民办教育的法律关系主体更加多元，客体具有更强的私法性，权利与义务关系更为复杂。民办教育彰显了多元主体借由市场参与教育事业的价值，表现出公法与私法价值的结合和融贯，这些对于中国教育法典整体性价值的锚定与阐扬颇有助益。基于此，民办教育法应当在教育法典中独立成编，其不仅在技术上可能，从意义上看，其能够推动中国教育法的新发展，或将成为教育法典的一大亮点。

【关键词】民办教育　教育法典　法律关系　价值宣示

中国教育法典编纂的前提与基础是教育法的体系化，即对现行法律法规中涉及教育的原则和规则进行分类归纳，使之成为一个结构完整、层次分明、统一协调的规范体系（任海涛，2020）。更进一步的共识是，教育法典的规范体系应当借鉴《中华人民共和国民法典》的经验，秉持"总分结构"构建自身的体系框架。关于教育法典总则的体系架构学界已有较为深入的讨论，法典分则的结构体例尚未引起充分的重视。事实上，分则与总则共为一体，教育法典分则的体系建构对于法典编纂的成功也是至关重要的。

目前对教育法典体系的讨论基本上都忽略了我国教育法一个不可或缺的板块——民办教育。在我国现行体制和基本国情下，民办教育在教育事业中正扮演着越来越重要的角色。而民办教育性质的特殊，使其与公办教育在基本类型上的区分具有极为重要的现实意义，对于我国教育事业的优化提升也有着不可估量的积极作用。因此，民办教育在我国教育法典分则中应当拥有一席之地。

一、法律关系的分析：民办教育与公办教育的分野

教育法典分则的体系建构应遵循适当的编纂逻辑，而教育法律关系是考察的重点。教育法律关系指在教育活动中，即在教与学、管理与被管理等过程中形成的权利义务关系。教育法律关系由三个要素构成：法律关系主体、法律关系客体和法律关系内容。民办教育的教育法律关系更为复杂多元，具有自身鲜明的特色。

（一）法律关系主体的区分

教育法律关系体现了公法与私法相交融的特点，主要包括三方主体，分别是：（1）教育行政主管部门；（2）办学单位；（3）教师与学生。前两者形成教育行政管理关系，后两者形成教学关系和民事关系。民办教育与公办教育的法律关系主体在教育行政主管部门与学生方面并无太大不同，主要的区分点在于办学单位。

在我国，公办学校一般由政府出资举办，享受国家财政支持，一直被认为是事业单位，《中华人民共和国高等教育法》更加确认其事业单位法人的地位，公办学校具有"准行政主体"的资格。与之相比，民办教育的办学单位非常多元，且性质殊为复杂。首先，民办教育的举办者来自政府之外的社会力量，来源不一，成分复杂。《中华人民共和国民办教育促进法》对民办教育的界定是"国家机构以外的社会组织或者个人，利用非国家财政性经

费，面向社会举办学校及其他教育机构"。

民办教育还存在教育举办者与实际管理者相分离的情况，教育举办者一般为学校的投资方，不介入学校日常事务的管理，学校董事会（理事会）是最高决策机构，但往往与以校长为代表的学校管理层又有区别。随着我国改革开放进程的深入、经济社会的发展与市场需求的日益扩大，国家对民办教育采取了大力支持的态度，2002 年《中华人民共和国民办教育促进法》的颁布，使得我国民办教育进入了快速发展的轨道。除了社会力量举办的民办学校，还出现了传统公办学校，尤其是公立高校运用政策红利开办的"独立学院"。这些学院虽然与公立高校有着千丝万缕的联系，但其性质却是非公办的。

民办教育法律关系主体的这种复杂特性，对相关法律实务有明显的影响。比如，民办高校被授予一些高校必须具备的公共权力，具有一定的行政主体资格。但同时，民办高校与公办高校和行政机关严格区分，被排除在行政主体之外。因此，在诉讼活动中，民办高校因其一定的行政主体性质，很多法律关系无法被界定为民事法律关系而通过民事诉讼加以解决，此外，师生与学校的争议又被排除在行政诉讼受案范围之外，这使得民办高等教育领域的法律救济存在漏洞，而这一漏洞无疑将制约民办教育的发展。造成这一漏洞的原因在于民办教育主体的特殊性未得到充分重视。

（二）法律关系客体的区分

教育法律关系的客体主要体现为办学单位对学生的教育、管理行为，办学单位与教师的聘用行为等。民办教育与公办教育在法律关系客体上也有较大的不同。首先，传统的公办教育体现了更浓的行政色彩，学校对学生的教育有绝对的主导，学生对学校的选择余地不大。民办教育却更多体现了双向选择的特征，学校对学生的主导不如公办教育强，而学生对于学校也有更大的自主选择权。在这种情况下，学生向民办教育机构缴纳学费，民办教育机构提供相应的教育服务，两者之间的关系更趋近于平等主体间的民事法律关系。此外，民办教育提供的教育类型丰富，相应的教育行为也更加多样，如民办教育涉及从义务教育到高等教育、从全日制教育到课外教育、从知识教育到技能教育等多种类型的教育。

其次，在聘用行为上。《中华人民共和国民办教育促进法实施条例》第三十四条规定"民办学校自主招聘教师和其他工作人员，并应当与所招聘人员依法签订劳动或者聘用合同，明确双方的权利义务等"。这意味着教师与民办学校签订的只能是聘任合同，双方是劳动聘任关系。这种关系的法律基础是劳动合同。因此，民办学校教师与拥有事业编制、作为事业单位工作人员的公办学校教师存在明显不同。

此外，民办学校对学生的管理行为，其性质也与公办教育不同。学界倾向于认为民办学校对学生的管理行为不是行政行为，因为民办教育的主体是政府机构以外的组织或个人，其管理不应被认为是行政公务。

（三）权利义务关系的区分

教育法律关系的内容是教育权利和义务。因为民办教育法律关系的复杂性，民办教育法律关系中的权利和义务也远较公办教育复杂，具体可从以下视角来理解。其一，因为教育法律关系本身既有公法成分，又存在私法因素，所以多种性质的法律关系在教育法中交汇，而民办教育中的私法因素权重更大。又由于私法关系比公法关系更多元也更灵活，民办教育法律关系所涉及的权利义务更加多样和易变。其二，教育法本身就体现出多主体的特征，教育法律关系是教育行政主管部门、办学单位、学生等多主体之间形成的权利义务关系的结构组合（任海涛，2021）。而如前所述，民办教育的主体更加多元，这使得民办教育主体间形成的权利义务关系也更复杂。其三，民办教育的市场化运作环境也加剧了民办教育法律关系所涉及的权利义务的复杂程度。面向市场办学的导向促使政府向民办教育放权，而获得了较大办学自主权的民办教育机构根据市场反应做出相关决策，从而使教育行为更为丰富。

综上，由于相关权利义务关系较为复杂和丰富，且具有特殊性，民办教育应由与一般的公办教育有一定区分度的专门性法律来规范调整，才能取得更佳也更具针对性的调整效果。

二、教育价值的映射：民办教育之于法典的价值意义

民办教育是我国教育事业的重要组成部分，其重要性也体现在其所彰显的价值上。这些价值对于中国教育法典整体性价值的锚定与理念的厘清有着建设性意义。

（一）多元主体借由市场参与教育事业的价值宣示

民办教育的发展彰显了我国鼓励和提倡多元主体参与教育事业的价值理念，民办教育法律关系主体多元，民办教育的发展打破了传统的公办教育对办学权的垄断（吴华 等，2020），满足了公众对教育的多样化需求，继而推动我国教育事业的全面发展与繁荣。

多元主体参与教育事业的基础是教育市场化的运作模式。而市场化的运作，正是民办教育发展所彰显的另一个极为重要的价值。市场化运作极大提升了教育发展和资源配置的效率。民办教育的资源配置并不涉及政府与财政这一环，可以最大限度地将资源用于教育教学活动，因此，民办教育普遍具有比公办教育更高的效率。事实上，民办教育用 1% 的公共财政资源向社会提供了约 20% 的公共教育服务（吴华 等，2020），随着时代的发展，其能够发挥的优势还会越来越大。

市场化的发展路径，为原本由公办教育支配、行政色彩浓郁的教育领域引入了大量私法因素，基于平等主体意思自治的民事行为方式在教育法律关系中被彰显。如果说公办教育更多体现的是传统的计划经济模式，以国家政策和财政支持为基础，强调的是标准化、规范性与公共性，那么民办教育就是典型的市场经济模式，以私人意思表示和自由选择为基石，体现多样性、灵活性和个性化。而后者是我国教育发展的重要补充。因此可以这样说，民办教育不仅仅是一种教育类型，其背后是以市场为导向、以私法自治为基础、多元主体共襄发展的教育发展价值观。这是民办教育应当在教育法典中被重点强调的根本原因。

此外，随着民办教育的发展，保障教育权利、维护教育平等等价值也得到了申扬。市场体制下多元主体参与的民办教育的发展能够促进教育权利更好地实现，这与教育法典的根本价值完全契合。另外，民办教育的特殊性也特别强调教育平等。《中华人民共和国民办教育促进法》和新修订的《中华人民共和国民办教育促进法实施条例》都强调民办教育与公办教育的平等法律地位，但在现实中，民办教育在办学层次、生源质量、财力状况等方面难以与公办教育"平起平坐"。而民办教育要想得到发展，必须要保证《中华人民共和国民办教育促进法》所确认的所有民办教育法律关系主体成为平等主体。这种平等性显然来自民办教育中蕴含的私法规范因素与价值理念，以及市场化的运作环境。而如果能够践行这种平等性，我国教育平等程度将进一步提升，这也是教育法典应秉持的价值。

（二）公法与私法价值的结合与融贯

教育法属于公法和私法相交叉的法律部门，同时具有公法的成分与私法的因素。从应然意义上说，教育法应该实现公法与私法的充分交融和高度融贯。然而，传统公办教育受历史发展路径和现实制度框架的影响，其行政与公法色彩较浓，在公私法融贯方面难以有大作为。而民办教育则因其法律关系中包含较多的私法因素，加之其与传统公办教育清晰的界分，反而能够充分展现教育法公私法高度融贯的价值。

一方面，民办教育中的公法成分与传统公办教育法律关系里的公法成分本身就存在不同。传统公办教育的公法性质是明确而直接的，其来自政府对公办教育的主导和管理，以及相应的财政支持。但是，这一点在民办教育中并不存在。民办教育的公法成分主要体现于民办教育属于"社会主义教育事业的组成部分"，属于"公益性事业"（《中华人民共和国民办教育促进法》第三条）。此外，民办学校，如民办高校同样拥有学籍管理、教学管理、授予学位、依法奖惩的权力，正是这些构成了民办教育公法成分的基础。但这些公法成分的充分性与公办教育不可同日而语，我们可以认为，如果说公办教育体现的是教育法视域下的一种"强公法性"，那么民办教育呈现的是一种"弱公法性"，这为民办教育中公私法的深度融贯奠定了基础。

另一方面，如前所述，民办教育中的私法因素非常饱满。其根本原因是，民办教育的运行不是以政府行政为基础，而是以市场化的机制为前提。这使民办教育较少受到行政指令等公法规范的限制，可以进行多元多领域的制度尝试。

按照《中华人民共和国教育法》等法律法规的规定，民办教育的办学单位具备法人条件的，自批准或登记之日起取得法人资格，在民事活动中依法享有民事权利，履行民事义务。民办教育的办学单位和师生之间，在有限的教育管理行为之外，其法律关系也基本上是民事法律关系。此外，公司管理理念和公司治理结构被不同程度地引入民办教育，这些私法因素在民办教育的管理、成本控制、规范营利、市场推广等方面均产生了积极的影响。当然，民办教育的健康发展还是要以恪守教育公益性为旨归与价值遵循。民办教育的第一性是公益性，第二性才是产业性（王思杰，2021）。但是，结合当前实际，民办教育的发展还存在可利用的资源较少、筹资渠道较窄等困难，发展所急需的资源和资金难以得到满足（胡瑞年 等，2021）。因此，利用市场积极因素，发挥私法规范灵活、高效的特点，对于民办教育的发展而言仍然意义重大。

我们认为，在坚持公益性的前提下，以市场化的公平竞争机制和自由选择机制助力民办教育发展，是我国民办教育健康发展的关键。这种公法与私法融贯、公益性与效率性兼顾的发展思路，对于我国现阶段教育体制改革有着全局性的指导意义，对于提高我国教育事业发展的"绩效"，增加教育供给、改善教育公平、优化资源配置、扩大教育开放、推动教育变革均有积极效应（吴华 等，2020），因此，应当在教育法典中加以展现。另外，教育法典自身价值框架的完善也需要民办教育这一部分的阐扬与翼赞。

三、法典分则的设计：民办教育法独立成编的动议

民办教育在法律关系上具有自身的特点，而在教育价值上与教育法典的整体性价值追求高度契合，因此，民办教育法应当在教育法典中独立成编。

从实证意义上说，其既具有必要性，又具有可能性。

（一）民办教育法独立成编的必要性

对于教育法典分则各编的规划，尤其是界分分则各编之标准的确立，学界有很多不同的观点。如以教育阶段或教育类型为标准，按照学前教育、义务教育、高中教育、高等教育、职业教育和终身教育的序列编排教育法典的分则各编（童云峰 等，2021）；还有学者主张遵循教育法律体系的逻辑结构，将教育法典分成教育活动主体，教育活动过程，教育与政府，教育与社会、家庭，教育与市场，特殊类型等诸部分（秦惠民 等，2016）。

以上这些划分确有见地，各有所长，但如果结合我国国情，从法律关系与价值宣示角度看，在教育法典分则中也可以按照办学形式分设公立教育与民办教育两个板块加以规范。支持民办教育在我国教育法典中独立成编的理由包括：

首先，改革开放以来，我国民办教育的发展取得了辉煌的成就。以民办高等教育为例，截至 2020 年 6 月 30 日，教育部发布的全国普通高等学校共计 2740 所，其中民办高校 773 所，占比 28.21%（胡瑞年 等，2021）。而在义务教育阶段，民办义务教育学校已达到 1.20 万所，在校生 0.16 亿人（阙明坤 等，2021）。如此庞大的教育规模，伴随着巨大的社会影响力，民办教育理应在教育法典中拥有独立的位置。

其次，从办学形式看，民办教育的范畴是相对于公办教育而确定的。公办教育在我国教育中居主导地位，同时也最为规范。与之相比，我国民办教育尚具有诸多不足。因此，在教育法典中，将民办教育法独立成编，能够形成其与公办教育规范体系的对比效应，从而更加凸显民办教育与公办教育之间的区别和联系，昭示民办教育的特殊性，同时也能够推动民办教育向着更高水平发展。

最后，民办教育彰显着鲜明的理念和价值，包括引导、鼓励多元主体参与教育事业，引入适当的市场机制和多样化的评价体系，保障教育权利，实现教育平等，在兼顾公平与效率、平衡公益性与营利性的基础上，切实提升我国教育质量，在市场化的环境中增强其竞争力。这些价值对于推动我国教育事业整体发展而言也是非常重要的，从某种意义上说，民办教育所蕴含的价值反映了我国教育法未来发展的某些重要趋势。基于此，我们认为，教育法典将民办教育法独立成编，既能体现国家对民办教育的高度重视，亦能够明确公办教育和民办教育的法律地位，彰显上述重要价值，推动我国教育事业的发展。

（二）民办教育法独立成编的可能性

从技术角度分析，民办教育法在教育法典中独立成编具有很强的可操作性。一方面，我国已就民办教育颁行过诸多法律规范，包括单行法和实施条例等，至今已形成了颇具规模的规范体系。2002 年通过，并经三次修订的《中华人民共和国民办教育促进法》在民办教育规范体系中居于基本法的地位，为我国民办教育的发展构建起基础法律框架。2021 年修订的《中华人民共和国民办教育促进法实施条例》则是对《中华人民共和国民办教育促进法》规定的进一步细化和落实，也具有核心地位。此外，国家还颁布了诸多规范性文件，涉及民办教育的具体方面，如《民办高等学校办学管理若干规定》等。2019 年中共中央、国务院印发的《中国教育现代化 2035》提出，鼓励民办学校按照非营利性和营利性两种组织属性开展现代学校制度改革创新。我国出台了数量可观的促进民办教育发展的法律法规，形成了以《中华人民共和国民办教育促进法》及《中华人民共和国民办教育促进法实施条例》为核心，近 400 部行政法规、部门规章和地方性法规为抓手的民办教育法律体系（苏晖阳 等，2021），这正是民办教育法在教育法典中独立成编的基础条件。

另一方面，参照《中华人民共和国民法典》编纂的有益经验，可以将已经相对齐备的法律部门整合为法典的分则各编。因此，在教育法典的编纂中，也可以将《中华人民共和国民办教育促进法》这种具有独立性、特殊性的单行法律法规进行整合编排，作为法典的分则或分编（周洪宇 等，2021）。而上述各种与民办教育有关的其他政策文件和相近规范也能够对民办教育法编的内容进行丰富与扩展，使本编成为一个更具整全性的规范体系，既能够对民办教育进行较好的调整，又能够与教育法典总则以及分则其他各编产生价值与内容上的互联。

　　总之，总则确立的各种教育体制的法律制度都应落实到教育法典分则各编中，分则可由教育主体编、教育类型编、教育与社会编等部分组成（任海涛，2021）。而民办教育法编亦当以某种适当方式布列于分则各编的体系中。这不仅是基于民办教育的特殊性与鲜明的价值宣示，同时也因其蕴含着重大的实践意义。民办教育法独立成编不仅有利于促进我国民办教育向着更高水平发展，而且能够整体性推动我国教育事业的发展。分则中民办教育法编的确立宜成为我国教育法典的一项成就和亮点。

参考文献

胡瑞年，刘璞，2021.新时代我国民办高校的演进历程、现实困境与发展进路［J］.决策与信息（9）：80-89.

秦惠民，谷昆鹏，2016.对完善我国教育法律体系的思考［J］.北京师范大学学报（社会科学版）（2）：5-12.

阙明坤，顾建民，2021.提升民办义务教育治理现代化水平的框架设计与立法突破［J］.中国教育学刊（9）：7-13.

任海涛，2020.论教育法体系化是法典化的前提基础［J］.湖南师范大学教育科学学报（6）：15-24，76.

任海涛，2021.论教育法法典化的实践需求与实现路径［J］.政治与法律（11）：17-29.

苏晖阳，方程煜，2021."四期叠加"背景下民办教育制度转型：争论、行动与政策思考［J］.基础教育（2）：93-102.

童云峰，欧阳本祺，2021.我国教育法法典化之提倡［J］.国家教育行政学院学报（3）：26-34，75.

王思杰，2021.教育法典中民办教育法编的内容安排［J］.青少年犯罪问题（6）：40-51.

吴华，姬华蕾，2020.论民办教育对国家教育发展的独特贡献［J］.华东师范大学学报（教育科学版）（10）：69-77.

周洪宇，方晶，2021.学习习近平法治思想 加快编纂教育法典［J］.国家教育行政学院学报（3）：16-25.

On the Status of the Private Education Law in Education Code

Wang Sijie　　Bao Lin'er

Abstract: Compared with public education, private education has distinct particularities. From the analysis of legal relationship, the subject of legal relationship in private education is more diverse, the object has more characteristics of private law, and the relationship between rights and obligations is more complex. Private education advocates the value of multiple subjects participating in education through the market system, and shows the combination and coherence of public law and private law values. Based on this, the private education law should be independently compiled in education code, which is not only technically possible, but also, in a sense, can promote the new development of China's education law, and will become a major highlight in education code.

Key words: private education　education code　legal relationship　value advocacy

作者简介

王思杰，博士，厦门大学嘉庚学院副教授，研究方向为教育法学。

包琳儿，华东师范大学法学院硕士研究生，研究方向为教育法学。

□ 王　勇　付安荣

学位授予反向激励标准设定的缺失与完善

【摘　要】设定学位授予反向激励标准之目的在于促进学生自我提升。以霍菲尔德权利分析理论观之，学位授予反向激励标准的设定可能侵害学生自由选择采取何种方式提升自我的积极权利和放弃提升自我的消极权利，构成"重要事项"，应适用法律保留原则；由高校规范性文件予以设定，缺失形式正当性。而以比例原则结合成本效益分析，学位授予反向激励标准"最小侵害性"及合比例性均值得商榷，有违实质正当性要求。通过明确法律保留范围，设置弹性保留方式，在规范学位授予的同时保障高校自治；构建适用比例原则的利益衡平模式，可在促进学生发展的同时充分维护学生权益。

【关键词】学位授予　权利分析　法律保留　比例原则　教育利益

一、引言

因立法技术的不成熟及经验欠缺（靳澜涛，2020），《中华人民共和国学位条例》所遵循的"宜粗不宜细"立法策略在实践中逐渐暴露问题。抽象、模糊的法律语言无法完整地表达出学位授予的确切要求（侯嘉淳，2019）[13]。学位授予单位在行使学位授予权时，难以明确可在多大权限范围内自行设定具体标准。法律终止之处实乃裁量起始之所（戴维斯，2009）[1]。实践中，学位授予单位为保障学位授予质量、促进学生德智体美劳全面发展，将诸多教学目标与学位授予挂钩，制定了以学位为手段、是否授予学位为目的，促进学生提升的制度，即反向激励标准，如大学英语四六级考试合格证书、普通话水平等级、体测达标等。学位授予单位将学位授予反向激励标准作为达摩克利斯之剑悬于学生头顶以激励学生提升，易出现侵害学生权益、与教育法律相冲突等问题，与依法治教精神相悖，引发人们对其形式正当性与实质正当性的质疑。

本文以学士学位授予反向激励标准为研究对象，总结体测达标、等级证书等反向激励标准的特征与规律，分析学位授予反向激励标准设定的缺失，对该制度的形式正当性与实质正当性进行审视，并提出相应建议。

二、学位授予反向激励标准设定的正当性审视

（一）学位授予反向激励标准设定的形式正当性检视

学位授予规定本身的高度原则性几无定纷止争的适用机能，难以起到一般标准之作用（李川，2018）。现行教育法律未明确学位授予反向激励标准的内涵，未清晰界分高校及教育行政部门对反向激励标准的设定权限。实践中，高校与教育行政部门为保障学位授予质量和提高学生素质，设定形式多样的学位授予反向激励标准。然而，促进学生提升之权力能否通过增设学生义务的方式行使？对此，须梳理反向激励标准侵害了学生的何种权利，及该权利是否属于重要权利。

1. 基于霍菲尔德理论的权利解构

为厘清该问题本质，避免被诸如（广义）权利般的"变色龙词语"所误导，笔者拟借鉴霍菲尔德（W. N. Hohfeld）权利分析理论来剖析该问题，选取与反向激励标准侵害学生何种权利问题较相关的"豁免""权利"两个角度进行分析。

第一，尽管国家拥有促进学生提升之权力，但学生在选择自我提升方式方面也拥有对国家权力支配的豁免。豁免是指某人免受他人支配约束的自由，同义词是"免除"（霍菲尔德，2009）[75]。如果国家不仅拥有促进学生自我提升之权力，还同时拥有确定学生自我提升方式的权力，或者说，学生没有选择提升自我方式的自由，则国家可强制统一学生自我提升的方式，将反向激励标准与学位授予挂钩更不在话下，其后果将不堪设想。虽然学生在接受教育的过程中，可选择让渡对应处分身体、时间的权力，但并非将提升的选择全部交由国家处分。学生享有自由选择自我提升方式的权利，即由学生自己决定自我提升的方法、步骤和形式。该权利也是学生拥有学习主体性的体现。尊重主体性应充分授予学生在影响自己前途与命运的服务内容、形式、时限等方面的选择权，使他们在选择中发展与完善（赵雄辉，2007）。换句话说，国家促进学生提升的权力不能否定学生对提升方式的自由选择，更不能排斥学生所享有的其他权利。

第二，学生不仅有选择提升方式的权利，还有选择不提升的权利。德沃金（R. M. Dworkin）认为政府基于人的尊严观念应平等地关怀与尊重人们的权利。而尊严观念系人之根本，应平等地得到政府维护，不应区别对待（王聪，2014）[137]。基于学生主体的差异性，有人选择提升，也会有人选择不提升，这关乎学生尊严，应给予学生尊重。以加强体质为例，当学生身体不适不能参加运动，抑或学生暂无运动意愿时，若强制学生运动，可能会给学生造成身体上与心理上的危害。法律成本的高低是法律主体选择遵守或违反的"晴雨表"（冯玉军，2009）[236]。将对学生必要且重要的学位证书作为激励学生自我提高之手段，学生可能因为"寒蝉效应"产生惧怕心理，难以不受干扰地合理做出选择，最终不得不放弃权利。实际上，学生在不适于运动时，有权不运动。学生在不愿运动时，基于个体自由，在不妨害他人的前提下，有权选择不运动。国家应尊重学生享有的不提升的权利。

2. 基于重要事项保留说的法规范批判

所谓重要事项是指"与基本权利行使有关的事情"（平特纳，1999）[47]。其核心在于限制国家对人民权利的剥夺、利益的侵害或使负担义务（吴万得，2000）。

强制将等级证书、体测达标等作为学位授予反向激励标准，不仅侵犯了学生对于提升方式的选择自由，更侵害了学生享有的不提升自我的消极权利。学生对提升方式的自由选择与国民身体素质和未来合格国民的能力水平紧密相关，深刻影响着学生权益的保障，实乃"重要事项"。依据"重要事项保留说"，学生对提升方式的选择应当属于法律保留之范围，即促进学生提升、激励学生发展只能由法律明文规定，其他任何行政法规、规章皆无权设定。换言之，学生对提升方式的选择唯有法律可限制或剥夺，这意味着，只有全国人大及其常委会制定之法能够将等级证书、体测达标等设定为学位授予标准。其他教育行政部门及高校均不得以等级证书、体测达标等作为反向激励标准。因此，对于学位授予反向激励标准，包括其内涵、范围、效力等，应由法律进一步旗帜鲜明、立场坚定地明确规定。

此外，教育行政部门及高校依据等级证书、体测达标等缺失形式正当性的标准，拒绝授予部分学生学位，更是对受教育者"获得公正评价权"的侵害。学位不仅象征着学生的学术能力及资历，更是影响其就业质量的重要因素，与学生职业规划也息息相关，无法取得学位即代表学生将因发展实力式微而被削弱进入社会竞争的实力。这关乎着主体的价值和尊严、独立性与自主性以及权威性的实现（汪习根，1999），涉及学生就业权、发展权等权益。于学生而言，学位授予同属于"重要事项"，应由法律明确规定。且"重要事项"的重要程度决定了法律保留之明确度与密度，"对基本权利的影响强度越大，法律就应越明确和具体"（赵宏，2011）。学位授予中非学术事项本身内涵丰富、外延宽泛，若将非学术事项的解释权交由教育行政部门或高校，难免产生诸多反向激励标准，对学生基本权利和重大权利产生极大影响。

（二）学位授予反向激励标准设定的实质正当性分析

如前所述，国家具有促进学生提升的权力，但如何合理行使该权力尤为重要。在行使该权力时，不仅要关注到促进学生提升所带来的公共利益，更需考虑可能给学生带来的负担。

1. 妥当性原则之手段目的匹配性分析

第一，目的须具有合法性。设定反向激励标准之目的在于提高学生综合素质、激励学生发展。尤其是当前大学生身体素质堪忧，若没有国家公权力介入，依靠学生自发锻炼很难扭转学生群体身体素质逐年下降的趋势。该目的与社会公共利益相一致。

第二，目的须清晰明确，具有确定性。判断行政目的是否指向明确，应以正常理智人的标准来衡量（许玉镇，2002）[100]。于正常理智人而言，学位授予反向激励标准目的明确，旨在激励学生提升自我，保障学校学位授予质量。

第三，手段能达到预期目的或有助于实现预期目的。即使部分达成目的，亦不违反该原则（周佑勇，2004）。以大学生体测为例，从1990年实施至今未扭转大学生体质下滑趋势，但在一定程度上有助于实现提高学生体质之目的。

综上，学位授予反向激励标准的手段目的在一定程度上相匹配。但仅以此来决定其实质正当性，尚不够充分，下文详述手段造成的法律后果。

2. 最小侵害原则之手段比较

第一，符合妥当性的其他手段能否与学位授予反向激励标准实现同等效果。激励学生提升的手段诸多，例如：在学生培养计划中增加相应学分比例，抑或建设课外学习设施，健全课外提升机制，打造课外互助平台，营造追比赶超氛围。这些手段均能促进学生提升，且是从长期、可持续角度培育学生提升习惯。相较而言，等级证书、体测达标与学位授予挂钩的手段可能让学生"临渴掘井"，很难真正地实现促进学生提升之目的。因此，将等级证书、体测达标作为学位授予反向激励标准的手段并非最佳。

第二，在诸效果等同的情况下，何种手段能带来最小不良作用。一般而言，在诸多侵害中，限制财产权比限制人身权侵害小，限制物质权益比限制精神权益侵害小（黄海华，2002）。将等级证书、体测达标作为学位授予反向激励标准，无视学生对提升方式的自由选择，侵害了学生不提升自我的权利，更危害了学生获得公正评价权，对学生人身权利造成侵害，侵犯了学生生命健康权、自由安排时间的权利。实践中，因贯彻该制度对学生造成侵害的案件不胜枚举。截至2020年，在中国裁判文书网上有关学位授予纠纷的有效文书中，以大学英语四六级证书为诉讼原因的裁判文书达16篇（巢永乐，2021）。2019年徐州医科大学一学生在体质测试项目1000米跑中倒地死亡。2016年天津医科大学要求学生签署"体测死亡免责书"。可见，等级证书、体测达标与学位授予挂钩相较其他促进学生提升的手段并不能产生最小不良作用，绝非最温和的方式。

综上，该手段并不能达到促进学生提升的最佳效果，也绝非促进学生发展的最温和的方式。即使是最温和的方式，也不能为追求公共利益随意侵害个人权利。下文将对该制度所涉及的公共利益与个人利益展开论证。

3. 合比例原则之成本效益衡量

合比例原则要求行政行为对个人利益的侵害应较该行为所带来的公共利益低。只有使公益与私益平衡，才不会导致任何一方膨胀，让社会失去可持续发展的可能。这与科斯第二定理相吻合，即权利调整所能带来的收益大于调整本身所需支付的成本（冯玉军，2009）[261]。据此，将等级证书、体测达标等作为学位授予反向激励标准的收益在于激励潜在学习积极性低的学生追求上进，实现促进学生提升的公共利益。然而，该制度所需成本较大，原因有二。

第一，以指标数据评估学生可能忽视过程的重要性。将等级证书、体测达标等作为评价学生的标准，具有可考察、量化的优势。高校、教育行政部门试图将学生综合素质评定简单化，用"看得见""数得清"的指标来衡量学位申请人，但学生综合素质的提升并不能用等级证书、体测达标来简单衡量。一味追求等级证书、体测达标等指标数据容易导致学生"为测试而学习"，导致高校"考什么教什么"，违背"育人为本"的初衷，不利于高水平人才的培养。

第二，促进学生提升之首要任务在于让学生充分认识其所享有的权利，深刻认知由此带来的利益，树立关乎提升的权利意识。但如前所述，将等级证书、体测达标等设为学位授予反向激励标准，侵害了学生对于提升方式之自由选择权，侵害了学生享有的不提升自我的权利。在权利不受行政机关尊重的前提下，学生难以实现自身所拥有的权利。若连私益都无法保障，学生恐难从自身利益角度出发提升自我，失去提升的内生动力。

综上，将等级证书、体测达标等设为学位授予反向激励标准，侵害了学生获得学位的系列权益，剥夺了学生提升自我的权利，将不利益转由学生承受，即"社会成本的内在化"（李珂 等，2005）。该制度带来的收益并不明显，评价模式并不合理，效益与成本不成比例，进入"低效率"的怪圈。结合"卡尔多－希克斯效率"分析，在该制度中，公共利益为促进学生提升，而学生作为受损者未收到得利者的补偿，与合比例原则相悖。

三、学位授予反向激励标准设定之改善路径

（一）保留范围之确定与保留方式的弹性

1. 明确法律保留范围

如上所述，将等级证书、体测达标等作为学位授予反向激励标准侵害了学生对提升方式的自由选择权，影响了学生获得公正评价权等重要权利。高校、教育行政部门做出此设定不可避免地被质疑形式正当性欠缺，但不能因此否定反向激励标准的促进作用。在人才强国战略下，国家希望学生德智体美劳全面发展，社会需要高水平复合型人才。学生在求学时也带有明显功利色彩，希望掌握立足社会之技能。反向激励标准是由国家教育水平及社会需求所决定的，随教育方针、社会需求的变动而变化。为适应反向激励标准的变化，法律应做出相对保留。而学位授予反向激励标准中涵盖了学术事项与非学术事项，非学术事项内涵丰富、外延宽泛，一旦与学位授予挂钩，可能违背"禁止不当联结"原则。对此，可从学术事项、非学术事项自身特征与规律出发，对法律相应条款做出明确清晰的表述。

以学术事项中的等级证书为例，以等级证书来评判学士学位申请人的外语水平虽具有可量化之特性，但其与学位授予挂钩则缺失实质正当性。法律应细化学士学位外语水平评价标准，将相应条款修订为："学位申请人的学位外语水平包含外语口语表达、阅读能力、写作能力，每项能力的细化、评定由学校结合学生培养计划开展。"

以非学术事项中的体测达标为例，在于法无据的情况下，该规定不仅超出了国民对学位功能的预测可能性，且侵害了学生的重要权利。诚然，《中华人民共和国宪法》第四十六条与《中华人民共和国高等教育法》第四条授权国家促进学生身体素质发展，但并不能从此得出法律可明文规定体测达标与学位授予挂钩的结论。换言之，立法者可将学生良好的身体素质设定为学

位授予反向激励标准，而非将体测达标与学位授予挂钩。为改变当下反向激励标准"不通透"的现状，立法机关应通过法律明文规定的形式做出立场坚定的回应，改变以往含糊不清的表述方式，特别是对非学术事项做出具体规定。

此外，明确教育行政部门、高校自行设定学位授予反向激励标准的权限范围也极为重要。国家与高校并非对立关系，是互相协作、共同促进的关系。然而，因法律未明确划分教育行政部门、高校的权限，反而阻碍了学位授予工作的有序开展。对此，在明确法律保留范围时，须进一步划分教育行政部门、高校制定学位授予反向激励标准的权限，同步健全高校设立反向激励标准的内容核准机制。

进一步而言，立法者在确立学位授予标准后，按照对学生权利的影响程度来明确高校、教育行政部门自行设定反向激励标准的权限范围。对学生影响程度较大的，高校、教育行政部门可自行细化设定的权限相应较小；对学生影响程度较小的，高校、教育行政部门可自行细化设定的权限相应较大，但不能与国家标准相抵触。以提高学生身体素质为例，《中华人民共和国学位条例》相应条款可修订为："高等学校本科毕业生在申请学士学位时，须具有良好的身体素质，高等院校可在此标准上结合学生培养计划制定科学的考核标准。"此方法既赋予了高校充足的自治空间，又保障了学生权利。同时，需对高校设定反向激励标准的内容加强监督。基于学术自由，高校享有较大的自主权，但这并不意味着学校可恣意妄行，游离于法治之外（湛中乐 等，2009）[367]。高校在制定学位授予反向激励标准后，须向国务院学位委员会办公室提出核准申请，经核准方可施行。

2. 设置弹性保留方式

如上所述，应通过法律对学位授予反向激励标准予以明确，但这并不代表反向激励标准完全受限于静态的法律。随着社会发展，反向激励标准种类会越来越多，超乎法律所能预见之范围。若缺乏法律的动态自调节机制（冯玉军，2009）[217]，势必导致对反向激励标准的机械适用。

大学作为研究和传播专业知识的场所，本质上拥有自主管理、自我规范的自治地位（刘庆 等，2004）。如果立法者对反向激励标准做出事无巨细的规定，不仅侵犯了高校自治权，也违背了"放管服"政策。学位授予标准的落实终究应由高校完成，而学位授予标准的设定具有较高属人性和高度专业性。困于专业知识的缺乏，立法难以悉究本末。唯有设置弹性化的学位授予反向激励标准法律保留方式，才能对实践中纷繁复杂的情况进行调节。

"弹性"原指物体形变后可恢复原形态的特性。在此，"弹性"是指法律保留的可通融性，即法律预先规定时充分考虑各种情况，能适应纷繁芜杂的现实状况，并为特殊情况预留合理的解释空间，以便行政机关执行。具体而言：

法律在明确反向激励标准中的学术事项范围时，为寻求高校自治与高教法治的平衡，应对学术事项做概括式和兜底性规定。通过概括式规定明确学术事项所包含的一般内容，确定学位申请人应达到的学术水平，但该内容不可过于具体。一方面是因为立法很难适用于不同学校不同专业的学生，另一方面，如果太过具体反而会使高等教育丧失活力。同时须通过兜底性条款明确学生最低学术水平。以学位外语水平为例，法律可规定："高等学校本科毕业生在申请学士学位时，须具备良好的外语口语表达、阅读写作能力，最低应达到高校所设学位外语考试合格水平。"而"良好"等程度要求以及考试难易程度则由高校根据不同的办学特色和学位质量来决定。此举实现了立法模糊性与可落实执行性、高校自治与依法治教间的衡平。

法律在明确反向激励标准中的非学术事项时，应采取列举式立法。列举出可能设定为反向激励标准的非学术事项，严格限制侵益程度严重的内容。高校、教育行政部门不得超越法律法规规定，自由裁量空间较小。

（二）构建适用比例原则的利益衡平模式

学位授予反向激励标准的实质正当性有所欠缺。因此，亟须构建既保障学生权益又促进学生提升之制度。一方面要对实现提升的学生有所激励，为学生发展助力；另一方面要拓宽学生提升自我的途径，确保学生可通过多种形式提升自我。

1.增强正向激励

通过将等级证书、体测达标与学位授予挂钩来逼迫学生提升自我，不如合理引导学生，形成正向激励。以提高学生外语水平为例，将外语等级证书与学位授予挂钩，易对学生权益造成侵害，且激励效果不明显。可用更科学的评定标准来代替等级证书，并对通过评定者颁发合格证明，对评定优秀者颁发优秀证明。以合格、优秀等评定来证实学生水平，对学生形成"强"引导。评定内容由学校结合学生培养计划、学业课程来确定，这样既尊重高校学术自由，也是对高校人才培养模式的规范。

让体测达标与学位授予脱钩，用更科学的考核标准来评定学生体质，为考核优良的学生颁发"体质健康证书"。引导学生以通过考核为底线，以"体质健康证书"为追求。学生为增强身体素质，加强自身的社会竞争力，会更积极地进行体育锻炼。这样既能保障学生对提高体质的方式的自由选择权，也能维护学生获取学位的重要权利，收益远大于成本。目前，已有高校设置"体质健康证书"，如南开大学自 2017 年以来向多名体测合格学生发放体质健康证书，还为体测成绩良好及以上者授予"南开大学体魄强健毕业生"荣誉称号。（陈庆滨 等，2017）"体质健康证书"更适合作为激励学生提高体质的手段。

2. 拓宽提升自我的途径

此外，应拓宽学生提升自我的途径，让每一位学生都能选择合适的途径来提升自己，充分保障学生对提升自我方式的自由选择权。这也是对未通过学校评定标准之学生的救济。该制度的关键在于回归"以人为本"的教育理念，实现教育与处罚相结合。

以提高学位外语水平为例，学位外语评定考核未通过的学生可用国家外语等级证书、托福成绩、雅思成绩、全英文授课学位等证明自己的外语水平。或已拥有上述证书或成绩的学生在向学位评定委员会提出申请后，无须参加学位外语评定考核。

于体质不佳的学生而言，体质测试容易对其造成过大压力，导致其谈"体测"色变。而对未通过体质测试的学生而言，需接受体质测试不达标的事实，其情绪及心理会发生较大的波动，萌发"破罐子破摔"的念头，这反而不利于激励他们锻炼。为此，须建立更多元、更缓和的体质测试制度。体质测试未通过的学生可用国家运动员技术等级证书、体育竞赛证书等来证明自身的体质水平。或者已拥有上述证书的学生在向学位评定委员会提出申请后，无须参加体质测试。

　　进一步而言，若学生未拥有体质证明证书，可借鉴刑法学上的"前科消灭"制度与教育学上的"服务消过"制度，建立"锻炼替代"制度。"锻炼替代"指为激励体质测试不合格的学生提高体质，要求其增加体育锻炼时间，在规定时间段内完成一定的锻炼任务，凭体育锻炼活动记录，视作其体质合格。简言之，在高校做出不授予学位的决定前，增设"锻炼替代"的救济途径。一方面给予学生"自我救济"途径，另一方面起到激励学生体育锻炼的目的。可将"锻炼替代"比喻为"缓冲带"，前面是学生权益保护，后面是提高学生体质，学生可在两者之间平缓过渡；"锻炼替代"就像是"悬崖边的护栏"，给予体质不合格的学生充分的发展机会，展现高校育人之温情与宽容，符合教育以人为本、促进人的全面发展的理念。

四、结语

　　将等级证书、体测达标等设定为学位授予反向激励标准的初衷是促进学生提升，提高学生素质。但以霍菲尔德权利分析理论观之，学位授予反向激励标准的设定未充分尊重学生享有的不提升自我的权利，且可能妨害学生对提升方式的自由选择，构成"重要事项"，应适用法律保留原则。高校、教育行政部门不能一边侵犯学生获取学位的相关权利，一边要求学生提升。而以比例原则结合成本效益分析，学位授予反向激励标准作为手段的"最小侵害性"及合比例性有待商榷，有违法的实质正当性。

　　近期，教育部公布了《中华人民共和国学位法草案（征求意见稿）》，其中未对学位授予是否应与体测达标、等级证书等反向激励标准挂钩的疑问做出直接回应。草案中关于学位授予反向激励标准的条文仍有待完善。冀望本文所提出的建议，能为此次修法提供可行的方案与思路。寻求政府干预与高校自治以及高校自治与学生权利保障间的平衡是复杂且持久的，上述思考与建议是否能对此有所裨益，尚需立法的认可与实践之检验。

参考文献

巢永乐，2021. 学位争讼与立法完善：基于 135 份裁判文书的考察［J］.重庆高教研究（6）：3-14.

陈庆滨，吴军辉，2017.南开大学首次向毕业生颁发体质健康证书［EB/OL］.（2017-07-12）［2022-03-06］. http://www.cnr.cn/tj/jrtj/20170712/t20170712_523845566.shtml.

戴维斯，2009. 裁量正义：一项初步的研究［M］.北京：商务印书馆.

冯玉军，2009. 法经济学范式［M］.北京：清华大学出版社.

侯嘉淳，2019. 学位案件中不确定法律概念具体化研究［D］.重庆：西南政法大学.

黄海华，2002. 我国台湾地区的比例原则研究［J］.福建政法管理干部学院学报（1）：43-47.

霍菲尔德，2009. 基本法律概念［M］.北京：中国法制出版社.

靳澜涛，2020. 修改《学位条例》应当处理好的八对关系［J］.学位与研究生教育（7）：24-31.

李川，2018. 学位撤销法律规定的现存问题与厘清完善：以《学位条例》的相关修订为例［J］.学位与研究生教育（11）：21-27.

李珂，冯玉军，2005. 惩罚性赔偿制度的法经济学分析：兼论中国《消法》第 49 条的法律适用［J］.首都师范大学学报（社会科学版）（4）：42-48.

刘庆，王立勇，2004. 高校法治与特别权力关系［J］.政法论坛（6）：152-157.

平特纳，1999. 德国普通行政法［M］.北京：中国政法大学出版社.

汪习根，1999. 发展权法理探析［J］.法学研究（4）：16-24.

王聪，2014. 论当代自由主义权利观的理论嬗变：以罗尔斯、诺齐克、德沃金的权利观为主线［D］.长春：吉林大学.

吴万得，2000. 论德国法律保留原则的要义［J］.政法论坛（4）：106-113.

许玉镇，2002. 比例原则的法理研究［D］.长春：吉林大学.

湛中乐，等，2009. 公立高等学校法律问题研究［M］.北京：法律出版社.

赵宏，2011. 限制的限制：德国基本权利限制模式的内在机理［J］.法学家（2）：152-166，180.

赵雄辉，2007. 论大学生的选择权［J］.辽宁教育研究（1）：9-12.

周佑勇，2004. 论德国行政法的基本原则［J］.行政法学研究（2）：26-32.

Defects and Improvements of the Setting of Reverse Incentive Standard for Degree Awarding

Wang Yong　**Fu Anrong**

Abstract: The purpose of setting reverse incentive standard for degree awarding is to promote students' self-improvement.From the perspective of Hoffield's right analysis theory, the reverse incentive standard for degree awarding may infringe upon students' freedom to choose the way to promote themselves and abandon their negative right to promote themselves, which constitutes an "important matter", the principle of legal reservation should be applied. The reverse incentive standard for degree awarding is set by the normative documents of colleges and universities, which lacks formal legitimacy. However, combining the principle of proportionality with cost-effectiveness analysis, the "minimum infringement" and proportionality of degree awarding reverse incentive standard should be debated, which violate the requirements of substantial legitimacy. By defining the scope of legal reserve and setting up flexible reserve methods, the autonomy of colleges and universities can be guaranteed while standardizing degree awarding. Constructing a balance model of interests applicable to the principle of proportionality can promote the development of students while fully safeguarding their rights and interests.

Key words: degree awarding rights analysis legal reservation principle of proportionality educational benefits

作者简介

王勇，博士，中国计量大学法学院副教授，质量发展法治保障研究中心研究员，硕士生导师，研究方向为行政法学、教育政策与法律。

付安荣，中国计量大学质量发展法治保障研究中心助理研究员，研究方向为教育政策与法律、知识产权。

□伏创宇

学位授予中的院系角色及其完善①

【摘　要】院系在学位授予中的地位与角色一直未得到足够重视和关注。实践中，院系在学位授予中的行为包括评阅行为、决议行为与提名行为，应当依据是否产生外部与终局效果，将院系行为区分为阶段性行为与终局性行为。院系参与学位授予程序不只是基于授权或协助，还通过贯彻合议原则、专业原则与参与原则来发挥学术自治功能，因而院系行为对高校学位授予决定具有一定拘束力。学位法应当明确院系在学位授予中的角色，并完善学位授予的内部程序。

【关键词】学位授予　院系　学术自治　内部程序学位法

长久以来，理论与实践较多关注的是高校学位授予决定及学位授予细则的合法性争议，却很少重视院系在学位授予中的角色及相关问题。院系虽非享有学位授予权力的主体，但在学位授予程序中却是重要参与者，甚至在一定程度上分享学位授予权。本文围绕学位法的修改，提出如何完善学位授予中院系的权力配置、程序设计及争议救济机制。

① 本文系北京市社科基金 2019 年青年项目"首都社会诚信体系法治化研究"（19FXC015）及中国社会科学院大学学术创新工程支持计划"我国社会诚信体系法治化研究"成果。

一、院系在学位授予中的地位

依照现行法律，院系只是学位授予单位的内部组织，并不享有学位授予权，但可基于高校授权与法律规定，参与并在一定程度上分享学位授予权。

（一）被授权地位

院系具有双重属性，既是高校行政体系的组成部分，也是教学与科研的基本单位。与高校被《中华人民共和国高等教育法》第三十条赋予法人资格不同，院系仅为非法人的高校内部组织，不具有独立的法律地位，这是因为高校内部组织机构的设置方案、负责人的任命等事项由校长主持的校长办公会议或者校务会议处理，并由中国共产党高等学校基层委员会讨论决定。立法未对院系与所属高校的关系进行明确界定，而是将高校内部管理体制赋予大学章程确定。《中华人民共和国学位条例》第八条明确享有学位授予权的是"国务院授权的高等学校"，将院系排除在外，《高等学校学术委员会规程》也未赋予答辩委员会、学位评定分委员会独立的法律地位。从《中华人民共和国高等教育法》有关组织、人事、财务、教学与科研等事务的权限分配来看，享有办学自主权的是高校而非院系。国家政策倡导的"进一步向院系放权"仍寄望于高校自身的改革。

依据《中华人民共和国高等教育法》《中华人民共和国学位条例》，院系不具有独立的法律地位，也无法从《中华人民共和国宪法》第四十七条规定的"科学研究自由"中引申为权利主体。相较而言，院系在德国不只是大学的下属机构，还具有一定的组织独立性，针对学位授予、考试等事项在规章制定上享有一定程度的自治（Satzungsautonomie），这既有州立法的明确授权，也可诉诸基本法确立的学术自由。在德国，院系享有基本权利得到承认，院系可基于学术人员的信托对学术事务做出决定，防止高校管理机构与国家的不当干预，基于"最低限度的参与"（Mindestmaß an Beteiligungsrechten）享有部分权利能力（Lindner，2007）。相较而言，我国院系学术自治的程度在当前立法框架下有赖于高校的选择与安排。在现行法律框架下，高校在权衡大学任务、发展目标与办学理念等因素的基础上确定院系学术自治的空间和程度。

院系在学位授予中的地位如何，要看高校是否通过章程或相关制度进行授权。如《北京大学章程》第三十七条规定"院长（主任、所长）"在"学校授权范围内"有权"组织制定本单位行政规章制度细则，发布本单位学术规章制度细则，并组织实施"。一些高校（如复旦大学）即通过学术组织章程，直接规定院系学术委员会或学位评定分委员会有制定学位授予标准的权力。即便一些大学（如中南民族大学）章程突出院系"自主管理"或"独立开展各项活动"，也仍然没有放弃"学校授权"的底线。

（二）参与地位

学位授予大致包括"申请—评阅—答辩—提名—决定—颁发证书"等一系列程序，涉及答辩委员会、学位评定分委员会、学位评定委员会、高校等诸多主体。按照《中华人民共和国学位条例》第九条与《中华人民共和国学位条例暂行实施办法》第十九条，答辩委员会与学位评定分委员会分别由学位授予单位组织与学位评定委员会按学位的学科门类设置，答辩决议与提名行为属于学位授予单位的职务行为，产生的法律责任由后者承担。但从组成与程序的角度分析，答辩与提名环节都相当程度上体现了院系组织与实施的色彩，属于院系在学位授予中的参与行为。

其一，直接由院系进行学位授予的审查。针对学士学位的授予程序，《中华人民共和国学位条例暂行实施办法》第四条规定"应当由系逐个审核本科毕业生的成绩和毕业鉴定等材料，对符合本暂行办法第三条及有关规定的，可向学校学位评定委员会提名，列入学士学位获得者的名单"，因而院系有权提名，也有权拒绝将某位学生列入建议名单。实践中，有的高校由院系直接提名，有的还进一步通过院系学位评定分委员会提名。

其二，论文评阅、答辩与学位获得者名单的提名一般由学院组织。《中华人民共和国学位条例暂行实施办法》第八条、第十三条要求学位授予单位聘请专家评阅论文，实践中高校往往授权院系实施。答辩委员会一般以校内专家为主，学位评定分委员会的组成虽需高校批准或备案，但遵循学科相同或相近性，往往由院系酝酿、推荐或选举产生，有的还规定"分委员会主席一般由相关二级培养单位负责人担任，是当然的学位评定委员会委员"（如中国政法大学）。这些都体现了院系在学位授予中的参与。

其三，院系参与一般属于学位授予的过程环节，但也分享一定程度的实质决定权。学位授予程序环环相扣，虽然高校学位评定委员会享有对学位授予的最终决定权，但前一阶段可对不授予学位做出终局性决定，导致后一阶段不再进行审议，如《北京交通大学学位授予工作实施细则（修订）》第十九条规定"凡论文答辩委员会决定不授予学位的，学院学位委员会不再进行审核"，第二十条规定"对于学院学位委员会不同意授予硕士学位的，不再提交校学位委员会讨论"，意味着前一阶段未通过，则学位授予程序终止。此外，依据《中华人民共和国学位条例暂行实施办法》第八条、第十三条，专家评阅意见"供论文答辩委员会参考"，各校往往限定较为具体的评阅意见为开启答辩程序的前提，因而在评阅环节也可产生终局性结果。

二、院系在学位授予中的角色争议

（一）院系行为的法律属性

院系在学位授予中的参与行为包括评阅行为、决议行为与提名行为，其法律属性仍存有较大争议。上述行为环环相扣，未通过前一阶段的审查即无法进入下一阶段，同时学位评定委员会的决议对授予学位发挥着关键作用。依照《中华人民共和国学位条例》第十一条，学位授予单位基于法律授权与法人资格颁发学位证书，从文义解释来看，"在……后，发给学位获得者相应的学位证书"意味着颁发学位证书的程序与仪式属性，学位评定委员会才享有学位授予的决定权。院系行为一般构成学位授予程序的一环，如"王恩杰诉华南农业大学学士学位管理行政纠纷案"中，法院即指出"该校水利与土木工程学院学位评定分委员会于 2018 年 10 月 23 日上报的意见属于阶段性行为"。[①]

　　将院系行为界定为阶段性行为、过程性行为或者学术自治行为的观点在实践中较为普遍。不同意授予学位的决定可产生于评审、决议或提名的任一阶段，即便前置程序导致整个学位授予程序终止，法院也未将阶段性决定视为独立的行政行为。如"洪万年诉被中山大学不予论文答辩纠纷案"中，原告因学位论文未能通过答辩前的评审而请求确认中山大学不允许其参加毕业论文答辩的行为违法，判令中山大学允许其参加论文答辩，法院主张当事人的起诉"实际是不服中山大学的论文评阅行为提起的诉讼"，而"论文评阅是评阅人对论文的学术水平作出的专业性评价，是高校基于办学自主权，自主开展的教学活动行为，属于高校学术自治的范畴，不属于人民法院行政诉讼的受案范围"。[②]

　　但也有观点认为，阶段性的行为在特定情形下具有终局性，应视为高校的独立行政行为。在"陈昱西诉北京师范大学不授予博士学位案"中，在学位论文通过了校外专家评阅和答辩环节后，针对院系学位评定分委员会的不建议授予学位决定，法院指出："本案中，原告陈昱西于 2019 年 6 月 18 日已知晓北京师范大学学位评定委员会艺术学分会未通过其论文，且通过陈昱西的多次申诉内容亦可得知其对于论文未通过的后果是明知的，即无法获得博士学位。但原告陈昱西于 2020 年 9 月对被告北京师范大学不通过其博士学位申请的行为向本院提起行政诉讼，其起诉显然已经超过法定起诉期限，故对其起诉应予以驳回。"[③] 可见，虽超过诉讼时效，但学位评定分委员会的行为被视为高校行为，具有独立性与可诉性。又如"高顺诉广西大学不履行授予硕士学位法定职责案"的裁判指出，院系学位评定分委员会"不同意授予高顺硕士学位的决议为最终决议"[④]，"褚玉怀诉河南理工大学教育行政管理案"的裁判将当事人"被列入无学位资格学生名单，未获得其所在学院向学校学位评定委员会提交的学士学位获得者提名"[⑤] 作为独立行政行为对待。换言之，学位评定分委员会的

① 广州铁路运输中级法院（2020）粤 71 行终 1633 号行政判决书。
② 广州铁路运输中级法院（2020）粤 71 行终 2828 号行政裁定书。
③ 北京市海淀区人民法院（2020）京 0108 行初 558 号行政裁定书。
④ 南宁铁路运输中级法院（2020）桂 71 行终 297 号行政判决书。
⑤ 河南省焦作市山阳区人民法院（2017）豫 0811 行初 37 号行政判决书。

决定本属于内部行为与阶段行为，但若对申请人权益产生实际影响，且被申请人知晓，产生外部化的效果，应被视为高校做出的行政行为。

（二）院系行为的法律后果

对院系在学位授予程序中的行为性质的不同界定，必然产生法律后果上的差异。过程行为说会导致院系行为不受监督，限制或排除学位申请人的权利救济。独立行政行为说则将部分具有终局性效果的阶段行为析出，主张其具有可诉性且应当适用正当法律程序。

过程行为说主张院系行为不具有独立性与终局性，学位申请人只能就学位评定委员会的决定提起救济，或者另行请求高校履行学位授予的职责。对学位授予单位而言，只要当事人提交了学位申请，即便院系或其他校级组织对其学位申请做出否决，校学位评定委员会仍应继续审查并决议，否则构成程序违法。如"刘时勇诉辽宁师范大学未颁发毕业证及学位证纠纷案"中，法院指出"研究生院并非法定的有权对学位论文答辩委员会形成的决议作出是否批准决定的组织，故其审核意见不能代替该校学位评定委员会的批准意见"，因而"在无据证明履行了学位评定委员会投票程序、全体成员过半数决定不授予上诉人博士学位的情况下，被上诉人作出不授予博士学位决定，主要证据不足，且程序违法"。① 亦因此，对过程行为的评价应当在学位授予决定之下进行，将过程行为作为其中的程序环节。

而独立行政行为说则主张学位授予过程行为被申请人知晓，且对申请人权益产生实际影响，可产生终局性的效果。高校是学位授予的责任主体，院系做出与学位授予相关行为的法律后果应当由高校承担。这在"王紫诉云南民族大学教育行政管理案"的裁判中有较为鲜明的论述："云南民族大学是本案的适格被告，云南民族大学人文学院系云南民族大学的内部教学机构，其实施的行为产生的相关问题由云南民族大学承担法律后果。"② 而且，产生终局性效果的院系行为还被视为《普通高等学校学生管理规定》第五十五条

---

① 辽宁省大连市中级人民法院（2020）辽 02 行终 318 号行政判决书。
② 云南省昆明市中级人民法院（2018）云 01 行终 91 号行政判决书。

所规定的"处分或者其他不利决定"，进而适用"告知学生作出决定的事实、理由及依据，并告知学生享有陈述和申辩的权利，听取学生的陈述和申辩"的法定程序。[①]

（三）院系行为的拘束力

答辩委员会的决议、学位评定分委员会的提名对于后续的学位授予审查具有何种拘束力，《中华人民共和国学位条例》及《中华人民共和国学位条例暂行实施办法》并未明确。院系学术组织是否拥有自主权以及能否拘束高校的学位授予决定，已在"刘燕文诉北京大学拒绝颁发博士毕业证书案"（以下简称"刘燕文案"）与"于艳茹诉北京大学撤销博士学位决定纠纷案"（以下简称"于艳茹案"）中凸显。"刘燕文案"折射出的是院系在学位授予事项上履行审查职责的地位，及其与所属高校做出的决定之间的关系。刘燕文所在的无线电电子学系的论文答辩委员会全票通过了其博士论文答辩，所在系学位评定委员会表决结果为"建议授予博士学位"，校学位评定委员会却未通过授予刘燕文博士学位的决定，那么，校级学术组织在何种情形下有权推翻院系学术组织的决定？[②]"于艳茹案"亦反映了院系学位评定分委员会与校级学位评定委员会之间的紧张关系。在是否撤销于艳茹博士学位的表决中，历史学系学位评定分委员会提出了初步处理意见，有 5 人赞同撤销其博士学位，有 7 人反对撤销学位，认为应当撤销相关学术奖励，有 1 人弃权。但随后校级学位评定委员会以 20∶0 的投票结果，一致认为应撤销其博士学位。（刘素楠 等，2015）

一种观点认为，院系行为对后续的学位授予决定不具有实质拘束力。学位评定委员会的审查决定属于学术自治的体现，法院不应进行司法审查。如《清华大学学位授予工作实施细则》便明确"对于分委员会审议通过的论文，校学位评定委员会经重点审议仍可做出不授予学位的决定"。"赵军诉广西大学学位授予行为案"的裁判体现了类似主张："具体行使审议权的是被告的校级学位评定委员会，委员会各成员对原告是否达到授予硕士学位的法定条

---

① 上海市静安区人民法院（2020）沪 0106 行初 791 号行政判决书。
② 参见北京市海淀区人民法院（1999）海行初字第 104 号行政判决书。

件进行判断，判断的过程是委员会各成员以法定的客观标准为依据，运用自身学术知识进行逻辑推理的过程，委员会各成员最后根据自己的判断进行不记名投票，各成员都有自主行使投票权的权利，因此校学位评定委员会行使学位授予审议权的过程，是学术自治权的具体体现，原告是否达到授予硕士学位的学术水平是一个学术问题，司法权不能过分干预学术自由。因此本院对被诉具体行政行为的事实方面不能进行实质审查。"①还有观点主张，即便评阅、答辩、学位评定分委员会的审议应与学位评定委员会的审议一样属于学术自治的体现，学位评定委员会有权对"评阅、答辩和分会审核过程中存在差评或异议"的情形进行实质审查（北京大学研究生院，2021）。

另一种观点认为，院系行为对后续学位授予决定具有一定的拘束力（刘永林，2021）。答辩委员会审查的是学位论文的学术水平，学位评定（分）委员会则进行更为全面的考察，包括品行要件、成绩要件（如大学英语四级考试成绩）、程序要件、是否构成抄袭等，因而可推翻前一环节的决议。但疑问在于，针对学位论文的专业评价，院系行为能否拘束后续阶段的审查决定？一些高校即明确学位评定委员会做出涉及当事人利益的决定，应当向当事人告知做出有关决定的理由和依据，显示出对后续阶段审查的谨慎态度。②在"何慧娴诉重庆第二师范学院不颁发学位决定案"中，法院主张校学位委员会的合议制仅具有程序性，不能忽视实体层面的"学位授予条件"要求，意图表明校学位评定委员会对待院系学位评定分委员会的决定应当保持谦抑并履行说明理由义务。③

三、院系在学位授予中的角色完善

（一）院系在学位授予中的功能界定

院系与高校一样享有学术自治，现行法律体系之中的合议原则、专业原

---

① 南宁市西乡塘区人民法院（2011）西行初字第 4 号行政判决书。
② 参见《中国政法大学学位评定委员会章程》第二十三条。
③ 参见重庆市南岸区人民法院（2020）渝 0108 行初 38 号行政判决书。

则与参与原则均体现了学术自治。合议原则要求学术组织通过多数方式决定是否授予学位。《中华人民共和国高等教育法》第四十二条规定的"学术委员会"、《中华人民共和国学位条例》第十条规定的"学位评定委员会"的设置实质上蕴含了合议原则。专业原则要求符合特定资格的教师在学术组织中具有突出地位，该类主体与学术事务最密切相关，具有较好的学术素养，承担着大学的教学与研究任务，因而对大学功能与人才培养担负着更多责任，更有利于保障学位授予决定的适当性。《中华人民共和国学位条例暂行实施办法》与《高等学校学术委员会规程》有关学术组织的委员资格、比例要求、职责权限的规定，无不体现专业原则。参与原则强调特定群体在学位授予程序中的参与，受影响的群体应当具有表达意见的权利，校外专家的参与则有利于减少学术自治的恣意，提升学位授予决定的公信力。上述法定原则旨在通过学术自治，增强学位授予决定的适当性。

院系学术自治相较于高校学术自治的独特之处在于，更强调专业能力的介入，为保障学术决定的适当性，突出了组织的学科相同或相近性。[①] 校级学术组织具有学科、专业的多元性，由其审议甚至决定某一特定学科的专业问题，难免受到外行审内行的批评，"刘燕文案"凸显的这一问题仍未得到立法与实践的积极回应。而根据《中华人民共和国学位条例》第九条，答辩委员会应当具有学科相关性，学位评定分委员会按照学科门类或学科相近性成立[②]，组成人员的职称、学术能力的条件设置[③]，都突出了院系学术自治依赖的专业能力。院系层级的答辩委员会、学位评定分委员会，无论是否具有独立的决定权，其审议事项的学术相关性、委员组成的专业性与议事的合议性，无不体现了学术自治的组织形态与活动方式。[④] 答辩委员会、学位评定分委员会与学位评定委员会一样属于合议制组织，就是否授予学位做出决定，除非前者的决定违反正当程序或者存在较为明显的瑕疵，后者不可恣意地推翻前者的决定。国家立法赋予高校学术组织在学位授予事务上的决定

---

① 　Vgl. BVerfG: Teilweise Verfassungswidrigkeit von §§ 90, 91 HbgHochschG NVwZ 2011, S.227.

② 　参见《复旦大学学位评定委员会章程》。

③ 　参见《中国政法大学学位评定委员会章程》。

④ 　一些大学章程明确院系学术组织的学术自治属性，如《北京邮电大学章程》第九十条规定："教授会作为学院（研究院）的学术自治组织，依其章程自主开展工作。"

权，并不意味着否定院系层面的学术自治，而是一定程度上限制并监督院系的学术自治。

（二）学位授予中院系行为的程序优化

其一，明确院系在学位授予中的角色。同行评审由院系组织，纳入校外学术专业社群的参与，旨在避免学术专业判断被曲解成个别大学、个别系所自己内部的判断（黄舒芃，2013）。院系答辩委员会由相关学科专家组成，实行三分之二的特别多数决，且有学位申请人参与，全方位贯彻专业原则、合议原则与参与原则，但局限于对学位论文学术水平的考察。学位评定分委员会的审查涵盖学位论文专业水平与成绩要件、品行要件、科研要件，学位评定分委员会作为学位评定委员会的协助机构对论文评阅结论、答辩决议进行监督，只是对专业原则与参与原则的贯彻相对弱化，且实行二分之一的简单多数决，在专业评价的正当性上稍显不足，如果要推翻前阶段的专业评价，立法应当设定听取申请人陈述和申辩、针对不建议授予学位决定说明理由的程序义务。高校学位评定委员会则是法定的学位授予决定主体，但其专业审查能力最弱，参与性也不强，应当限定其对是否满足学位授予条件以及学位授予程序是否正当进行形式审查。通过学位法对此予以明确，有助于避免高校学位评定委员会全面介入专业评价的不当做法。

其二，完善学位授予的内部程序。当同行评审、院系答辩委员会与学位评定分委员会持否定意见时，是否还应报送下一环节审查，《中华人民共和国学位条例》《中华人民共和国学位条例暂行实施办法》都未做出明确规定。实践中有两种做法，一种是前一阶段未通过则终止学位授予程序或仅报后一阶段备案，后一阶段不再进行审议，另一种是对于不建议授予学位的，学位评定分委员会应当向校学位评定委员会报送，并"注明理由与原因"，由后者做出最终决定，后者在未获得报送时，法院主张应当要求复审，否则违反正当程序。[①] 对这一问题应当进行类型化处理，同行评审、答辩决议实质上构成学位授予的专业判断，否定评价意味着学位申请者学术水平未满足要

---

① 西安铁路运输中级法院（2017）陕 71 行终 580 号行政判决书。

求，便无须启动下一环节的程序，而学位评定分委员会属于学位评定委员会的"协助机构"，后者承担程序监督与解决争议的功能，为更好地平衡学术自治与申请人权益保护，学位评定分委员会的不建议授予学位决定应当报送学位评定委员会进一步审查。

（三）学位授予中院系行为引发的争议的救济

其一，将部分院系行为引发的争议纳入行政救济的范围。院系并非独立的责任主体，其所做出的行为应当由所在高校承担法律后果。学位申请人是否可以直接针对评阅行为、答辩决议与学位评定分委员会的提名行为提起行政救济，应当根据过程行为是否外部化与是否产生终局性效果进行类型化处理，而不应以学术自治之名将此种行政救济排除在外。若前一阶段的行为以某种形式外部化，如主动告知申请人、被申请人知晓，且产生终止学位授予程序的效果，法院便可认定前一阶段的行为对申请人权益产生了实际影响，允许申请人直接起诉。反之，若前一阶段的行为没有外部化且未产生终局性效果，那么当事人只能起诉学位评定委员会的最终决定或要求高校履行学位授予职责。

其二，加强对内部学位授予程序的审查。国家立法设定的是学位授予的框架性秩序，高校有权以细则的方式予以具体化。高校对内部学位授予程序的具体化应当贯彻学术自治，法院应当依据合议原则、专业原则与参与原则展开司法审查。如有高校规定硕士学位论文答辩委员会可附条件通过建议授予硕士学位的决议，由导师和学院学位评定分委员会主席来审查申请人是否按照答辩委员会的意见修改，若签署认定意见认为论文修改达到答辩委员会所提出的要求，学位评定分委员会才能启动审议程序，否则不再召开会议，直接做出不予受理硕士学位申请的决定。虽然附条件通过答辩不违法，但由特定个人来对学位授予申请进行审查并做出最终决定，显然违背了蕴含于国家立法之中的学术组织规定与合议原则。①

其三，发展院系行为拘束力的规则。即便学位法的修订对学位授予过程

---

① 参见南宁铁路运输中级法院（2020）桂 71 行终 298 号行政判决书。

中的角色分配进一步明晰，院系在学位授予中的行为的拘束力仍须在个案中具体判断。一则判断阶段性行为的程序违法是否导致撤销学位授予决定，应当审查程序违法程度以及对是否决定授予学位产生的实际影响。二则阶段性行为蕴含的专业评价应当对后续阶段的学位授予决定产生一定程度的拘束力，除非存在学术不端[①]、专业评价程序违法（如依据高校学位授予细则，学位评定分委员会的决议未经过公示程序，或学位评定分委员讨论学位授予和表决投票的记录意见缺少签名）[②]等情形，后续阶段的学位授予决定应当予以尊重。

参考文献

北京大学研究生院，2021.北京大学学位评定委员会召开第152次会议［EB/OL］.（2021-07-13）
　［2021-12-01］. https://news.pku.edu.cn/xwzh/7a75ec85a39f4f9e903c46fe937d1687.htm.
黄舒芃，2013.学术自由、大学自治与国家监督［J］.月旦法学杂志（7）：5-27.
刘素楠，吴铭，2015.北大女博士"抄袭门"争议［N］.南方都市报，2015-04-09（A16）.
刘永林，2021.高校二级学院学位授予权力行使的边界及其规范：从柴某某诉上海大学博士学位评定
　纠纷案切入［J］.中国高教研究（8）：100-106.
LINDNER J F, 2007.Zum rechtsstatus der fakultät[J]. Wissenschaftsrecht, 40(3): 254-282.

The Role and Perfection of Colleges and Departments in Degree Awarding

Fu Chuangyu

Abstract: The status and role of colleges and departments in degree awarding have not been paid enough attention. Although colleges and departments are not the main body directly enjoying the degree awarding power, they are important participants in degree awarding process, and even share the degree awarding

---

① 参见辽宁省沈阳市中级人民法院（2019）辽01行终813号行政判决书。
② 参见上海市静安区人民法院（2020）沪0106行初791号行政判决书、山东省济南市中级人民法院（2017）鲁01行终498号行政裁定书。

power to a certain extent. In practice, expert evaluation, defense resolution and nomination behaviors exit in degree awarding, which should be divided into phased behavior and final behavior according to whether they produce external and final effects. The basis for colleges and departments to participate in the degree awarding process is not only authorization or assistance, but also academic autonomy by implementing the collegial principle, specialization principle and participation principle. Therefore, the behavior of colleges and departments has a certain binding force on the degree awarding decision of universities. The promulgation of the degree law should clarify the role of colleges and departments in degree awarding and improve the internal procedures of degree awarding.

Key words: degree awarding　colleges and departments　academic autonomy internal procedures　degree law

作者简介

伏创宇，博士，中国社会科学院大学法学院副教授，研究方向为行政法。

□陈轩禹

修复性司法在校园欺凌治理中的优势及运用①

【摘　要】修复性司法鼓励人际修和，关注冲突对多层次人际关系的伤害和伤害后的处理过程，其对受害者权利的强调和同伴关系的弥补与校园欺凌损坏身心健康、破坏学生关系的本质特征相吻合；沟通、弥补、愈合思路所蕴含的平衡精神与学校的教育目标相贴合。修复性司法用于校园欺凌治理的基本要求是欺凌者、被欺凌者、学校等各方共同参与来承认被欺凌者的权利和需求，鼓励欺凌者承担责任。实践中，根据校园欺凌的案件性质可使用调解模式或会议模式，并采用以被欺凌者为焦点的对话驱动型策略，同时可通过强化教育学习的预先性实践和应对伤害与恶行的反应性实践来扩展学校层面的欺凌防治。

【关键词】校园欺凌　修复正义　修复性司法　人际修和

在国家重视校园欺凌治理并出台一系列规范性文件的背景下，我国校园欺凌防治逐渐由放任学校自治转变为公权力部分干预的法律治理策略。在此过程中，学界的关注点也逐渐聚焦于具体化的校园欺凌治理理念及其模式。其

---

①　本文系中央高校基本科研业务费专项资金项目"基于司法案例的校园欺凌法律治理研究"（2021NTSS05）的阶段性成果。

中，修复正义与修复性司法因其以"关系伤害"为中心，具有关系修复、治疗创伤的核心内涵而被域外学界提倡，并被部分较早投身于校园欺凌防治的国家所推荐。然而国内似乎尚未关注到修复性司法在解决校园欺凌这种"交往行为失范"问题中的应用价值。那么，修复性司法究竟意味着什么？对一些人来说，它主要是一个会面程序，是由利害关系人决定如何处理不法行为的一种方法；在另一些人看来，它是一种寻求医治和修补由不法行为造成的损害，要求承认受害者权利、鼓励施害者担责的概念。无论基于何种理解，审慎地探讨修复正义的丰富意蕴以及更好地运用修复性司法措施应对欺凌问题，都将有效助推校园欺凌防治状况的改善。

一、修复性司法背后的修复正义

修复正义，其英文为"restorative justice"，也被翻译为恢复式正义。由于"justice"有"正义"和"司法"双重含义，因而在指代一种理念或法律原则时，人们常用修复正义，而在实践层面，其意为修复性司法。也就是说，修复正义是一个宽泛的术语，用来描述一种思维方式、一种哲学或一种以和平方式处理伤害、解决问题的指导原则，修复性司法则是修复正义的直接实践体现。

修复正义最初用于修复为犯罪行为所侵害的各种社会关系，是一种旨在修复侵害者、受害者、社区与国家之间正常利益关系并实现和谐正义的理念或价值取向（杨鹏，2011）[8]，也是在寻求抚慰、宽恕与和解中达成正义的一种方式。它正视生活中的伤害行为与成员之间的冲突，通过确认双方的责任、促进人们关系的恢复与重新整合来实现关系正义（彭斌，2012）。修复正义的渊源是对"关系"的强调，关系正义否定人们之间互相歧视、欺凌和支配彼此的不良关系状态，主张构建平等、和谐、互不侵犯的社会关系，以便各方能够以建设性的方式前进。校园欺凌是对学生关系的破坏，欺凌者对被欺凌者的歧视、压迫、支配和被欺凌者的报复使欺凌双方处于典型的关系不正义当中，同时，健康且良好的同伴关系则能动摇欺凌产生的同侪互动基础，这一点与修复正义对关系不正义的变革和对关系修复的强调不谋而合。

　　与此同时，修复正义重视以受害者为主、包括侵害者在内的双方地位和实质平衡。既要求受害者得到补偿、身心创伤得到恢复；又要求侵害者向受害者及相关主体认错并承担责任，主动弥补自身错误行为造成的糟糕后果。为达成各方关系的修复和以受害者为核心的正义平衡，学界进行了讨论，认可度较高的是马歇尔（T. Marshall）所描绘的理想蓝图：当某个侵犯行为出现时，将这个侵犯行为所影响的各个主体都召集在一起，共同商议如何处理这个侵犯行为及其后果。其运作逻辑是，侵犯行为的双方充分沟通→侵害者真诚认错→受害者得到赔偿和抚慰→受害者原谅侵害者→双方自愿修复关系。在该理念下，正义的愈合意味着要承认受害者因侵犯行为所遭受的痛苦并通过各种赔偿救济手段尽可能地恢复受害者的名誉，使其感受到尊严，为其疗伤止痛（姜敏，2013）。考虑到被欺凌者因欺凌行为所遭受的毁灭性身心打击[①]，这正是被欺凌者所急需的心理慰藉。

　　总之，修复正义关注冲突对多层次人际关系的伤害以及伤害后的弥补与处理过程，受害者、侵害者以及社会共同体的诉求都会得到考虑，其目的是让各方当事人都从冲突事件的后果中解放出来，饱含着仁慈、民主、宽恕和和平的人类精神。正因如此，使用以修复伤害和重新构建关系为取向，基于道歉、同情、愈合、和解、宽恕、赔偿以及适当制裁的修复正义理念来解决校园欺凌问题成为新的潮流[②]。

二、修复性司法在校园欺凌治理中的优势

　　修复性司法对于校园欺凌具有天然的适应性。从教育学视角来看，校园欺凌是青少年有待矫正的失范行为和同学间相处的错误尝试；从法学视角看，校园欺凌侵害"人"、侵犯同学和人际关系，欺凌者有纠错的义务。而

---

　　① 被欺凌者更容易出现焦虑和抑郁等情绪健康问题，患亚临床水平炎症的可能性高。见 Smith P K, Kwak K, Toda Y. School bullying in different cultural: eastern and western perspectives [M]. Cambridge: Cambridge University Press, 2016: 520.

　　② 美国、挪威、澳大利亚、南非、巴西等国都将修复正义理念用于校园欺凌问题的解决。见 González T. Keeping kids in schools: restorative justice, punitive discipline, and the school to prison pipeline [J]. Journal of Law & Education, 2012, 41 (2): 298–302.

涉及侵犯与关系损害，鉴于修复正义疗治创伤、修复破裂关系的核心宗旨，以及作为修复正义实践映射的修复性司法"可用于包括刑事司法、教育、家庭暴力和其他领域的广泛环境"（Wheeldon，2012），将修复性司法（正义）引入校园欺凌治理中便是一个不应回避且值得考虑的方案。

（一）鼓励人际关系修和

修复性司法适合校园欺凌中重构同伴关系的刚性需要。在校园场域的微型社会中，含欺凌双方内在的同学关系让被欺凌者在遭受校园欺凌后的诉求与遭受外界攻击后的诉求有所差异，欺凌双方所寻求的是成功地融入同伴群体，抑或得到他们应有的地位。无论是被打上"坏孩子"标签的欺凌者还是"抬不起头"的被欺凌者，都不愿意在不安、羞耻、屈辱和同伴关系冰冷的环境下生活，校园欺凌中同学关系永久破裂将使校园问题恶化。修复正义是基于愈合、宽恕、悔过、惩罚的公正，真诚的交流和互相协商将促使同学之间的关系得以改善，欺凌者的补偿道歉与被欺凌者的宽恕相呼应，这些围绕"关系修复"而展开的伤害确定、处理与预防措施会产生关系重构的黏合剂。

同时，修复性司法通过影响学生交往行为引导学生形成良好的同伴关系，而良好的同伴关系通常能够有效降低学生受欺凌的概率（Hodges et al.，1999）。根据哈贝马斯的交往行为理论，选择最佳的语言进行商谈、承认和重视共同的道德规范、维持和促进生活世界的"善"，是努力建构交往行为的合理化选择（梅景辉，2018）。从形式上看，学生交往行为的合理化有"分享、对话与理解"这三种具体方式（埃德加，2009）[24]。修复性司法恰好注重平等和各方的对话与调解，"在平等与互相接纳基础上的真诚对话与心灵沟通……，是思想上重塑个人主体性与青少年成长的重要途径"（邓达奇 等，2020），这种力求形成学生间交往之"善"的修复与上述交往行为理论不谋而合。通过对话、分享、整合性协商等方式促使学生选择正确的交互行为方式，构建自由、平等的学校团体氛围，以缓解学生间因扭曲的关系产生的负面影响，将有助于欺凌双方重入群体和重获尊重，重构和谐的同伴关系与校园氛围。

（二）贴合学校的教育目标

教育理论和司法实践均认为，学校应当担负起教育学生成为合格公民的义务，培养学生有助于维持社会正义的道德修养、法律意识和基本的价值观，并使其将有关价值观念转变为亲社会行为。修复性司法旨在教育引导和平等对待，符合学校教育的初衷。一方面，修复性司法使欺凌双方得到真情关爱、真诚帮助，力促学生内心感化、行为转化。其着力引导欺凌者重返健康成长之路，避免其被标签化，通过适当教导来激发欺凌者的羞耻心，令其产生负疚与悔过的心理，进而充分认识罪错并心甘情愿担责。"你当时在想什么？""你认为需要做什么才能把事情做好？"这类问题将促使个人自我反思、化解矛盾并减少再次欺凌的可能性。另一方面，修复性司法能够正向引导旁观者群体，协助青少年完成行为管理。旁观者群体的存在会刺激欺凌行为的继续，旁观者效应致使救助行为出现的可能与旁观人数成反比（陈轩禹，2020）。修复性司法可将旁观者纳入调解程序之中，通过共情使其成为校园欺凌的阻止者；通过对欺凌者施以恰当的惩罚，让旁观者意识到欺凌的错误并学会换位思考，促使其更有可能承担同伴和解责任。

此外，培养必要的社交和情感技能也是公共教育的重要目标之一（邓肯 等，2018）。青少年强烈地关注他们在同伴中的地位，社交和情感技能是健康、安宁、安全的学校的核心要素。修复性司法也被看作"情绪智力"司法，其对校园欺凌的处理方式将帮助学生获取知识和技能以积极改变其行为，发挥冲突的价值，让欺凌双方直接参与调解和谈，这无形中或可提升学生的社交能力与情感认知。

（三）重视被欺凌者的权益保护

只有以"被欺凌者想要什么"为出发点，关注其需要与诉求，才能充分保护被欺凌者的权益。斯特劳森（P. Strawson）解释了人们在面对他人的友善或不友善时的某些情绪反应，如果被欺凌者认为对方具有十足的敌意，那么他将认为自己不仅遭受了伤害，而且受到了错误对待，尊重和友善被恶意侵害了。被欺凌者愤恨道德伤害的原因在于欺凌者所传达出的"我能用你实现我的目的"或者"我的地位高高在上，而你却被我踩在脚下"的故意作恶与侮辱态度。有时被欺凌者虽表面上宽恕了欺凌者，其内心却依然被过往的欺凌经历所控制，因此被欺凌者的真实想法必须得到充分表达，其感受和意见必须被听取，需求必须得到满足。如博登海默（E. Bodenheimer）所言："满足个人的合理需要和主张，并提高社会内聚性的程度，这是维续文明的社会生活所必需的，是正义的目标。"（博登海默，2004）[376] 斯特朗（H. Strang）曾总结出受害者的几种诉求，分别是：通过非正常程序来阐明观点，获得更多案件处理进展与结果，参与案件处理过程，得到公平对待和尊重，得到物质补偿，（尤其是）得到精神补偿。校园欺凌中被欺凌者更关注道德伤害（即关系的破坏），其主要诉求是"伤害的弥补、心灵的修复、班级地位和同伴关系的恢复"（张鸿巍，2017）[145]。传统司法下对欺凌者的判刑入罪或者欺凌者未达到条件而不承担责任，都一定程度地忽视了被欺凌者的诉求。

与此相对，修复性司法对人的需要的关注是全方位的。修复性司法中的调解和整合性协商在认识欺凌行为和处理欺凌者上给予了被欺凌者更多话语权——让被欺凌者可以表达自己的感受和需要，当面告知欺凌者恶劣行为的不良影响，对欺凌者需要承担的责任提出意见，这种交流有助于减轻受害学生的焦虑与仇恨。充分沟通会促使欺凌者审视自身行为，认识自身错误，产生内疚情绪并承认错误；而羞耻感会激励其积极改正行为，主动承担责任，真挚地道歉与补偿，这将促使被欺凌者心灵得到慰藉、感受到尊严的回归。因此我们认为，修复正义"沟通""弥补""愈合"的思路无疑与被欺凌者的心理需求相吻合，在考虑被欺凌者需要和欺凌者与社会共同体诉求的基础上，修复性司法可以达成对被欺凌者财产、身体的修复，对于安全感、人性尊严的恢复，对于社会支持和法律秩序的全方位保护。

三、修复性司法在校园欺凌案件中的运作及扩展

修复性司法鼓励人际修和（reconciliation），从各方需求出发，在一定

程度上能够兼顾欺凌者的教育矫正和被欺凌者的伤害弥补，其平衡和修复的核心思想有助于最大限度满足受害者需要，更大程度地转化侵害人，达成未成年人保护的多方共赢（陈晓明，2006）[24-25]。人们通常有这样的刻板印象：修复性司法适用于有受害者的轻微刑事犯罪和未成年人案件（即那些进入司法程序的校园欺凌案件），但事实上，修复性司法因其内含的修复正义价值，也可扩展应用于学校的欺凌防治实践。

（一）修复性司法处理校园欺凌的要求

修复性司法认为违规或侵犯是由人与人之间的冲突所引发的，问题不仅是有人破坏了规则，更在于谁受到了伤害，因而修复性司法以修复伤害和重新构建关系为取向，强调受害者损失及心理创伤的弥补、侵害者悔过、关系重构和各方参与。这种重在对话和调解的修复措施，其主要实践形式为：司法调解、对话、整合性协商（integrated negotiation）、家庭/学校会议、赔偿委员会等。具体到校园欺凌的处理则要求注意以下几点。

第一，信息（information）。被欺凌者需要更多关于事件的第一手信息，比如欺凌者为什么要这样做、其在想什么，而这些信息通常只能通过与欺凌者的直接接触才能得到。第二，讲真话（truth-telling）。在学校讲真话有特殊的意义，听被欺凌者陈述有助于欺凌者意识到其行为对被欺凌者的直接影响，儿童在发育早期对生活的控制力很弱，给被欺凌者表达他们对所发生的事情的体验的机会可能给予欺凌者强有力的教训。第三，授权（empowerment）。当一个人受到伤害时，会觉得好像失去了对财产、身体、情感和梦想的控制。修复性司法让受害者积极参与到案件中，并赋予相关主体对过程控制的主动性，给予受害者充分发言、表达需求的机会。在修复性司法所创造的空间中，同理心、兴趣和兴奋可以蓬勃发展，愤怒、羞辱、恐惧和厌恶则被驱逐。这将促使被欺凌者与欺凌者都朝着积极和健康的方向前进。第四，澄清（vindication）。可通过物质赔偿或其他形式实现，即使是象征性的赔偿行为也表明欺凌者对不良行为负有责任，让被欺凌者感受到自己是正义的，修复程序可通过多种途径满足赔偿和复原的需要。

（二）修复性司法在校园欺凌案件中的运作方式

修复性司法中受大众认可度最高，且在我国具有适用可能的会议调解类模式主要包括：受害者-侵害者的调解模式[①]、家庭小组会议[②]以及圆形会议模式（见表1）。这些模式遵循以下共识：受害者、利益关系人直接参与，调解者发挥作用，允许参加者讲述他们的事件、讨论重大议题并达成共识和协议。讨论和协商可以让受害者的复仇心理得到消解，恐惧心理得以缓解；双方充分对话的基础上达成的赔偿协议会促使欺凌方积极地履行，无论是金钱赔偿、返还原物，还是为受害者提供某种形式的道歉与服务，都有助于满足受害者的赔偿心理需求，重新恢复对校园生活的希望。

表 1　典型的修复性司法模式

	受害者－侵害者调解	家庭小组会议、圆形会议	
案件种类	轻微犯罪、青少年犯罪	最初是轻微犯罪，后增加更严重的犯罪、暴力犯罪	
参加者	最初只包括受害者、侵害者、调解者	侵害者、受害者、家庭成员；没有受害者也可	除前者外还包括社区成员、政府工作人员、专家
促进者角色	营造安全环境、引导程序	除前者外还包括计划方案选择、谈话指导程序	
特点	以对话为取向，一个对话促进者完成双方调解	团体活动、强调家庭参与和纽带、重视青少年	具有很强的社区基础、围成圆桌形式
内容	不限于物质损害赔偿、双方对事实的看法和感受、侵害人的动机和背景、情感上的交流、其他方式的补偿、达成书面协议、确保协议履行	除前者外还包括如何预防再犯、各方的需要和期望、犯罪的后果、重建与社区的联系	

---

① 最初的修复性司法模式由中立的第三方担任冲突的调解员，通过第三方的沟通使得双方可以对冲突进行协商，从而确保双方能够控制纠纷，形成一个各方都能接受的解决方案。这种模式适用于案件单纯、伤害性低的案件。参见：王慧娟.修复式正义视角下校园欺凌服务实践探索［J］.现代中小学教育，2019（11）：76-79.

② 更加强调家庭和社区的参与，由协调员将受害者、侵害者及双方家庭成员召集在一起，谈论犯罪行为的后果，双方就如何弥补损害或预防再犯问题进行友好协商。参见：刘晓虎.恢复性司法研究：中国的恢复性司法之路［M］.北京：法律出版社，2014：107.

结合我国实际，一般来说进入司法程序的校园欺凌案件类型为侵权损害赔偿案件和刑事犯罪案件，这些不构成严重犯罪的民事、刑事案件，符合使用修复性司法的条件。同时，民事调解和刑事和解这些蕴含修复性司法意味的纠纷解决方式也为运用修复性司法处理校园欺凌案件提供了本土空间。例如，对于尚未造成严重后果的校园欺凌案件，我们可以使用调解模式，将人员构成限缩于法官、欺凌双方及其父母，使欺凌影响最小化并使双方尽可能快速地达成协议。而对于已经构成了严重侵权但尚未构成犯罪或构成轻微犯罪的欺凌行为，由于其影响恶劣、涉及面广，欺凌双方的沟通并不能完全解决严重的欺凌问题，我们可采用（家庭）修复性会议模式，由司法机关主持调解。将学校、教师、反欺凌专家、社区等主体共同纳入会议中，使欺凌者及家庭、学校在完成责任划分，决定是否追究刑事责任的同时，对日后被欺凌者身心健康的修复、欺凌者的行为矫正方式、校园欺凌的防范改进策略达成共识。

无论是采用调解模式还是会议模式，本文都主张使用以被欺凌者为焦点的对话驱动型策略。第一，让被欺凌者充分表达欺凌对其的影响并得到相关问题的答案。第二，欺凌者的悔过道歉是极为重要的。校园欺凌带有人格贬低属性，造成关系损害的是欺凌者的态度及其表达，因而为了修复关系，欺凌者必须改变其态度，承认其对被欺凌者负有责任并"收回"自己通过欺凌行为所传达的恶意信息。诚恳的道歉会使欺凌者反省欺凌行为对被欺凌者所传递的态度，道歉应包含以下因素：表达懊悔和自责，对欺凌予以否定、贬斥，决心不再犯并追求同学间和睦相处的有益模式，同意适用消极制裁。第三，调解采用高度人性化的方式，对被欺凌一方的感情宣泄具有很高的容忍度。

（三）在学校防治实践中的扩展

"真正的司法应当致力于提供治愈得以开始的环境"（狄小华 等，2019），而校园恰好能为修复性司法提供天然的适用环境。首先，传统上修复性司法的适用依赖于较强的社区依附感。学校里有微型社会，学校和班级环境具有很强的凝聚力，学生对学校环境的依附为校园替代社区角色提供了可能。在同侪压力下，教师的一次批评谈话就有可能让欺凌者感到羞耻，再辅以正向引导和与被欺凌者的关系修复尝试，便有可能促使欺凌者改正自身行为。其次，学校可以为修复性司法的实施提供恰当的促进者（调解者）。领导力是成功实施修复性司法的关键，校长和班主任可充当重要角色，他们是学校（班级）权威的象征，能够创造实施修复性司法的安全环境，促使欺凌双方面对面交流，进而让欺凌事实清晰化，消除误解、迷思或刻板印象。最后，学校能够对欺凌者产生长期影响。在日常相处中，教师和同学对欺凌者的帮教、对被欺凌者的关怀将潜移默化地影响欺凌者的行为，改善修复同伴关系。

　　修复性司法协会（Restorative Justice Consortium）曾提出了支撑学校里的修复性司法实践的一系列价值观念，即授权、诚信、尊重、保证、自愿、痊愈、修复、个人责任、包容、合作和解决问题（约翰斯通 等，2012）[412]。在这些价值基础下，借鉴前人的研究成果，可将我国学校应对校园欺凌的修复性司法实践分为两种实践、三个层级。两种实践分别为强化教育学习的预先性实践和应对伤害与恶行的反应性实践：通过预先性实践，创造健康的校园环境，发展学生的社交能力和情感沟通能力以阻止欺凌事件升级；通过反应性实践，解决已发生的欺凌问题（包括产生重大伤害的欺凌事件），修复关系、弥补损害。在具体运作中，可将这两种实践分为三个层级（见图1）。第一层级为针对学校所有成员的欺凌预防机制，第二和第三层级均指向学校内的特定个体或群体（如欺凌双方），同时要求学校中的其他成员也参与其中。在所有层级上，修复性司法实践的目的都在于开展包容和尊重的对话，这种对话调整的是学校整体的健康和安全。

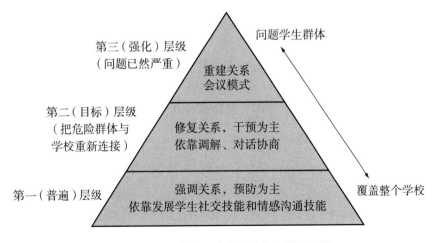

图1　学校修复性司法实践的金字塔形层级

具体而言，第一层级针对学校所有成员，旨在培养学生的社会情感技巧，在全校范围内建立修复正义价值观，让学生以"尊重和关心的方式解决分歧"（杨梨 等，2020）。学校可根据反欺凌专项法规或反欺凌政策的要求实施符合自身条件的修复性干预项目，这些项目的总体目的是营造接纳包容的社会关系，让未成年人形成负责任的行为态度。例如，在一些课程中融入修复性正义理念，让学生展开针对问题苗头的自由讨论。

第二层级面向的是学校中尚未被评定为"严重"的欺凌行为和有欺凌风险的群体，这一层面强化了干预，可采用以老师为主的同伴调解[①]的协商解决方法。同伴调解更多的是一种和解策略，调解人是受过调解训练的学生，这种方式更进一步的目标是让这个自我调节的程序成为学校精神的组成部分，培养学生的冲突解决技能。这项策略还包括召开班委会、监督指导、同伴调解。班委会的作用是及时反馈班级隐患信息，监督指导是对已出现的欺凌个案进行考察、积累经验、监测潜在欺凌者。修复性同伴调解不把悔过、改过、补过乃至惩罚当作欺凌者应得的报应或羞辱，而是视为欺凌者应当承担的修复责任，并以此为其创造获得宽恕、恢复名誉、重塑形象、回归同伴群体的条件（顾彬彬，2019）。即使调解失败，调解过程也会降低当事人、参与者和旁听者对欺凌行为的旁观者效应。

第三层级则指向已经具有明显行为问题的学生，包括已造成伤害或尚未进入司法程序的欺凌者，该层级需采用有广泛主体（包括家庭、专业人士、同学等）参与的最正式的修复性实践方法（如上文提及的家庭小组会议、圆形会议），以便达成赔偿调解协议，重新建构欺凌双方业已破损的同伴关系。在多方会议中，校领导、教师、学生家长和专业人员的参与是必不可少的。要给予欺凌者深刻反思的时间，在正式会议上让被欺凌者感到安全，以同理心理解其感受，遵循前文所述的"对话驱动型策略"，力争让欺凌双方自愿达成共识。

---

① 同伴调解是针对学校未成年人犯罪所创设的一项专门程序，一般适用于校园冲突事件，包括人身伤害、欺凌、性骚扰等。

四、结语

修复性司法致力于创造安全的环境。在校园欺凌等侵害行为发生后，创造安全环境尤为重要。因为欺凌行为导致未成年人有意无意地疏远了学校这个重要的发展性机构，而修复性司法确有改进学校环境氛围、改善学习风气、鼓励培养未成年人富有责任感及同情心之效。但我们应当清楚的是，并非所有的欺凌事件都适用修复性司法，其适用于校园欺凌治理的先决条件是，欺凌案件尚不属于严重的刑事犯罪，以及被欺凌者愿意接受这种寻求实现恢复性结果的人和方案，因此其是否适用取决于校园欺凌的具体情况及被欺凌者及其父母的态度。

参考文献

埃德加，2009.哈贝马斯：关键概念［M］.南京：江苏人民出版社.

博登海默，2004.法理学：法律哲学与法律方法［M］.修订版.北京：中国政法大学出版社.

陈晓明，2006.修复性司法的理论与实践［M］.北京：法律出版社.

陈轩禹，2020.校园欺凌中不同角色及多主体分别欺凌的侵权问题［J］.少年儿童研究（6）：32-40.

邓达奇，戴航宁，2020.我国校园欺凌的治理体系研究："伦理+法治"的分析框架［J］.深圳社会科学（4）：113-124.

邓肯，于波，杜晨博，2018.恢复性司法与校园欺凌［J］.青少年犯罪问题（4）：105-114.

狄小华，王心宁，2019.愈合、康复与成长：恢复性司法应对校园欺凌［J］.青少年犯罪问题（6）：38-44.

顾彬彬，2019.从严惩到调解：校园欺凌干预取向的演变及趋势［J］.教育发展研究（4）：54-63.

姜敏，2013.刑事和解：中国刑事司法从报应正义向恢复正义转型的路径［J］.政法论坛（5）：162-169.

梅景辉，2018.交往行为理论的现代性反思与建构：哈贝马斯交往行为理论的生存解释学之维［J］.世界哲学（4）：23-31.

彭斌，2012.社会和解何以可能？：以恢复性正义为视角的分析［J］.学术交流（9）：5-9.

杨梨，师会敏，2020.修复方法防治校园欺凌的国际经验与启示［J］.教学与管理（6）：63-66.

杨鹏，2011.修复式正义问题研究［D］.北京：中国政法大学.

约翰斯通，范内斯，2012.恢复性司法手册［M］.北京：中国人民公安大学出版社.

张鸿巍，2017.少年司法的异乡人［M］.上海：上海三联书店.

HODGES E V, BOIVIN M, VITARO F, et al., 1999. The power of friendship: protection against an escalating cycle of peer victimization [J]. Developmental Psychology, 35(1): 94–101.

WHEELDON J, 2012. Security, with care: restorative justice and healthy societies [J]. Contemporary Justice Review, 15(1): 127–131.

The Strengths and Application of Restorative Justice in Preventing School Bullying

Chen Xuanyu

Abstract: Restorative justice promotes interpersonal reconciliation, concentrating on the harm caused by conflicts in multidimensional relationships and the treatment process. Restorative justice emphasizes the rights of the bully-victims and the remedy of peer-to-peer relations, which is consistent with the nature of school bullying as damaging to students' physical and mental health and companionships. The spirit of balance and peace that underlies its basic idea of communication, remedy and healing is coinciding with the schools' educational objectives. The fundamental requirement for restorative justice to be applied in school bullying practices is the involvement of the bullies, the bully-victims and the school to recognise the rights and needs of the victims and encourage the bullies to shoulder the responsibility. According to the different types of cases, a mediation mode or a conference mode can be adopted with a victim-centered and conversation-driven strategy. And schools provide a natural setting for the application of restorative justice, which can extend school-level bullying prevention and control on campus by reinforcing advanced practices in educational learning and responsive practices for coping with harm and mischief.

Key words: school bullying   restorative justice   reconciliation

作者简介

　　陈轩禹，博士，北京师范大学法学院讲师，研究方向为教育法学、法理学。

□文 慧

校园欺凌父母责任及其法律规制 ①

【摘 要】研究表明，家庭、学校和社会是影响校园欺凌的主要因素，其中家庭因素对孩子的影响最为深远。然而目前学校作为校园欺凌事件的主要发生地，理所当然地被视为治理校园欺凌的第一责任主体，父母责任被忽略。家庭教育职能弱化、父母责任认识偏差、父母管教不力与法律责任虚置等成为防治校园欺凌的制约因素。父母责任属于亲子关系法律范畴，经历了家父权威—父权—父母权利—父母责任的发展脉络，我国现有法律体系已对父母责任做出直接或间接规定，为校园欺凌父母责任的立法奠定了正当的法理基础和规范基础。随着《中华人民共和国家庭教育促进法》出台，父母责任从传统伦理责任向法定责任转变。基于此，我国有必要对父母反欺凌责任进行法律规制，同时对父母管教手段设定必要限制，平衡国家亲权与父母责任，从而保障未成年人合法权益。

【关键词】校园欺凌 家庭教育 父母责任 未成年人权益

校园欺凌不但影响未成年学生的身心健康，而且对学

---

① 本文系 2017 年教育部人文社会科学研究青年基金"中小学校园欺凌治理的国际借鉴与本土探索"（17YJC880107）的研究成果。

校安全稳定工作造成严重威胁。研究表明，家庭、学校和社会是影响校园欺凌的主要因素，其中家庭因素对孩子的影响最为深远。家庭教育缺失是导致校园欺凌的重要原因。2016 年至今，国家相关部门针对校园欺凌出台了一系列指导意见和治理方案，明确要求加强家庭教育，家长要依法落实法定监护职责，切实加强对孩子的看护和管教工作，从源头上预防校园欺凌发生。然而学校作为校园欺凌事件的主要发生地，理所当然被视为治理校园欺凌的第一责任主体，父母责任反被忽略。为了防止家庭教育职能弱化、父母法律责任虚置，有效发挥父母通过家庭教育对校园欺凌的预防和治理作用，有必要通过立法明晰父母的反欺凌义务，并追究父母作为法定监护人管教失职的相关法律责任（余雅风，2017）。

一、校园欺凌父母责任的困境表征

校园欺凌治理是一个复杂的系统性工程，家庭教育作为其中的重要环节，对校园欺凌的有效防治至关重要。但由于相关立法尚不完善，父母对自身家庭教育责任的认识偏差、校园欺凌治理的家庭教育职能弱化、父母怠于履行管教义务的法律责任虚置等成为制约校园欺凌治理的重要因素。

（一）父母对自身家庭教育主体责任的认识偏差

习近平总书记在多个场合指出："家庭是人生的第一个课堂，父母是孩子的第一任老师。"校园欺凌行为与家庭因素密切相关，校园欺凌问题根植于家庭，显现于学校，父母缺席会显著提高未成年人遭受欺凌的频率，家庭场域的缺席是校园场域发生欺凌的根源之一（陈洁 等，2021）。父母作为家庭组织的核心成员，对未成年人校园欺凌行为负有难以推卸的家庭教育责任。

2015 年《教育部关于加强家庭教育工作的指导意见》阐明了加强家庭教育的重要意义，明确要求父母依法履行家庭教育职责。2016 年《关于指导推进家庭教育的五年规划（2016—2020 年）》指出"十三五"时期家庭教育工作的基本原则之一即家长尽责。2022 年 1 月起实施的《中华人民共和国家庭教育促进法》也明确了父母是实施家庭教育的责任主体。然而实践中父母对自身家庭教育主体责任的认识存在偏差：一方面，受"教养分离"观念的影响，父母将自身的教育职责转嫁给学校。由于社会普遍关注的焦点是学校教育，以至于很多父母忽视了自身的教育职责，认为学校是专门的教育机构，自己的责任就是照顾孩子的日常起居，教育的任务属于学校（吴晗清等，2020）。父母不仅没有意识到自己作为监护人对孩子的家庭教育责任，而且置身于学校教育之外，缺乏参与学校事务、配合学校教育的权利意识和责任意识。我国首份《全国家庭教育状况调查报告（2018）》显示：30% 的班主任觉得超过一半的家长认为教育孩子全是学校和老师的责任。此外，隔代教养和留守儿童现象表明父母游离于家庭教育之外。根据 2017 年中国教育学会家庭教育专业委员会关于城市家庭祖辈参与儿童家庭教养的问卷调研，城市家庭中近八成家庭有祖辈参与儿童教养（岳坤，2018）。2018 全国农村留守儿童信息管理系统数据显示，96% 的农村留守儿童由祖辈照顾。研究发现，祖辈过度参与儿童教养容易出现教育问题，而父辈为主、祖辈为辅的教养模式最有利于孩子的成长。

（二）校园欺凌治理以学校为主体弱化父母教育职能

家庭对儿童权利的实现至关重要，父母作为家庭的主要成员，是家庭教育永恒的责任主体。《儿童权利公约》第十八条明确规定父母或其他法定监护人对儿童的养育和发展负有首要责任。然而当前国内关于校园欺凌治理的研究大多将校园欺凌法律责任主体指向欺凌行为人和学校，较少涉及父母及家庭在校园欺凌治理中的法定义务与责任。同时，现有法律政策体系也将学校作为校园欺凌治理的主要责任主体，《加强中小学生欺凌综合治理方案》确定教育行政部门是校园欺凌治理的牵头单位，校园欺凌的处置以学校为主，《中华人民共和国未成年人保护法》（2020 年修订）第三十九条明确了学校反欺凌责任，《未成年人学校保护规定》对校园欺凌问题构建了专项保护制度，赋予学校治理校园欺凌的义务和责任。

学校被视为承担反欺凌任务的主体，往往也被期待承担更多的社会责任。但是学校具有显著的公益性质，若仅对学校苛以严责，一方面可能影响学校公共教育功能的实现（冯恺，2018），另一方面容易导致家庭教育逐渐沦为学校教育体系的附庸，父母教育职能不断被弱化和边缘化。

（三）当前法律对父母违反管教义务的处罚形同虚设

法律规范是国家调整社会关系的重要方式，对人的行为具有指引功能。当前法律对父母在校园欺凌治理中的教育职能和法律责任的规定较为模糊，对于父母放纵欺凌或者故意隐瞒、逃避责任等情形欠缺法律监督和责任追究，对家长和其他监护人的法律责任轻描淡写，致使家庭管教未能在校园欺凌治理中发挥应有作用（文慧 等，2020）。

父母作为监护人对未成年人校园欺凌行为法律责任的承担主要集中在民事赔偿等私法领域，公法范畴对父母责任的设立和追究较为缺失。《中华人民共和国民法典》第一千零六十八条规定："父母有教育、保护未成年子女的权利和义务。未成年子女造成他人损害的，父母应当依法承担民事责任。"《中华人民共和国预防未成年人犯罪法》第二十九条要求父母对未成年人的不良行为及时制止并加强管教。《中小学教育惩戒规则（试行）》第十六条也明确要求家长履行对子女的教育职责，配合学校进行管教。以上法律体系虽然强调了父母的监护职责，但除了依法承担民事赔偿责任外，对于父母放任未成年人不良行为、不履行监护职责的情形缺少行政处罚和刑事问责。对于因父母监护履职不当而导致的校园欺凌案件，法律需对负有监管职责的父母进行制约，父母必须对其教育失职而导致的违法犯罪事件承担足以影响其重大利益的法定后果。

二、校园欺凌父母责任的立法基础

父母责任属于亲子关系范畴，其发展经历了从家长权力到父母责任的立法变迁，父母责任强调父母的义务，而非权利。我国现有法律体系已对父母责任做出直接或间接规定，这些均为校园欺凌父母责任的立法奠定了正当的法理基础和规范基础。

（一）父母责任的立法演进

父母责任属于亲权范畴，源于罗马法及日耳曼法，由"家父权""父权"等概念逐渐演变而来（张鸿巍 等，2021），经历了"家父权威—父权—父母权利—父母责任"的发展脉络。亲权是指父母对未成年子女的人身及财产权益实施照管和保护的权利与义务（陈苇，2012）[319-320]。古罗马法时期家父拥有绝对权威，子女终身在家父专权的支配下。罗马后期，家父权慢慢衰弱，逐渐转变为父权，家长对子女仅拥有一般的惩戒权，同时也负担抚养义务（郑净方 等，2014）。在女权运动的推动下，父权逐渐转变为父母双方对子女的亲权。近代立法已具有从支配权利转向保护权利的趋势，父母对子女由控制转为照顾，表现出浓厚的义务色彩。

1989年《儿童权利公约》引入"父母责任"这一概念，指出父母有责任对儿童行使公约所允许的权利，给予符合儿童接受能力的适当的指导和帮助。受此影响，各国亲子关系立法由"父母本位"逐渐发展为"子女本位"。英国、澳大利亚等国家的亲属法将"父母权力""亲权""监护权"等传统法律术语转变为"父母责任"。即使一些国家仍然沿用原有术语，其亲子立法也强调亲权和监护权的实质是义务与责任（夏吟兰，2018）。

我国现行法律体系关于父母对未成年子女权利与义务的规定主要在《中华人民共和国民法典》《中华人民共和国未成年人保护法》《中华人民共和国预防未成年人犯罪法》《中华人民共和国家庭教育促进法》中。《中华人民共和国民法典》构建了以家庭监护为基础、社会监护为补充、国家监护为兜底的监护制度。我国民事法律体系采用大监护概念，未对父母对子女的责任与其他监护人对未成年人的监护职责做出区分。大陆法系各国多采用亲权与监护并行的制度模式，父母是子女的当然亲权人（责任人），对处于父母照顾下的未成年子女以亲权制度予以监督和保护；而当亲权人死亡或丧失、被剥夺亲权时，对不在父母亲权关照下的未成年人则适用监护制度（夏吟兰，2018）。由此，父母责任是父母基于血缘关系而产生的对子女的天然教育职责，是追究校园欺凌父母责任的重要法理基础。

（二）父母责任的法律规范

随着家庭教育立法的推进，父母责任的性质具有从传统伦理责任发展到法定责任的趋势。《儿童权利公约》第十八条对父母责任做了扩充，规定父母对儿童的养育和发展负首要责任。作为缔约国，我国法律体系从不同层面确认了父母对未成年子女的义务和责任。首先，从宏观视域确立父母的抚养教育职责。《中华人民共和国宪法》第四十九条明确了父母抚养、教育未成年子女的义务。《中华人民共和国民法典》第二十六条明确"父母对未成年子女负有抚养、教育和保护的义务"。《中华人民共和国未成年人保护法》第七条规定父母依法对未成年人承担监护职责。父母有义务以适当的方式管理和教育未成年人，保护其人身财产不受侵害。因此，针对未成年人的欺凌行为，父母有责任给予管理和教育，父母的养育不仅包括将子女抚养长大，还包括教育子女成人。受欺凌的未成年人之父母，则有义务保护子女的人身财产不受侵害，帮助未成年人远离校园欺凌。其次，从微观层面明确父母教育的具体职责。一是父母对未成年子女进行日常管教。人权大师米尔恩（A. J. M. Milne）的"儿童福利"原则主张教育儿童在每个共同体中都必定是家庭的一种责任（米尔恩，1995）[68-69]。我国家庭教育相关法律规范强调父母有责任对未成年子女实施日常管理和教育，一方面通过实施道德品质、知识技能、文化修养、生活习惯等方面的培育、引导和影响，帮助孩子树立正确的世界观、人生观和价值观；另一方面通过规范和制约使未成年子女的日常行为符合道德要求和法律规范。《中华人民共和国未成年人保护法》和《中华人民共和国预防未成年人犯罪法》分别从事前教育和事后管教两方面明确要求父母对未成年人的不良行为和违法犯罪行为进行预防与制止，并进行合理管教或严加管教。二是父母"管教失职"的法律责任。根据现行法律规定，一方面，父母管教失职面临接受强制亲职教育的风险，根据《中华人民共和国预防未成年人犯罪法》《中华人民共和国家庭教育促进法》相关规定，未成年人的父母不得拒绝或者怠于履行监护职责，否则，公安机关、人民检察院、人民法院应当对其予以训诫，并可责令其接受家庭教育指导。另一方面，父母可能承担民事损害赔偿责任，根据《中华人民共和国民法典》第一千零六十八条规定，未成年子女造成他人损害的，父母应当依法承担民事责任。由此可见，校园欺凌父母责任具有双重属性：父母对于未成年子女的欺凌行为因违反"监督义务"而承担侵权责任，同时又因违反"监护义务"而承担管教责任。

三、校园欺凌父母责任的法律规制

通过立法促进家庭教育已经成为社会共识，父母作为家庭教育的责任主体，理应承担相应法律责任。世界各国和地区通过立法规定了父母在反校园欺凌中的义务与责任，我国也应当以家庭教育被纳入法治轨道为契机，对校园欺凌的父母责任进行法律规制。

（一）确立父母反欺凌义务，实现家校共育的治理格局

家校共育一直是西方学校管理的有效方式，家庭教育被视为学校教育不可或缺的伙伴。由于校园欺凌发生场域和伤害后果的隐蔽性特征，父母作为孩子的亲密接触者，参与校园欺凌治理有利于及时发现并有效遏制潜在的校园欺凌。2006年英国《教育与督导法》要求家长承担发现或捕捉孩子欺凌与被欺凌的迹象的义务，一旦校园欺凌发生，家长需要和学校密切配合处理。日本《防止欺凌对策推进法》第九条也明确规定对子女的欺凌行为，监护人负有不可推卸的教育义务。同时，父母作为监护人也有义务保护孩子不受欺凌，帮助受欺凌孩子采取适当措施摆脱受欺凌境地，并且有义务协助国家机关和学校开展校园欺凌防范工作。

目前多数观点认为对未成年人进行管教最合适的主体是父母（陈鹏 等，2021）。有鉴于此，建议我国首先通过立法明确父母的反欺凌义务，避免出现家庭教育职能弱化和学校治理责任颇重而影响学校正常的教育教学活动的现象。其次，根据《儿童权利公约》第十八条的规定，国家负有为父母提供适当协作机会的责任，当父母不能承担抚养儿童的责任时，国家提供帮助显然是适当的。因此，未来应将校园欺凌纳入家庭教育指导服务体系，提高父

母的家庭教育能力，从而实现校园欺凌治理中家校共育的美好愿景。但是，不得把对父母家庭教育责任的规定理解为减轻学校的欺凌防治责任，家庭与学校两者之间不存在孰轻孰重的责任关系。

（二）规范父母怠于履行反欺凌义务的法律责任及处罚形式

法律责任以法律义务为基础，是国家强制力对受损的合法权益予以救济，进而保障权利实现的重要手段。父母怠于履行反欺凌义务的行为应当受到相应处罚。根据美国各州法律的规定，父母对未成年子女造成的损害承担民事赔偿责任，不同州的法律对赔偿额度的限制是不同的，一般规定的赔偿额度为 800—2500 美元，但是也有例外，如康涅狄格州民法典规定对未成年人故意或恶意造成他人人身财产损害的侵权行为，损害赔偿额度最高可达500 万美元（吴纪树 等，2013）。威斯康星州反欺凌法规定了"父母责任"，给予父母 30 天教育期限，拒不教育或者成效不显著的，欺凌行为人的父母将会面临罚款（黄明涛，2017）。在英国，如果未成年人因校园欺凌行为被永久停学或在一学年内被定期停学两次以上，法院将会发出"教养令"，要求父母参加三个月以下的教育辅导课程，拒不配合者被裁处不超过 1000 英镑的罚金（周冰馨 等，2017）。

我国校园欺凌的治理亟待通过立法加强对父母怠于履行反欺凌义务的规制。首先，完善父母对未成年子女欺凌行为承担民事责任的方式。建议法律规定父母作为第一监护人，除了对未成年子女侵害他人人身权益造成的财产损失和精神损害进行赔偿外，还应该承担赔礼道歉的非财产性民事责任。赔礼道歉是指行为人通过口头、书面或者其他方式向受害人道歉，并取得受害人谅解的一种责任方式。某种程度上，赔礼道歉更有助于受欺凌学生及其家属的心灵及时得到抚慰，被侵犯法益得到修复。其次，构建父母怠于履行反欺凌义务的惩罚性赔偿机制。实践中，部分家长在校园欺凌发生后怠于履行教育职责或拒不执行强制亲职教育，针对以上现象，建议立法规定判处罚金或司法拘留，通过限制人身自由和剥夺财产权利建立惩罚性赔偿机制。尽管在家庭教育立法中不宜过度追求强制性和惩戒性条款，但是《家庭教育法（草案）》二次审议稿删除了有关罚款、拘留等处罚措施的规定，取消对不合格父母的罚款拘留条款仍值得商榷。

（三）父母责任的限制与规范

父母责任源于亲权。基于父母子女之间最亲近的血缘关系，在对未成年人的抚养教育中，父母天然地承担首要责任，法律也将父母设定为家庭教育的责任主体，但并非唯一主体。米尔恩认为维护儿童福利是共同体的利益所在，应该安排照顾孤儿和保护儿童免遭成年人虐待等各种措施，充分提供这种福利（米尔恩，1995）[69]。易言之，法律有必要对父母责任给予必要限制与规范。

一是对父母管教手段设定必要限制。父母对未成年子女具有天然的教导职责，可以适当惩戒，但必须以未成年人最大利益为原则。根据《儿童权利公约》第十九条的规定，缔约国应采取一切适当的立法、行政、社会和教育措施，保护儿童在受父母照料时不致受到任何形式的身心摧残、伤害或凌辱。《中华人民共和国反家庭暴力法》第十二条规定未成年人的监护人应当以文明的方式进行家庭教育，不得实施家庭暴力。《中华人民共和国未成年人保护法》第十七条也明确规定父母不得虐待、遗弃、非法送养未成年人或者对未成年人实施家庭暴力。因此，针对未成年人的校园欺凌行为，父母负有管教责任，但是管教手段必须合理合法，符合必要限度，不得将管教异化为家庭暴力。

二是国家亲权保障未成年人合法权益。随着《中华人民共和国家庭教育促进法》的实施，"家事"不再仅仅是家事，家庭教育立法在强调父母主体责任的同时也明确国家亲权对未成年人的权益保护。当家庭生活无法给家庭成员提供安全，未成年子女作为弱势家庭成员的权利受到侵犯时，家庭要受到公共生活的规训（刘连泰，2020）。同理，当父母管教失范侵犯未成年人的合法权益时，父母亲权要受到国家亲权的干预。监护人资格撤销是国家亲权保护未成年人合法权益的具体表现，《中华人民共和国未成年人保护法》第一百零八条规定未成年人的父母不依法履行监护职责或者严重侵犯被监护的未成年人合法权益的，人民法院可依法作出人身安全保护令或者撤销监护人资格。《中华人民共和国民法典》第三十六条规定怠于履行监护职责导致被监护人处于危困状态的，可以撤销监护人资格。因此，对于校园欺凌治理中怠于履行父母责任，在穷尽赔礼道歉、赔偿损失等民事责任和亲职教育、训诫、罚款、拘留等行政责任之余仍无改观者，可考虑暂时撤销其监护人资格。但是，父母监护的违法性是撤销父母监护人资格的充分条件，父母在家庭教育中的违法行为严重背离法律对未成年人的权益保护时才产生国家介入的必要性。过分强调国家公权力对家庭教育的介入有违亲子关系发展的自然规律。无论是父母责任还是国家亲权，其立法旨意均指向未成年人合法权益的保护。

参考文献

陈洁，王鑫，郭欣，2021. 父母缺席对大城市青少年遭受校园欺凌的影响［J］. 青年研究（2）：82-93，96.

陈鹏，康韩笑，2021. 父母家庭教育的义务及其立法规制［J］. 华南师范大学学报（社会科学版）（3）：34-44，205.

陈苇，2012. 当代中国内地与港、澳、台婚姻家庭法比较研究［M］. 北京：群众出版社.

冯恺，2018. 论美国反欺凌法中学校的义务承担及平衡政策［J］. 比较教育研究（10）：44-51.

黄明涛，2017. 国外校园欺凌立法治理体系：现状、特点与借鉴：基于七个发达国家的比较分析［J］. 宁夏社会科学（6）：55-63.

刘连泰，2020. 家庭与公共生活：中国宪法文本的表达［J］. 浙江学刊（5）：12-19.

米尔恩，1995. 人的权利与人的多样性：人权哲学［M］. 北京：中国大百科全书出版社.

文慧，陈亮，2020. 中小学校园欺凌惩戒的现实诉求与实现路径［J］. 教育科学研究（7）：29-35.

吴晗清，赵芳祺，程竺君，2020. 家校共育现状及可能的改变：来自家长的声音［J］. 当代教育论坛（1）：80-86.

吴纪树，马莹莹，2013. 英美法的未成年人侵权责任承担规则［J］. 学理论（22）：158-159.

夏吟兰，2018. 民法典未成年人监护立法体例辩思［J］. 法学家（4）：1-15.

余雅风，2017. 防治校园欺凌和暴力，要抓住哪些关键点［J］. 人民论坛（2）：98-99.

岳坤，2018. 父辈为主、祖辈为辅的教养方式有利于儿童的健康成长：中国城市家庭教养中的祖辈参与状况调查［J］. 少年儿童研究（1）：3-20.

张鸿巍，于天姿，2021. 亲权与国家亲权间的平衡：探求家庭教育的实现路径：兼评《家庭教育法（草案）》［J］. 中华女子学院学报（4）：18-25.

郑净方，邹郁卓，2014. 亲子关系变迁之考察［J］. 河南财经政法大学学报（2）：185-192.

周冰馨，唐智彬，2017. 防治校园欺凌的国际经验及其启示［J］. 外国中小学教育（3）：39-44，17.

Parental Responsibility of School Bullying and Its Legal Regulation

Wen Hui

Abstract: Research shows that family, school and society are the main factors influencing school bullying, with family factors having the most profound impact on children. However, schools, as the main place of school bullying incidents, are regarded as the primary responsibility subject of school bullying governance in practice. The existing legal system in China ignores the responsibility of parents to discipline minors' school bullying behavior. The weakening of family education function, the deviation of parental responsibility, and the false punishment for parents' violation of discipline duty have become the restricting factors of preventing and treating school bullying. Parental responsibility belong to the category of parent-child relationship law, which has experienced the development from the "my father authority", "patriarchal", "parental right" to "parental responsibility". Our existing legal system has made direct or indirect provisions on parental responsibility. All these have laid a legitimate legal and normative foundation for the legislation of parental responsibility in school bullying. With the introduction of Family Education Promotion Law, parental responsibility has changed from traditional ethical responsibility to legal responsibility. Based on this, it is necessary for China to legally regulate the anti-bullying duty of parents and the responsibility of parents who are negligent in fulfilling the anti-bullying duty. At the same time, it is necessary to set restrictions on parental discipline means to balance parental right and parental responsibility, so as to protect the legitimate rights and interests of minors.

Key words: school bullying family education parental responsibility rights and interests of minors

作者简介

文慧，博士，陕西师范大学教师干部培训学院助理研究员，研究方向为教育政策与法律。

□余雅风　褚　天

德国学生托管制度的规范重点、特征及其启示①

【摘　要】德国出台了《小学学龄儿童全天支持法案》，在全国范围内逐步推行学生托管服务，由各联邦州、市政当局组织日托机构为小学生提供放学后和假期托管服务，服务内容与方式丰富多样，资金由各级政府和家庭共同承担。通过立法，德国确认了小学生获得课后托管服务的权利，主要依托多元化的日托机构来促进学生的个性化发展，政府承担主要管理职责并投入经费，有效促进了教育、经济和社会发展的整体转型。我国应直面课后服务中的现实问题，借鉴德国经验，进一步明确政府主导、学校具体组织管理的职责，由教师和校外人员共同组成的专门师资队伍来为小学生提供分层可选择的课后服务，并形成地方政府为主、家长合理承担的成本分担机制。

【关键词】德国　学生托管制度　学校课后服务

近年来，为解决学生放学后无人照看的"三点半难题"，我国出台了《关于做好中小学生课后服务工作的指导意见》《关于进一步减轻义务教育阶段学生作业负担和校外培训负担的意见》（以下简称《意见》）等文件，推行

①　本文系 2021 年北京市社科基金项目规划重点项目"北京市人工智能在教育领域应用的法律规范研究"（21JYA002）的阶段性成果。

学校课后服务。但实践中出现了学校组织管理不力、教师薪酬补偿力度与延长工时不匹配、服务内容缺乏针对性、方式单一等问题，并引发由谁来提供课后服务、提供哪些服务、如何有效保障服务质量等争论，亟待通过明确和优化相关政策来解决。

针对小学生放学后的托管需求，德国图林根州等在州一级学校法中明确了小学的任务，13 个联邦州在日托法案中扩展了日托机构服务范围，探索小学生课后托管路径（BMBF，2021）；2021 年 9 月德国联邦议会通过了《小学学龄儿童全天支持法案》（以下简称《全天支持法》）（BECK，2021a），明确了小学生获得全天教育和托管的权利，并为托管提供经费支持，规定于2026 年起在全国范围内实施小学生托管，形成了较为完善的、体系化的学生托管制度。本研究以《全天支持法》和部分州一级法案为主要分析文本[①]，分析德国学生托管制度的规范重点和突出特征，以期为我国课后服务问题的解决提供借鉴。

一、德国学生托管制度的规范重点

德国学生托管制度是指为小学生提供全天教育和照顾的制度。其中，学校提供半天或全天教育，本文所称学生托管制度特指为小学生提供学校教育之外的课后托管服务的制度。

（一）托管服务的范围

德国学生托管旨在为小学学龄儿童提供全天支持，保障小学生享有获得全天教育和照顾的权利。首先，托管服务面向全体小学生开放。由于德国传统小学多为四年制的半日制学校，学生放学后主要在家或其他社会机构度过。学龄前儿童能够在日托机构获得全天托管，但进入小学后无法得到全天

---

① 　主要涉及《图林根州学校法》《图林根儿童日托法》《汉堡学校法》《汉堡儿童保育法案》《巴伐利亚州儿童教育和照料法》《柏林学校法》。

支持，小学生的托管需求最为强烈。《全天支持法》将托管服务对象界定为"从入学到五年级开始前"的小学生，确保小学生自入学开始至四年级结束后的暑假都可参加托管。在汉堡等地，托管对象为"开始上学至 14 岁"的儿童。

其次，托管在学校教育之外的工作日与假期开放。《全天支持法》规定托管服务时间为"工作日，每天 8 小时（含教学时间）"，同时允许州法律"规定设施在学校假期期间每年最多关闭四个星期"。图林根州规定小学生有权从周一到周五在日托机构或课后托管中心获得支持，每天的托管时间为 10 小时（含教学时间）；汉堡州规定了托管服务时间段，包括每个上课日和学校放假期间的早上 6:00 至 8:00 和下午 4:00 至 6:00；不少联邦州也提供课前、午餐照顾和课后服务，并在假期开放；萨克森－安哈尔特州等规定开放时间可由家长和托管机构、地方青年福利办公室协商确定。

（二）托管的组织与实施

托管主要由地方当局管理，日托机构与学校等负责组织实施。当地青年福利办公室是日托机构的主管部门，承担具体管理职责，如统计托管需求并制订计划、审核与发放经费补贴、组织教学专家等提供专业培训等。

依法实施托管服务的机构主要包括课后托管中心、日托中心以及全日制小学三类。其中，课后托管中心是独立的教育、教养和托管机构，它与学校合作，有在校内组织和在部分校外机构进行两种形式。日托中心是为不同年龄段儿童（含学龄和学龄前儿童）提供托管服务的机构。2018 年生效的《进一步发展质量和改善日托设施及儿童日托参与的法律》明确了学龄前儿童在日托机构获得服务的权利，进一步保障日托机构质量的规定使得德国形成了相对成熟的日托服务体系。部分日托机构也为有需求的学龄儿童提供服务，这类机构也称综合日托中心。全日制小学是将教学和教养与课外支持和监督相结合的全天学校教育组织形式；柏林州小学全部提供全天教育（Berlin, 2021）。托管机构的组织者包括免费青少年福利提供者，市政当局、市政协会、行政社区和市政特殊目的协会，非营利性的家长协会、福利协会等法人组织，家长等自然人，以及学校（BECK, 2021b）。

学生托管机构的师资管理参照日托机构，须配备教学等专业人员。教学专业人员指国家认可的教育工作者、合格的教育工作者、合格的社会教育家或社会工作者。同时，大部分联邦州规定教学专业人员与小学生的比例在 1∶20 左右。此外，需有技术工人配合工作，并鼓励志愿人员和兼职人员参与。

（三）托管的内容与方式

托管与学校教育不同，更加注重儿童的全面发展，服务内容丰富、方式灵活多样。从内容来看，主要包括社会技能的发展、休闲活动和学习活动。其中，社会技能强调促进学生独立、承担责任的意愿和社交技能，对他人、文化和生活方式的宽容与接受，以及创造力和想象力；休闲活动包括游戏娱乐和兴趣培养，引导学生独立、积极地安排空闲时间；学习活动旨在满足学生日常学习需求，为有意愿的家长和学生提供专家帮助。托管强调体验式的项目和深入参与，既注重以学生需求为基础、提供适合学生年龄和发展的活动方式，又强调学生参与，课后托管中心的学生代表可参与重大决策。

各地的托管实践各具特色。图林根州的课后托管中心制订了广泛多样的教育和支持计划，提供女生保护课程等丰富选择；由志愿者为学生提供养蜂知识、农田种植知识等多样化内容（DKJS，2012）[25-36]。汉堡州在提供家庭作业指导和学习时间的基础上，与体育俱乐部、音乐学校和其他参与儿童及青少年工作的组织合作，提供运动、音乐、艺术、戏剧和其他创造性活动；社会教育家、教育工作者和其他教育专家也在学校工作，为有需要的儿童提供更好、更具体的支持（Hamburg，2021）。

（四）托管的资金支持

为保障学生托管制度的全面落实，《全天支持法》通过实施与修正《全天经济援助法》《财政平等法》《全天融资法修正案》来明确联邦政府和联邦州的资金投入职责。首先，联邦财政援助经费用于新建和维持现有的儿童托管场所及设施，联邦政府将提供 35 亿欧元的财政补贴，投资份额为 70%，各联邦州承担 30%，独立机构的自有资金可抵消联邦州份额，且《全天支持法》明确规定了分配给各联邦州的援助经费金额。其次，调整了联邦政府和联邦州的税收分配，为联邦州提供更多支持。再次，为确保托管服务的持续性，建立定期评估机制，将对 2027 年和 2030 年的投资及运营成本进行新的评估，根据评估结果来补偿额外负担。各联邦州根据上位法及各州根据实际制定的地方性法律和政策，明确获得援助资金的具体标准和申领流程等。财政资金主要以投资和运营等专项补贴形式提供给托管机构的运营者及家长，由地方青年福利办公室执行。

同时，大部分联邦州规定家长承担托管费用和餐费，费用根据家长收入、托管时间和家庭中儿童数量等进行测算，对于确有特别困难的予以减免。如图林根州规定根据父母收入、孩子数量以及服务范围进行分级，大多数联邦州规定由父母承担餐费，柏林免费为一、二年级学生提供托管服务（Berlin，2021）。

二、德国学生托管制度的特征

从联邦到地方的一系列法案内容严谨、相互衔接，共同建构起德国学生托管制度，为托管实践提供了规范、合理的依据。德国学生托管制度植根于其独特的社会背景和教育现实，呈现出以下特征。

（一）赋予小学生获得全天支持权，确保其获得课后托管服务

德国《社会法典第八部－儿童和青少年福利》（SGB-Ⅷ）规定了国家和社会为青少年及其家庭谋福利的基本职责，《全天支持法》通过对前法的修改，明确了小学学龄儿童在日托机构获得全天教育和托管的权益，并规定责任主体和具体要求，为小学生及其家长提供了可选择的托管服务。

首先，小学生获得全天支持的权利属于社会权利。《全天支持法》致力于为学生提供更加充分、适当的托管服务。从权利主体来看，一年级至五年

级之前的小学生是获得全天支持权的主体，这是在保障学龄前儿童日托权和五年级以上学生在全日制学校学习的权益基础上，对小学生合法权益的积极回应；从权利内涵来看，强调小学生在学校之外的受照料权益，是对受教育权的衔接与补充；从权利性质来看，小学生的获得全天支持权属于统筹考虑学生、家庭和社会利益的社会权利，受教育权和获得托管权都是其有机组成部分。

其次，德国学生托管制度隶属于多个保障体系。日托中心和全日制小学是提供托管服务的最重要的两类主体。其中，日托中心是儿童和青少年福利体系的重要组成部分，是学龄前儿童保障制度的延伸；全日制小学则是对传统学校制度的变革和完善。事实上，关于小学生全天支持属于社会福利体系还是教育体系的争论一直存在（Koblenz，2021）。日托中心和全日制小学性质有别，但二者的出发点和归宿统一于为小学生及家长提供学校教育之外的、促进学生全面发展的支持。家长和小学生可以根据家庭情况、学生状态等自愿决定是否参与托管、选择何种时间与形式的托管，从而为学生课后的安全健康成长和家长更好地工作提供有益助力。

（二）依托多元化日托服务，促进学生的个性化发展

虽然德国学生托管所属体系尚不清晰，但学生在学校接受的教育活动与在校外获得的托管服务之间分野清晰。学生托管主要依托成熟的日托服务体系，托管机构的组织运营和专门师资管理参照日托机构相关规定执行，托管服务主体多元、形式灵活，有助于更好地回应小学生的需求、促进其个性化发展。

一是托管机构具有公益属性，组织者丰富多元。托管机构的组织者既有免费的青少年福利提供者，市政当局、市政协会、行政社区和市政特殊目的协会，又有非营利性的家长协会等法人组织及家长等自然人，还有一些全日制学校。多元的组织者意味着托管的场所与方式存在差异，如不少机构设于学校附近或社区，全日制小学或校内课后托管中心以学校为场地，综合日托中心多为混龄管理，也有不少机构开展丰富的体验式项目，助力学生的兴趣发掘和培养。需要注意的是，学校虽为组织者之一，但其主要为场地提供者

和组织者，具体托管活动由其合作者组织实施。

二是托管服务主要由日托机构的教学专家等专门人员或志愿者提供。首先要求由具备专业资格的教学人员来提供托管服务，即便是校内课后托管中心，也由专门聘用人员，而非学校专业教师提供托管服务，如图林根州课后托管中心的工作人员为雇员而非教师（Thüringer，2021）。与此同时，全国范围内需增加专业师资力量以保证托管服务，有机构预测 2029/2030 学年需招聘约 57000 名托管人员（Deutsches Jugendinstitut e.V.，2021）。此外，志愿者、社会教育家、教育工作者和其他教育专家也积极参与其中。多元化的组织者和师资决定了托管服务的多样性与灵活性，小学生与家长得以自行选择需要或感兴趣的托管，从而更加充分地实现小学生的个性化发展。

（三）政府主导并承担主要资金，推进社会公平与整体转型

德国各项法案明确了各级政府在托管中的主导作用和资金保障职责，履行法定职责不仅有助于促进社会公平，也带来了传统经济与社会结构的转型。

各级政府分层主导、强力推进，保障了托管制度的长期有效运行。一是各级政府权责明确、有序管理，全面推进托管制度落地。联邦政府通过立法明确时间节点，把握整体进度；各联邦州制定相应方案，统筹当地托管活动；青年福利办公室履行了解需求、制定规划、组织资金发放和监督等职责，确保托管机构满足家长和学生需求。二是联邦政府与联邦州负担主要资金投入。多项法案明确了联邦政府与各联邦州分别应承担的托管机构建设和运营资金金额及比例，各州制定并公开家长托管费用标准；对于确有困难的家庭，根据一定原则减免托管费用，从而确保处于弱势地位的家庭和儿童同样能获得服务。

与此同时，从宏观视角来看，为小学生提供托管服务是"在一个非常重要的结构性问题上的重大突破"（Deutscher Bundestag，2021）。虽然学生托管表面上是在解决小学生放学后无人照看的现实问题，但其背后是学校教育系统乃至德国传统社会体系对现代社会工作与生活方式变化的回应。对学龄儿童全天托管权的明确意味着德国传统学校教育结构正面临新的变化，即在条件允许的地方由半日制向全日制学校过渡，并通过多元方式提供课后托管

服务。此外，教育结构的变化逐步打破家长深度参与经济活动的原有束缚，顺应了当前及今后社会发展的形态和新趋势，会进一步促进家庭、工作和社会结构的系统性调整。它是德国社会经济政治发展到一定水平的必然产物。

三、德国学生托管制度对我国的启示

我国课后服务处于探索时期，强调学校主阵地作用符合我国国情和教情。但实践中出现了组织管理与师资、服务内容与时间、经费分担等问题，引发了广泛争议，亟待采取措施有效应对。德国学生托管制度有其社会福利与教育系统的深刻烙印，当然不能照搬照抄，但可为我国问题的解决提供思路。

（一）政府主导、多主体参与，学校应为具体的组织者与管理者

责任明确、边界清晰的多元主体是课后服务的组织基础。目前不少地方政府未发挥主导作用，社区和其他组织参与受限，学校是课后服务的主力但缺乏权力和资源支持，很多学校仅提供基本照看服务，服务质量难以保障。德国地方当局指导和监督日托机构提供托管，学校只是场地提供者和组织者。我国的全日制学校虽有先天优势，但其与政府和社会的职责边界如何划定，需相应的政策予以明确。

课后服务属于准公共教育服务体系，是义务教育的延伸（邹敏，2020），政府、学校、家庭和社会都是责任主体，不应将压力集中在学校。首先，政府应发挥主导作用，履行统筹、保障、监督职责。地方教育行政部门应定期组织学校了解学生需求，指导学校制定方案；出台师资管理规范，提供必要培训；依托大数据等信息技术搭建资源共享平台，形成有效机制，畅通学校、学生需求与社会资源供给渠道。其次，多元社会力量应积极发挥自身优势，提供外部动力，如少年宫、博物馆等公益组织，音体美等专业培训机构、专业院校、科研机构等各种社会组织和个人加强与学校的沟通合作。最后，学校应在政府指导和支持下，履行直接组织与管理职责，由专人负责课

后服务管理，提供场地和教育资源（蔡英辉 等，2020），制定服务方案，加强安全管理和监督。

（二）具体服务者应为教师与校外人员自愿组成的专门力量

稳定、专业的师资力量是课后服务长期运转的关键。目前学校专职教师是课后服务的中坚力量，但不少教师是迫于行政压力参与，工作时间被延长、休息和生活受影响，且未获得相应的经济报酬，故缺乏主动性，课后服务能否良性持续存在不确定性。在德国，托管师资以日托中心的教学专家、社会教育者和兼职人员为主，有一支相对稳定且日渐扩大的专门队伍，学校在职教师并非主力甚至很少参与。

教师是履行教育教学职责的专业人员，在学校从事教育教学活动是其权利也是义务。课后服务看似学校教育的延伸，但非学校教育和义务教育的组成部分，教师不负有提供课后服务的法定义务。现实中一些学校强制要求教师参与基础看护，不仅侵犯了教师权益，更是对专业教师资源的浪费甚至透支，将教师视为课后服务的绝对主体缺乏理论和法律依据。为保障师资稳定和专业，应尽快建立包含校内外专兼职人员的课后服务队伍。其一，教师依然是课后服务的重要提供者，但应充分尊重教师意愿，通过科学合理的安排与经济保障来激发教师的主动性。其二，应引导和吸纳校外相关机构的专业人员、社区工作者、离退休人员、在校大学生、家长志愿者等以专职或兼职形式参与进来（李醒东 等，2020），与学校教师一起成为提供课后服务的专门力量。

（三）应为小学生提供多样化选择，并探索假期服务

课后服务的对象、内容与时间决定着学生和家长的满意度。目前义务教育阶段的中小学都提供课后服务，以学业辅导为主，不少学生只是坐在教室里自习，且假期服务存在空白。这引发了广泛争论与担忧，如课后服务的定位是什么，中学是否应提供课后服务，课后服务能否在假期开放……。德国明确小学生为托管服务对象，服务内容不同于学校教育，且在课后和假期

开放。

我国应从实际出发，通过科学、可行的制度设计来为小学生提供丰富选择，探索假期服务。第一，应明确小学生为服务对象，无须纳入初中生。初中早放学问题不突出且学生具备一定的自我管理和保护能力，应允许中学按照《意见》自行决定是否提供课后服务或开设晚自习。同时，应优先保证小学低年级、双职工家庭、单亲家庭、困难家庭学生等弱势群体接受服务。第二，应提供学校教育之外的多样化内容。从需求出发，结合当地的丰富资源，分层设计包括基本看护、学业辅导、兴趣发展和社会技能培养的服务内容，利用校内外资源开展 STEAM 教育、音乐、舞蹈、体育等专业培训，打破班级授课方式，组织体验式项目和社团活动，强化学生深度参与，由学生和家长自行选择。此外，目前不少家庭面临寒暑假无人照看学生的困境，应引导学校、社区和社会机构等共同探索假期服务，在时机成熟时提供。

（四）地方政府应承担主要经费，家长可合理分担成本

充足、稳定的资金可为课后服务提供经济保障。目前关于课后服务经费的政策表述较为笼统，收费标准缺失，经费保障制度不完善，制约着课后服务长期运转。对课后服务性质的理解偏差引发关于课后服务是否应收费、如何收费的争议。德国多项法案明确了两级政府的出资额度和相关主体的保障义务，允许联邦州自行决定托管收费标准。我国课后服务属于准基本公共教育服务体系，政府应承担财政责任；但不同地区财力差异大，承担比例不可一概而论。

第一，由政府承担主要费用。省级政府应统筹本省课后服务经费保障办法、划定经费来源，提供基础性照看服务经费支持；县级政府应将课后服务费用纳入财政预算，允许其通过设立专项资金、提高补助标准等方式来加大投入。经济发达地区可通过政府购买服务、财政补贴等方式兜底开支，提供免费服务。第二，建立政府和家长合理分担成本的机制。对于地方财政无法完全负担的，允许县级政府探索与家长、社会共担的成本分担机制，在制定政策时根据学生家庭收入水平划分价格等级，优先保障弱势群体家庭的参与（吴开俊 等，2020）。对于成本较高的特长培养服务，在与家长充分协商的

前提下以家长承担为主。同时须进一步完善课后服务经费管理办法，落实对课后服务人员的合理薪酬分配。

参考文献

蔡英辉，周义程，2020.依托学校资源的小学"弹性放学"：国外经验与中国选择［J］.兰州学刊（2）：140–149.

李醒东，赵伟春，陈蕊蕊，2020.对义务教育阶段学生课后服务的再思考［J］.中国教育学刊（11）：61–65，91.

吴开俊，姜素珍，庾紫林，2020.中小学生课后服务的政策设计与实践审视：基于东部十省市政策文本的分析［J］.中国教育学刊（3）：27–31.

邹敏，2020.中小学生课后服务的属性及权责问题探讨［J］.中国教育学刊（3）：32–36.

BERLIN, 2021. Schulgesetz Berlin [EB/OL]. (2021-08-27) [2022-01-10]. https://www.schulgesetz-berlin.de/berlin/ schulgesetz/teil-iii-aufbau-der-schule/abschnitt-i-gliederung-und-organisation/sect-19-ganztagsschulen-ergaenzende-foerderung-und-betreuung-mittagessen.php.

BECK C H, 2021a. Gesetz zur ganztägigen förderung von kindern im grundschulalter (ganztagsförderungsgesetz – gaFöG) [EB/OL]. (2021-10-02) [2022-01-10]. https://beck-online.beck.de/?vpath=bibdata%2fges%2fGAFOEG%2fcont%2fGAFOEG%2ehtm.

BECK C H, 2021b. Sozialgesetzbuch (SGB) achtes buch (VIII) kinder- und jugendhilfe [EB/OL].(2021-06-10) [2022-01-10]. https://beck-online.beck.de/?vpath=bibdata%2fges%2fSGB_VIII%2fcont%2fSGB_VIII%2eP2%2ehtm.

BMBF, 2021. Rechtsanspruch auf ganztagsbetreuung für grundschulkinder [EB/OL]. [2021-05-05]. https://www.bmbf.de/bmbf/shareddocs/kurzmeldungen/de/rechtsanspruch-auf-ganztagsbetreuung-fuer-grundschulkinder.html.

DEUTSCHER BUNDESTAG, 2021. Stenografischer bericht 239. sitzung [EB/OL]. [2021-09-07]. https://dserver.bundestag.de/btp/19/19239.pdf.

DEUTSCHES JUGENDINSTITUT e.V., 2021 .Ganztag für grundschulkinder: ausbaubedarf insbesondere in den westdeutschen flächenländern [EB/OL]. (2021-10-19) [2022-01-10]. https://idw-online.de/de/news777763.

DKJS, 2012. Deutsche kinder- und jugendstiftung gemeinnützige gmbH (DKJS). was ist eigentlich eine ganztagsschule? [M]. aktualisierte Auflage. Berlin.

HAMBURG, 2021. Ganztag an Hamburger schulen [EB/OL]. (2021-12-01) [2022-01-10]. https://www.hamburg.de/contentblob/3371642/5313a06f59012dc7f26178899c8890c0/data/info-flyer-zu-gbs.pdf.

KOBLENZ H, 2021. Kita zwischen bildung und fürsorge: bundesweiter kongress zur kritischen standortbestimmung [EB/OL]. (2021-09-29) [2022-01-10]. https://idw-online.de/de/news776564.

THÜRINGER, 2021. Thüringer schulgesetz [EB/OL]. (2021-08-01) [2022-01-10]. https://bildung.

thueringen.de/fileadmin/ministerium/publikationen/thueringer_schulgesetz.pdf.

The Normative Emphasis, Characteristics and Enlightenment of the Student Care System in Germany

Yu Yafeng　Chu Tian

Abstract: Germany has introduced the "All-day Support for Elementary School-aged Children Act", to gradually implement student care services nationwide. The federal states and municipalities organized day care institutions to provide after-school and vacation custody for primary school students. The service content and methods are rich and diverse, and the funds are jointly borne by governments at all levels and families. Through legislation, Germany has confirmed the right of primary school students to after-school care, relying mainly on diversified day-care institutions to promote the individual development of pupils, with the government assuming the main management responsibility and funding, effectively responding to and promoting the overall transformation of education, economic and social development. China should face up to the practical problems in after-school services, draw on the German experience, and further clarify the responsibilities of government-led, school-based organisation and management, with a specialized teaching team of teachers and out-of-school staff to provide tiered, optional after-school services for primary school students, and form a cost-sharing mechanism with local governments taking the lead and parents bearing a reasonable share.

Key words: Germany　student care system　after-school service

作者简介

余雅风，博士，北京师范大学教育学部教育基本理论研究院教授、博士生导师，研究方向为教育法学。

褚天，北京师范大学教育学部教育基本理论研究院博士研究生，研究方向为教育法学。

□ 阮　琪　陈　鹏

英国高等教育对外合作办学政策：历程、逻辑与特征

【摘　要】英国高等教育国际化政策对英国对外合作办学高质量发展起到了重要的推动及稳固作用。基于大学建立、殖民扩张、经济滞胀以及国际战略意识的形成，英国高等教育对外合作办学政策历经探索期（"二战"前）、适应期（"二战"后至20世纪70年代初）、短暂低谷期（20世纪70年代末）以及恢复与革新期（20世纪80年代初期至今），呈现了政策动力由外部转向内部，政策主体由单一走向多元，政策工具由宽松走向规范，政策理念由效率走向公平的演进逻辑，体现了国家主导、多元参与、规范程序、注重公平的特征。当前，在我国高等教育高质量发展的新阶段，高等教育对外合作办学应立足"输入"与"输出"双向合作的发展之路，以期推动中外合作办学政策向着更加开放、主动、多元、规范、公平的方向发展。

【关键词】教育国际化　英国高等教育　对外合作办学　高等教育政策

21世纪以来，高等教育国际化在文化交流与传播过程中的作用日渐突出，培养高等教育应用型人才面临着国际上的激烈竞争。积极推动国际教育交流与合作，加快对外

合作办学"走出去"步伐，打响我国教育的国际知名度与竞争力，成为我国高等教育高质量发展面临的迫切需求。英国在对外合作办学高质量发展过程中，强调以政府为主导，对高等教育国际化政策不断进行突破、重新规划与调整，持续推动与保障了英国高等教育对外合作办学的发展。因此，以高等教育国际化为主轴，以政治、经济等因素的变化为脉络，梳理英国高等教育对外合作办学政策变迁，探讨其演变逻辑，归纳其特征，对深化我国合作办学经验，完善中外合作办学政策具有重要意义。

一、基于国际化视野的英国高等教育对外合作办学政策变迁

对外合作办学是高等教育国际化的重要组成部分，是实现国家教育开放、文化输出的重要渠道。英国政府在对外合作办学高质量发展中的推动作用突出，通过将对外合作办学纳入国家全球化战略，不断颁布支持性、鼓励性政策，实现教育在国际范围内的"输出"。基于英国高等教育国际化发展趋势的演变，依据政策背景、内容及成效，可将英国高等教育对外合作办学政策划分为四个阶段：国际性特征萌芽的政策起步阶段、基本形成国际化环境的政策适应阶段、经济受限导致的政策消沉阶段、以快速发展与质量建设为主轴的政策恢复及革新阶段。

（一）高等教育国际化的政策探索期（"二战"前）

12 世纪，英国的学生通过前往其他国家求学来满足高等教育需求，但受英法关系恶化等政治因素影响，在法留学的学生被迫回到英国接受高等教育。由于大学暂未设立教授职位，教师可在地域间流动，同时，基于共同的宗教、语言，跨国的"游教"与"游学"风气在大学间形成，大学间的文凭被相互承认，这是高等教育初具国际化形态的体现（张建新，2003）。18 世纪后，随着英国对外贸易往来的加速及传教范围的不断扩大，为了推动英国教育模式在印度传播，培养为英国服务的人才，1854 年《教育急件》

（Education Dispatch）出台，英国大胆探索合作办学发展路径。一是设立专门机构。政策的产生始于问题议论，1934 年，国际教育研究所在英设立（谷海玲，2005），成为英国首个专门研究国际性教育问题的机构。同年，英国文化委员会作为促进国际教育交流的准官方文化组织成立，并在世界范围内设立分支机构（茅晓嵩，2015）。二是突出建设以本国大学为模板的海外合作分校。《教育急件》推动英国在印度建立以伦敦大学为模板的孟买大学、加尔各答大学、马拉斯德大学三所大学，海外分校的前身由此诞生，对外合作办学雏形基本形成。

英国高等教育对外合作办学政策随着国际贸易与殖民扩张的发展而不断发展，基于现代大学的发展，殖民扩张等政治、经济、文化上的需求，英国将对外合作办学作为传播本国文化与教育的重要内容，《教育急件》是在该领域的初次尝试，为后续政策的制定提供了基础，为英国大学海外分校的形成提供了成功经验，英国高等教育模式初步形成世界影响力。

（二）高等教育国际化的政策适应期（"二战"后至 20 世纪 70 年代初）

第二次世界大战（简称"二战"）后，英国在世界上的政治、经济和军事地位受到极大削弱，为恢复经济，增强在国际上的话语权与竞争力，政府将高等教育国际化作为重要的国家战略提出。受美苏"冷战"局势的影响，国际教育交流与合作成为发达国家用来获得其他国家支持、扩大影响力的一种重要渠道，发展中国家尤其成为发达国家开展教育交流与合作的重点区域。因此，英国紧跟两大集团发展教育国际化的步伐，向亚洲、非洲、拉丁美洲国家提供资金支持，大力培养学术人员、开展培训等。1963 年，英国政府回顾高等教育发展状况，基于对未来发展的预测及规划发布了《罗宾斯报告》（以下简称《报告》），英国政府不断发挥政策调整优势。一是形成突出英国教育优势的国际办学宗旨。《报告》所形成的规划为英国高等教育发展提供了极为广阔的视野，形成了"罗宾斯原则"，向国际青年展示英国高等教育的魅力，吸引着世界各地青年学生（刘晖，2001）。二是大力推行保障政策。福利保障、对外援助项目等多项政策的推行共同保障了英国高等教育的发展，提升了在英留学的吸引力与英国高等教育知名度（De Wit，

2002）[164-166]，为英国高等教育国际化发展奠定了政策环境基础。三是加快国际教育交流与合作。1967年，英国皇家学会与德国研究会共同签署了第一份国际合作协议，加速了欧洲共同体高等教育合作与交流。

"二战"后英国的高等教育政策发展轨迹与英国政治、经济、文化利益需求保持一致，政府力求通过加速发展高等教育提升本国的政治与经济影响力，高等教育对外合作办学政策也呈现出快速扩张前的调适特征。《报告》实施后，英国高等教育规模不断扩大，教育品牌国际吸引力与竞争力持续提高，形成了适应高等教育国际化发展的良好环境。

（三）高等教育国际化的短暂低谷期（20世纪70年代末）

20世纪70年代，英国经济受到重创，政府在高等教育领域不断进行努力与尝试，力求通过建立新型大学、技术学院改善局面，但收益甚微，导致英国财政赤字严重，因此，保守党采取缩减高校公共教育资金的措施，采用欧洲共同体外留学生全额收费的政策缓解经济压力，致使高等教育国际化步伐被迫减缓，对外合作办学陷入低谷，英国在经济举步维艰的困境中开拓合作办学领域。一是形成以国际合作项目为主的教育合作趋势。欧洲共同体各国在《马斯特里赫特条约》（Treaty of Maastricht）基本原则的引导下，以相继签署的教育合作项目构成该阶段国际合作发展的主要内容，具体包括1976年的"联合学习项目"（Joint Study Program），1982年的"国外学习评估项目"（Study Abroad Evaluation Project）。二是经济制约仍旧构成合作办学发展的最大阻碍。这个时期的英国高等教育对外合作办学政策与活动主要受英国经济的限制，发展受到阻碍，呈现停滞不前的特点。

这一时期，英国高等教育对外合作办学政策虽出现短暂空白，但随着欧洲地区国际化意识的觉醒，高等教育在欧洲共同体范围内的交流与互动环境逐渐形成。然而国际合作虽在欧洲共同体范围内得到了极大的推行，但各国受经济因素制约，国际教育合作以政府牵头的职业培训为主，合作办学项目与活动仍未有进展。

（四）高等教育国际化的恢复与革新期（20 世纪 80 年代初期至今）

1979 年，撒切尔政府开始进行经济体制市场化改革，并于经济滞胀困局缓解后着力发展高等教育。20 世纪 90 年代，英国政府将高等教育国际化作为国家战略正式提出，通过积极出台政策大力推动高等教育发展。以国际战略意识为原动力，英国形成了《高等教育学术质量和标准保障实施规则》《海外合作办学、灵活学习和分配学习，包括在线学习》《英国跨国教育的价值》《跨国教育审查指南》等针对性的合作办学政策。得益于经济的快速发展，英国政府加速国际化发展进程。一是政策制定主体多元。政策制定呈现多部门参与特征，准官方组织英国文化协会、第三方机构高等教育质量保障署、政府部门等均参与了高等教育对外合作办学政策的制定，共同推动国际教育交流与合作计划。二是重视质量保障与社会参与。在质量保障中，增加了政府、第三方机构与社会参与的内容，并明确了高等教育质量保障署作为质量监督部门的职责。三是政策的合法性得到保障。明确合作办学发展目标，科学合理制定政策，保障活动实施的程序规范性，体现公民意志。融入社会参与内容，保障学生申诉权益，维护公民利益。四是政策发展存在连续性。随着改革不断深入、目标不断明确，政策发展基于对前期政策的补充与明确。如《继续教育和高等教育法》是为落实《高等教育：一种新的框架》白皮书中的建议，《海外合作办学、灵活学习和分配学习，包括在线学习》是对《高等教育学术质量和标准保障实施规则》的进一步调整与修订。五是积极响应欧盟的国际教育合作项目。1995—2013 年，英国参与了"苏格拉底项目"、"伊拉斯谟项目"及"地平线 2020"等多个欧盟国际教育项目，与欧盟国家建立了和谐共赢的合作关系。

英国政府通过不断出台鼓励性与规范性的政策文件，推动高等教育国际化的恢复与革新，随着政策的不断推进，英国高等教育国际化在 20 世纪 80 年代后期达到了前所未有的快速发展态势，形成了规模庞大的对外合作办学机构与项目，开展合作办学的国家及地区范围不断扩大。

二、英国高等教育对外合作办学政策演进逻辑

政策的产生来自社会需求等外部刺激，社会需求上升为国家与公民共同的发展需求意识，在引起决策者重视后，由政府主导将其外化为行动和政策。本文通过探索英国高等教育对外合作办学政策的产生、制定、执行以及监督，基于发生学取向、过程取向、政策工具和政策理念的分析模式，发现英国高等教育对外合作办学政策演进呈现出政策动力由外在刺激转变为内生发展、政策主体由政府主导转变为多元主体参与、政策工具由激励型转变为引导型、政策理念由注重规模转变为公平优先的特征。

（一）政策动力：由外部转向内部

教育政策容易受经济状况、社会舆论及国际环境等外部因素的影响，需要政府及时对政策进行调整和修订，这是政府为调整国家和人民不同需求进行的利益分配过程。英国高等教育对外合作办学政策发展的轨迹基本与其经济态势保持一致，20世纪70年代末的短暂停滞便是由于经济的制约。英国公民对于国际化教育教学的讨论，影响了政策问题的认定，促使政府通过政策不断地进行利益分配。开放、国际合作与交流理念不断推动着英国教育国际化进程，欧盟所推动实施的教育合作交流计划，促使英国积极主动地加入国际教育合作的发展潮流。

随着英国政府将高等教育国际化作为国家战略，政府基于国家需求产生了发展的内部动力。20世纪80年代中期，在经济快速发展的形势下，国际化进程由政府主导快速发展，高等教育对外合作办学政策的制定由被动转变为主动，由受外部刺激逐步转为从内向外自发探索，政府不断通过提出政策问题与建议，及时对改革实施状况进行跟进、督导和监察，积极进行政策修订与调整。

（二）政策主体：由单一走向多元

教育政策主体也称为政策的活动者，包含直接或间接参与政策各个环节的个人、团体与组织。英国高等教育对外合作办学发展的早期，主要由英国政府作为单一主体推动政策活动进行，在支持、鼓励、执行与监督方面以政府为主要推动力。

随着利益团体的复杂化，多元主体参与了教育问题的讨论。2007 年，为促进政府机构和相关部门的互动与合作，共同为合作办学提供思路、建议及措施，首相布朗调整、划分了高等教育部门，并强调了部门职责。除政府机构外，英国大学委员会、英国研究理事会、高等教育委员会等非政府机构，教育、外交、法律等领域的优秀人才作为议员参与了政策问题的讨论（赵璐，2017）[28]。在政策监督过程中，高等教育质量保障署作为独立于政府与高校之外的非营利性第三方组织，实施对英国高等教育的质量评估和监测，社会公众也享有监督、质疑的权利，形成了多元主体的参与机制。

（三）政策工具：由宽松走向规范

教育政策工具是政府为实现教育目标而采取的手段。最初英国制定的高等教育对外合作办学政策皆以扩大规模为目标，文本大多以支持、鼓励、提供福利、进行补贴与奖励为主。以政策文本体现的制度约束力的强弱、显隐状态（薛二勇 等，2017）可以得出早期英国以激励型政策工具为主，形成了较为宽松的政策环境。

伴随着政府采取积极的发展策略，高等教育对外合作办学规模不断扩大，加强质量监管及资格准入成为稳固发展、提高国际声誉的迫切需求，因此，高等教育对外合作办学政策工具逐渐转向以倡导号召、督促加强为主的引导型（赵宏 等，2021）为主，体现了政策手段由宽松走向约束与规范。《海外合作办学、灵活学习和分配学习，包括在线学习》规定了英方对合作方实施考察，及时进行反馈与完善等诸多引导型政策工具，为高等教育对外合作办学的发展提供了规范的政策环境。

（四）政策理念：由效率转向公平

政策理念是政策制定所遵循的根本原则，是政策制定、实施、监督、终结各个环节的内在价值。在政策的价值选择上，在英国高等教育对外合作办学的发展早期，政策基调以追求扩大规模为主，所遵循的政策理念以突出效率为主。随着合作办学规模的不断扩大、参与主体的日益复杂，质量问题同步产生，提升质量成为利益主体共同的呼吁，这促使公平逐渐替代效率成为政策主导理念。

公平理念体现在程序公平、过程公平、结果公平中。《海外合作办学、灵活学习和分配学习，包括在线学习》规定在程序上，合作办学的双方必须签订内容科学、具有法律效力的正式合同，由法律保障双方权利。在实施过程中，英方通过按期考察、参与招聘流程、展开评估来保障质量，因此，明确责任、信息公开等程序，保障了双方有效行使权利（Group，2010）。同时，允许学生直接向英国大学进行申诉。重视利益主体的知情权、监督权与申诉权，是英国高等教育对外合作办学政策理念由效率转向公平的最大体现。

三、英国高等教育对外合作办学政策的基本特征

英国高等教育对外合作办学政策以公平理念为价值原则，形成了上升至国家战略的发展意识，构建了多元主体参与的体制机制，构建了程序规范的法律政策，这些成为合作办学成功的重要因素与特征。随着国际化在国家发展过程中的作用凸显，高等教育对外合作办学成为我国教育现代化、高等教育高质量发展面临的重要机遇与挑战，因此，总结英国高等教育对外合作办学政策发展的基本特征，梳理其成功经验，可以为中外合作办学政策高质量供给提供借鉴。

（一）基于政府主导地位的国家战略意识

英国政府在高等教育对外合作办学发展过程中发挥了至关重要的作用，是推动对外合作办学的核心力量。政府在积极加入欧盟教育国际化计划的同时，也注重为本国高等教育国际化营造良好的政策环境。英国始终将高等教育对外合作办学置于国家战略最重要的位置，作为发展高等教育的重点内容，不断根据其发展状况制订适配性极高、科学合理的合作办学发展战略计划，制定符合国家教育发展特色的法律政策。英国政府在中央政策制订与计划、财政支持、信息搜集与发布、教育质量的把控、市场推广、促进和签订协议等环节均起到了积极的作用（曾满超 等，2009），为对外合作办学提供具体的战略行动计划，为英国高等教育国际化稳固发展提供了政策环境支持。

（二）由多元主体参与的政策活动保障

英国高等教育对外合作办学政策主体的多元化，保障了合作办学各程序的科学规范，这成为英国高等教育对外合作办学得以稳步高速发展的原因之一。明确各相关职能部门的岗位职责，组建专管高等教育国际化的部门，为对外合作办学提供针对性的管理与服务，是保障对外合作办学稳固发展的重要因素。负责高等教育对外合作办学的职能部门是推动对外合作办学稳固发展的首要力量，也是政策执行的主要力量。英国形成了政府机构带头，社会组织、高等教育质量保障署等第三方机构共同参与的协作管理机制，保障了政策活动的开展。

（三）形成科学规范的政策工具

政策文本是保障利益分配的有效工具，程序规范则是决定政策文本是否有效的重要因素。英国通过制定多种形式的政策文本，运用激励型与引导型等多种类型的政策工具，强化高质量政策供给力度。规范高等教育对外合作办学活动，将严格限制审批、监控等重要环节作为重点内容以政策文本形式详细规定，有效保障了高等教育对外合作办学活动的合法性与合理性。除此之外，英国通过以政府为主要政策主体、教育行政部门作为执行与监控政策的主要行动主体、学校为主动落实政策的具体执行主体的政府-教育行政部门-学校三级策略实施模式，使政策实施与执行发挥最大效能，实现高等教育对外合作办学战略目标。

（四）倡导公平的政策价值取向

教育政策的本质实际上是对教育利益的再分配，英国政策理念的公平转向更有助于英国高等教育对外合作办学政策满足各利益主体的要求，从而协调多方利益。英国通过签订具有法律效力的合同来对合作办学双方的权利与义务进行明确，以法律手段保证了海内外学生能够公平地享受到质量与英国本土相符的高等教育。在政策的制定中，在不影响效率的前提下，使公平最大化，有效确保了各合作办学主体的责任，形成了具有法律效力的政策文本与合同，实现了合作办学政策活动各环节的公平正义。

总之，自高等教育国际化萌芽以来，英国累计颁布了二十多部高等教育国际化政策文本，形成了体系完备、程序规范、注重质量、理念公平的政策体系。在政策的推动下，英国高等教育对外合作办学得到了稳步发展，高等教育国际化进程逐渐加快，为英国培养了具有国际竞争优势的人才。

我国将开展高水平中外合作办学列入我国高等教育高质量发展规划（中华人民共和国中央人民政府，2021）。在面临教育现代化、国际化发展的重要阶段，中外合作办学由"输入"转向"输出"是必要的尝试。因此，为进一步规范中外合作办学秩序，促进其健康长久发展，我国需基于国家战略总体意识，形成公众共同认识；积极制定鼓励与保障合作办学的政策，推动科学化、全面化的鼓励性与规范性政策的形成；明确职能部门职责与法律责任，形成由政府牵头、教育行政部门为主要力量、高等院校为具体执行者的政策实施保障体制；将社会公众及学生监督纳入质量监督、保障与评价，坚持重点推进"两个平台"和"两个机制"建设；在兼顾效率的同时，优先公平原则，合理设置审核、考察、评估、终止以及学生申诉程序，确保中外合作办学的程序正义，以此推动中外合作办学政策朝着更加开放、主动、多元、规范、公平的方向发展，在推动我国培养国际高层次人才、形成国际教育品牌方面发挥更重要的作用。

参考文献

谷海玲，2005. 英国高等教育国际化的策略研究［D］. 广州：华南师范大学.

刘晖，2001. 从《罗宾斯报告》到《迪尔英报告》：英国高等教育的发展路径、战略及其启示［J］. 比较教育研究（2）：24-28.

茅晓嵩，2015. 论准官方文化组织在文化外交中的作用：以英国文化委员会为个案［C］// 美国华人人文社科教授协会. 美国华人人文社科教授协会第二十一届国际会议论文汇编.

薛二勇，周秀平，2017. 中国教育脱贫的政策设计与制度创新［J］. 教育研究（12）：29-37.

曾满超，王美欣，蔺乐，2009. 美国、英国、澳大利亚的高等教育国际化［J］. 北京大学教育评论（2）：75-102，190.

张建新，2003. 英国高校学生的国际流动［J］. 比较教育研究（5）：80-85.

赵宏，王小凯，朱生营，等，2021. 政策工具视角下高等继续教育政策文本分析［J］. 现代远程教育研究（6）：84-93.

赵璐，2017. 英国高等教育国际化政策研究［D］. 武汉：武汉大学.

中华人民共和国中央人民政府，2021. 中华人民共和国国民经济和社会发展第十四个五年规划和 2035 年远景目标纲要［EB/OL］.（2021-03-13）［2022-02-10］. http://www.gov.cn/xinwen/2021-03/13/content_5592681.htm.

DE WIT H, 2002. Internationalization of higher education in the United States of America and Europe: a historical, comparative, and conceptual analysis [M]. New York: Greenwood Publishing Group.

GROUP Q, 2010. QAA code of practice section 2: collaborative provision and flexible and distributed learning (including e-learning): a commentary & critique [R]. Higher Education Academy.

British Higher Education Policy of Foreign Cooperation in Running Schools: Course, Logic and Characteristics

Ruan Qi　　Chen Peng

Abstract: The internationalization policy of British higher education has played an important role in promoting and stabilizing the high-quality development of British foreign cooperation in running schools. Based on the establishment of universities, colonial expansion, economic stagflation and the formation of international strategic consciousness, the British policy of running schools in cooperation with foreign countries has gone through four periods: the exploration period, the adaptation period, the brief low period, and the recovery and renewal period. It shows the evolution logic of policy power from passive to active, policy subject from single to multiple, policy tool from loose to standard, and policy concept from efficiency to fairness, which embodies the characteristics of state-led, multi-participation, standardized procedures and fairness.In the new stage of high-quality development of China's higher education, foreign cooperation in running higher education should be based on the road of two-way cooperation of "input" and "output", with a view to the development of Chinese-foreign cooperation in running schools in a more open, active, diversified, standardized and fair direction.

Key words: internationalization of education　British higher education foreign cooperation in running schools　higher education policy

作者简介

阮琪，陕西师范大学教育学部博士研究生，研究方向为教育政策与法律。

陈鹏，博士，陕西师范大学教育学部教授、博士生导师，研究方向为教育政策与法律。

□李创斌　王书琴

多源流模型视角下"双减"政策之窗开启分析①

【摘　要】义务教育在教育事业发展中具有基础性、先导性、全局性的作用，居于培养时代新人的奠基地位。但长期以来学生负担过重问题是摆在义务教育阶段学生身心全面发展面前的顽瘴痼疾，为此国家出台"双减"政策予以全方位治理。当然，深刻洞悉"双减"政策的动因逻辑是"双减"政策全面落实的重中之重。多源流模型对"双减"政策议程的设立进程具有较强解释力。学业负担之重、培训机构混乱及减负政策的不良反馈是"双减"政策的问题源流；政府的理性选择、人大代表及政协委员等的建言献策及专家学者的思考论述汇集成"双减"政策的政策源流；历届党和国家领导人的减负指示、执政党的教育理念和规划及国民情绪的助推共同促成了"双减"政策的政治源流。三条源流经过问题源流与政治源流深度互动、问题源流与政策源流反复交汇、政策源流与政治源流不断融合的过程后完成耦合，从而共同推动了"双减"政策之窗的开启。

【关键词】多源流模型　"双减"政策　问题源流　政策源流　政治源流

---

①　本文系陕西省社会科学基金项目"教育培训市场的合法性分析"（2019Q005）的研究成果。

2021 年 7 月，中共中央办公厅、国务院办公厅印发了《关于进一步减轻义务教育阶段学生作业负担和校外培训负担的意见》（以下简称《意见》），党中央站在实现中华民族伟大复兴的战略高度，对"双减"工作做出了重要部署。与以往颁发的减负政策相比，此次"双减"政策的政治站位之高、治理力度之大是之前减负文件难以企及的。那么，为何直至今日国家才发布如此重量级的政策对教育乱象重拳出击？"双减"议题是如何引起决策者关注并被纳入国家决策议程的？探讨以上问题，需要从公共政策议程设置的视角，借助多源流理论框架对"双减"政策的由来与发展进行梳理和分析。

多源流理论框架是针对公共政策议程设置而提供的理论分析模型，这一模型能够透视公共政策制定过程的"黑箱"。该模型的提出者金登（J. Kingdon）通过问题源流、政策源流和政治源流三种独立源流的形成及耦合过程来解释为什么某些问题会受到决策者的注意，进入政策议程（金登，2004）[110]。虽然多源流理论是基于西方的决策议程情境提出的，但我国学者经过研究发现该模型有较强的逻辑解释能力和场景适用性（徐吉洪，2015），以多源流框架为理论基础剖析中国政策过程具有可行性（毕亮亮，2007）。因此，以多源流理论框架为视角，研究"双减"政策议程确立过程有助于透视"双减"政策的复杂背景，把握"双减"政策议程设立脉络。

一、问题源流：学业负担之重、培训机构之混乱及减负政策的不良反馈

问题的产生先于政策，问题积累到社会某个或某些部门不得不采取行动的时候就上升为政策（格斯顿，2001）[22]。但社会环境中纷杂的问题并不总能不证自明，哪些问题可以进入政策制定者的视野并被列入政策议程，依赖于判断问题是否存在及其重要程度的关键指标、能够引起广泛关注的焦点事件和象征性符号，以及公众和政府层面的反馈信息（金登，2004）[113-129]。"双减"政策议程的设立过程有其特殊性，政策出台前相关问题指标的变动以及先前和现有政策项目执行中的反馈共同组成了问题源流。

（一）重要考察指标：学生学业负担过重与校外培训机构乱象丛生

一方面，问题源流中考察指标显示学生学业负担过重破坏教育生态。中国教育三十人论坛发布的《2018 年中小学生减负调查报告》中指出，有近三成学生因作业负担睡眠不足八小时，有近七成学生报了课外辅导班。由国家卫健委开展的近视专项调查显示，2020 年，我国儿童青少年总体近视率为 52.7%，其中初中生为 71.1%，除了使用电子产品外，课后作业时间和持续近距离用眼时间过长成为导致近视的主要因素（沐铁城 等，2021）。另一方面，校外培训机构乱象丛生，扰乱教育秩序。截至 2021 年 7 月，A 股、港股、美国股市有 24 家含有校外培训资产的上市公司，其市值超过 1500 亿元（王峰，2021）。校外培训机构不仅数量庞大，而且存在分层严重、良莠不齐的特征。教育培训机构增加了家长的经济与教育负担，降低了人民生活幸福感，违背了教育的公益性，成为"办好人民满意的教育"过程中不得不重视的问题。由此，减轻校外培训负担、整治校外培训机构便进入了决策者视野。

（二）反馈信息：减负政策实施未能达到预期目标

"反馈"可以提供不符合立法意图或上级行政意图的信息，表明不能满足规定目标的现实或一些意外的后果，是公众问题上升为政策问题的关键环节（金登，2004）[127]。自 20 世纪 50 年代以来，与减负相关的教育政策及改革实践处于"按下葫芦又起瓢"的窘境之中，政策实施效果未达到政策制定者的预期，决策者便接收到了不良的反馈信息，加速了将减负问题上升为政策问题的进程。从政策内容来看，大多数减负政策的逻辑为：严格控制学生在校时间，增加校外自由时间①。增加校外自由时间的政策安排拓展了家长的选择空间，造成了"校内减负校外补"的尴尬现象。从政策推行方式来看，

---

① 参见《关于在小学减轻学生过重负担的紧急通知》《教育部关于当前加强中小学管理规范办学行为的指导意见》《小学生减负十条规定》。

这些减负政策大多遵循着"自上而下"的实施路径。在实践中出现了教育行政部门"一刀切"的推行方式，各小学几乎都遵循每日在校学习时间不超过6 小时[①]的政策规定，引发了学生已经放学，但家长还未下班的"三点半难题"。金登指出，公共政策实施所带来的意外后果会引起决策者的关注（金登，2004）[128-129]。减负政策引发的反馈同时涉及教育公平问题、社会问题，这些问题由此进入问题源流并引起了政策制定者的关注。

二、政策源流：政策共同体成员的群策群力

政策共同体囊括了官僚、学者和思想库中的研究人员等专业人员，他们围绕某一问题不遗余力地提出自己的意见和主张，这些意见和主张汇集成为"政策原汤"（金登，2004）[76]。"双减"政策共同体主要包括政府官员、政策研究者及其他利益相关者，不同主体关于减负等主题的意见和研究，汇集成了影响"双减"政策议程设立的政策源流。

（一）政府的理性选择

"双减"政策涉及庞杂内容，政府为保持政策的稳定性和延续性，更愿意沿着既有路径走下去，因此，历年来出台的"减负"政策就成为"政策原汤"中的重要成分。新中国成立以来，我国颁布了近十条以"减负"为主题的政策。从政策文本内容来看，"减轻学生过重负担"贯穿政策始终，2000年前政策主要瞄准校内课业负担，2000年后政策着重对减负进行制度性安排。从政策颁布主体来看，减负逐渐由单一主体治理转变为多元主体治理。这表明减负这一政策议题热度不减，并且进入了各部门的视野，先前的政策文件作为2021年"双减"政策的"压舱石"而进入影响政策议程设立的政策源流中。

---

① 参见《学校卫生工作条例》。

（二）人大代表及政协委员等的建言献策

我国政策共同体的核心层人员由人大代表及政协委员等组成，为实现人民群众的利益，他们会借助召开全国两会的机会，围绕某个社会问题提出政策建议和解决方案。近些年，由于学业负担加重了社会焦虑，党和国家对中小学生学业负担问题高度重视，社会对减负的呼声也日渐高涨，人大代表、政协委员纷纷为中小学生减负建言献策，提出了数十条以减负为主要内容的提案（见表 1）。2020 年两会期间，由全国政协委员、民建福建省委主委吴志明领衔，108 名全国政协委员联名提交了《关于落实健康第一的教育理念，为中小学生松绑减负的提案》（樊未晨，2020）。可以看出，在政策源流中，人大代表及政协委员等扮演着上通下达、下情上传的重要角色，他们的建言献策是"双减"政策源流中极为重要的组成部分。

表 1 2016—2020 年以减负为主题的部分提案（根据教育部信息公开栏整理）

会议名称	减负提案
2016 年 政协第十二届全国委员会 第四次会议	第 1292 号（教育类 130 号）提案 《关于减轻中小学学生作业负担的提案》
2017 年 政协第十二届全国委员会 第五次会议	第 0044 号（教育类 017 号）提案 《关于严格落实法规真正给小学生减负的提案》
	第 1048 号（教育类 093 号）提案 《关于整顿教育培训市场减轻学生课业负担的提案》
2018 年 政协第十三届全国委员会 第一次会议	第 4455 号（教育类 426 号）提案 《关于通过三方合力增强"减负"获得感的提案》
	第 0692 号（教育类 089 号）提案 《关于减轻中小学生课外负担的提案》
2020 年 政协第十三届全国委员会 第三次会议	第 3173 号（教育类 298 号）提案 《关于进一步做好基础教育减负的提案》
	第 1792 号（教育类 461 号）提案 《关于落实健康第一的教育理念，为中小学生松绑减负的提案》

（三）专家学者的理性思考

一个社会对政策问题的研究知识储备越充分丰富，则达成政策行动的意愿或设置议程的动机也就越强烈（赵德余，2011）[125]。因此，政策共同体中教育思想库和专家学者关于减负的分析与探讨的丰富程度、价值水准及技术可行性，都是促使政府政策备选方案形成的重要因素。专家学者传达学术思考和政策建议的通道一般包括课题、学术论文、著作、学术会议等。学业负担是基础教育领域的热门研究主题，如全国教育科学"十二五"规划教育部重点课题"基于学业负担评价的学校教学管理改进研究"、教育部人文社科重点研究基地重大研究项目"义务教育阶段学生课业负担监测与公告机制研究"、中央高校基本科研业务费专项资金资助项目"小学生课业负担测评常模构建与应用"等。此外，中国教育科学研究院曾组织150多名学科专家开展了"中小学理科教材难度的国际比较研究"，揭示了我国学生课业负担过重并非由教材难度过高所致的事实，而是由课外加码和教不得法所致（人民网，2014）。这一研究成果经过媒体报道，不仅使群众清楚了学业负担过重的原因，而且为国家教材编写及课程标准设置提供了科学指导。除课题项目及智库的研究外，各位学者也积极通过发表论文提出自己的观点，以此来"软化"其他政策倡议者、公众以及决策者。

三、政治源流：一脉相承的政治理念与国民情绪的反映

多源流框架中第三条源流为政治源流。政治源流由政权更替、政府变更、选举结果、多数党席位变化及国民情绪等因素构成。政治源流在三条源流中起着主导作用，如政治源流中政府更替和领导人的更换，通常可以打破旧的政策格局，提出新的政策原则和政策主张（金登，2004）[184]。与西方国家不同，我国为人民民主专政国家，中国共产党是我国唯一的执政党，我国在政治选举、政府人事、管理权限等方面有稳定的运作机制，在这种情境下，国家领导人的指示、执政党的教育理念和规划及国民情绪成为"双减"

政策出台前政治源流中的重要元素。

（一）历届党和国家领导人的减负指示

　　毛泽东的学生减负观可以概括为：健康第一、学习第二。无论是毛泽东在1964年春节座谈会上发表的谈话①还是对北京铁路二中校长来信的回复②，都表明了其减负观。此后，历届党和国家领导人都将学业负担视作学校教育的问题之一。1978年4月，邓小平在全国教育工作会议上指出："学生负担太重是不好的，今后仍然要采取有效措施来防止和纠正。"2000年2月，江泽民在《关于教育问题的谈话》中指出："现在一些学生负担很重，结果形成了很大的心理压力。这不利于青少年学生的健康成长。"2007年10月，胡锦涛在党的十七大报告中提出要"减轻中小学生课业负担，提高学生综合素质"。2021年3月，习近平看望参加政协会议的医药卫生界教育界委员时强调："培训乱象，可以说是很难治理的顽瘴痼疾""教育，无论学校教育还是家庭教育，都不能过于注重分数"。习近平在讲话中关注到了分数及培训机构对学生和家长造成的困扰，这与减轻学生学业负担密切相关。

（二）执政党的教育理念和规划

　　立足于中国国情，我们可以发现中国共产党的教育理念作为其意识形态的重要组成部分，推动了教育领域重大纲要或规划的出台，为"双减"被列入正式的政策议程提供了政治基础。从1993年发布的《中国教育改革和发展纲要》③及1999年发布的《中共中央国务院关于深化教育改革全面推进素

---

　　①　毛泽东在1964年春节座谈会上发表讲话认为，学校教育"一是课多，一是书多，压得太重"，提出"学制可以缩短""课程可以砍掉一半"。

　　②　毛泽东对中共中央办公厅秘书室一九六四年三月六日编印的《群众反映》第十六期摘登北京铁路二中校长魏莲一来信即《北京一个中学校长提出减轻中学生负担问题的意见》做出了如下批示："现在学校课程太多，对学生压力太大。讲授又不甚得法。考试方法以学生为敌人，举行突然袭击。这三项都是不利于培养青年们在德智体诸方面生动活泼地主动地得到发展的。"

　　③　《中国教育改革和发展纲要》提出："中小学要由'应试教育'转向全面提高国民素质的轨道""中小学要切实采取措施减轻学生过重的课业负担"。

质教育的决定》①中关于学生减负的规定可知，学业负担成为实施"素质教育"的拦路虎。2001年，国务院颁发《关于基础教育改革与发展的决定》，进一步强调"继续减轻中小学生过重的课业负担"。2010年《国家中长期教育改革和发展规划纲要（2010—2020年）》发布，在义务教育章明确提出了"减轻中小学生课业负担"。减负成为基础教育改革和发展的重要内容之一。进入新时代以来，我国陆续出台了许多重要教育规划和意见，将减负提高到了更加重要的位置。如《中共中央关于全面深化改革若干重大问题的决定》中继续要求"标本兼治减轻学生课业负担"。《国家教育事业发展"十三五"规划》更是将减负作为重要任务单独列出。《中共中央办公厅国务院办公厅关于深化教育体制机制改革的意见》提出"规范校外教育培训机构"等校外培训专项治理内容。从以上政策文件可以看出，以习近平同志为核心的党中央继往开来，为"双减"政策进入议程提供了新的政治动能。

（三）国民情绪的反映

政治源流中国民情绪的出现表明有大批的民众正沿着某些共同的路线思考，它可以"催化"并促成一些主题在议程中上升至很高的位置（金登，2004）146-154。两会作为国民向党中央提供意见和要求的重要信息通道，是涌现国民情绪的关键时间节点。据人民网公布的调查结果，2020年两会期间，在"您最关注教育改革的哪些举措"中，"中小学生课业'减负'"成为网友投票最高的选项（孙竞，2020）。而从"减负"关键词的百度搜索量随时间的变化来看，相关主题词的搜索量在2013年3月与8月、2018年2月、2019年3月与10月出现了不同程度的峰值。显然，峰值的出现几乎都伴随着国家有关减负政策的出台，这表现了社会民众对减负政策的关注度之高、讨论程度之广泛。

---

① 《中共中央国务院关于深化教育改革全面推进素质教育的决定》提出："减轻中小学生课业负担已成为推行素质教育中刻不容缓的问题。"

四、三流耦合："双减"政策之窗开启

政策之窗是指政策建议的倡导者提出其最得意的解决办法的机会，或者是促使其特殊问题受到关注的机会（金登，2004）[210-212]。在政策之窗开启之前，三条源流均已发展完善，进入蓄势待发的状态，如果这三种因素中缺少一种，即如果得不到一个解决办法，不能够发现问题或问题不太紧迫，或者缺少来自政治源流的支持，那么该主题在决策议程中的位置就会转瞬即逝（金登，2004）[230]。中国决策情境下，三条源流并不完全独立而是存在着广泛的联系，"双减"政策中三条源流遵循着问题源流与政治源流深度互动、问题源流与政策源流反复交汇、政策源流与政治源流不断融合的耦合路径。

（一）问题源流与政治源流深度互动

问题源流与政治源流产生互动，能够引起政策企业家对问题的重点关注，问题可能产生的后果及其复杂性决定了政策制定者将此类问题置于何种高度。1978 年至 1992 年间，我国减负政策处于纠正片面追求升学率时期（王毓珣 等，2018）。这一时期，学业负担过重仅仅作为片面追求升学率带来的附属问题受到国家关注，这种关注止步于表象。在素质教育推进时期，学生学业负担过重的问题则被转化为"应试教育"和"素质教育"的对立问题，对减负的关注上升到教育理念变革的高度。之后，校外培训机构的迅猛发展影响了教育公平，资本化运作的经营方式使教育公益性遭到破坏，过重的学业负担降低了教育质量，学业负担进一步成为影响教育幸福感的民生问题，学业负担问题逐渐上升到政治高度。在政策之窗打开前，《意见》起草小组作为国家层面的政策企业家，根据国家意愿和安排，对 10 个省份 100 个区县的 1.86 万家培训机构、68 万名学生和 74 万名家长开展了调查，发现了校内和校外存在的问题。此次调研实现了问题源流与政治源流最后一次关键互动，问题源流与政治源流顺利实现耦合。

（二）问题源流与政策源流反复交汇

在"双减"政策出台过程中，问题源流和政策源流并不是线性吻合而是处于反复交汇态势中。也就是说，与学业负担相关的新问题的出现会推动专家学者的研究或政策的出台，使"政策原汤"得以丰富，而相关政策的出台又可能带来意料之外的"负效应"，使新的问题再次汇集在问题源流中，政策源流中源源不断地汇集了解决相关问题的方案，政策备选方案得以完善。如20世纪90年代后众多减负政策颁布，但随之而来的是愈演愈烈的"三点半"难题。对此，专家学者展开了众多研究，进而推动政府出台了《教育部办公厅关于做好中小学生课后服务工作的指导意见》等规范性文件，意图通过实施课后服务政策来缓解相关问题。课后服务政策虽不是以减负为主要内容，但它作为校内减负的配套措施提前进入了政策源流，完善了"双减"政策的支持体系。专家学者在研究中根据现实不断建构新的问题，将"政策原汤"中现有的且不足以解决新问题的政策建议剔除。问题源流与政策源流两者螺旋式交汇上升，共同推动了三流耦合的进程。

（三）政策源流与政治源流不断融合

我国决策系统中政策源流与政治源流的融合绝大部分时候依靠政策企业家完成。由于社会问题繁杂，政治源流中的执政党或国家领导人不可能对每个领域内的问题都了如指掌，这时就需要委托政策源流中的专家学者做出判断。如2008年8月，在国家中长期教育改革和发展规划纲要的起草工作中，减轻学生学业负担、降低教材难度的呼声进入了政策制定者的视野。但教材难度与学生学业负担是否有必然联系却没有科学论断。因此，《国家中长期教育改革和发展规划纲要（2010—2020年）》将其表述为："调整教材内容，科学设计课程难度"，从而为"中小学理科教材难度国际比较研究"的专题研究提供了空间。近些年来两会中不断涌现的减负提案、教育部部长在多个公开场合对减负问题的关注，也从侧面体现了政治源流与政策源流已发育成熟。

（四）三流耦合：政策之窗开启

在中国决策情境下，政治源流对政策出台起着主导作用，"双减"政策要想进入政策设立议程必须依靠常规且重要的会议。2021 年 5 月 21 日，习近平总书记主持召开中央全面深化改革委员会第十九次会议，审议通过了《关于进一步减轻义务教育阶段学生作业负担和校外培训负担的意见》。紧接着，2021 年 7 月 24 日，中共中央办公厅、国务院办公厅印发了《意见》，"双减"政策正式落地。至此，三条源流在曲折中实现了耦合，在中央全面深化改革委员会第十九次会议上，"双减"政策之窗得以开启，这不仅体现了"双减"在教育领域中的重要地位，更是彰显了党和国家对减轻学生学业负担、校外培训负担及办好人民满意的教育的决心。

"双减"政策虽已出台，三大源流仍在不断发育，为更好地促使政策发挥实效，未来应提高识别问题的敏锐性，重视问题源流中新指标的变动及政策实施的反馈。同时，还需不断完善政策源流，体现政策话语的民主，重视利益相关者如义务教育学校、家长及学生的建议，拓宽社情反映渠道及民意表达渠道。政治源流作为主导性源流则要对政策实施的问题进行精准判断，筛选政策方案，吸纳群众有效建议，敦促各省份、各部门全面落实"双减"政策。

参考文献

毕亮亮，2007."多源流框架"对中国政策过程的解释力：以江浙跨行政区水污染防治合作的政策过程为例［J］.公共管理学报（2）：36-41，123.

樊未晨，2020.吴志明委员：中小学生负担校内校外齐增长 108 名委员联名提案为中小学生减负［EB/OL］.（2020-05-23）［2021-09-18］. http://www.moe.gov.cn/jyb_xwfb/xw_zt/moe_357/jyzt_2020n/2020_zt06/shengyin/weiyuan/202005/t20200525_458536.html.

格斯顿，2001.公共政策的制定：程序与原理［M］.重庆：重庆出版社.

金登，2004.议程、备选方案与公共政策：第 2 版［M］.北京：中国人民大学出版社.

沐铁城，王琳琳，2021.2020 年我国儿童青少年总体近视率为 52.7% 近视低龄化问题仍突出［EB/OL］.（2021-07-13）［2021-09-18］. http://www.gov.cn/xinwen/2021-07/13/content_5624709.htm.

人民网，2014. 研究显示：我国中小学教材难度处于国际中等水平［EB/OL］.（2014-05-14）
　　［2021-09-18］. http://edu.people.com.cn/n/2014/0514/c1053-25017580.html.

孙竞，2020. 两会调查：中小学课业减负问题热度不减［EB/OL］.（2020-05-18）［2021-09-18］.
　　https://baijiahao.baidu.com/s?id=1667039795709838839&wfr=spider&for=pc.

王峰，2021."双减"严惩校外培训过度资本化 1500 亿上市资产面临退市或剥离［EB/OL］.
　　（2021-07-24）［2021-09-18］. http://www.21jingji.com/article/20210724/herald/ea70570bbc879277cafe
　　1d75921c7df7.html.

王毓珣，刘健，2018. 改革开放四十年中小学减负政策变迁及走向分析［J］. 教育理论与实践（31）：
　　17-23.

徐吉洪，2015. 教育博士专业学位政策议程分析：多源流理论的视角［J］. 高教探索（6）：95-100.

赵德余，2011. 公共政策：共同体、工具与过程［M］. 上海：上海人民出版社.

An Analysis of the Policy Window Opening Process of China's "Double Reduction" Based on Multiple Streams Mode

Li Chuangbin　Wang Shuqin

Abstract: Compulsory education plays a fundamental, leading and overall role in the development of education, and occupies the foundation position of cultivating new generation.However,for a long time, the problem of excessive burden on students has been a chronic disease in front of the all-round physical and mental development of students in the stage of compulsory education.For this reason, the state has issued the "double reduction" policy to comprehensively address the problem,a deep insight into the motivation logic of the "double reduction" policy is the top priority for the comprehensive implementation of the "double reduction" policy.The multiple streams mode has a strong explanatory power for the establishment of the policy agenda of "double reduction". The heavy academic burden, the confusion of training institutions and the bad feedback of the burden reduction policy are the problem stream of the "double reduction" policy. The rational choice of the government, the suggestions of NPC deputies and CPPCC members and the thoughts and dissertations of the experts are the policy stream of the "double reduction" policy.The burden reduction instructions of successive national leaders, the educational concept and planning of the ruling party and the boost of national sentiment have jointly contributed to the political stream of the "double reduction" policy.The three streams are coupled after the deep interaction between problem stream and political stream, the repeated intersection of problem stream and policy stream, and the continuous integration of policy stream and political stream, so as to jointly promote the opening of the "double reduction" policy window.

Key words: multiple streams mode　"double reduction" policy　problem stream　policy stream　political stream

作者简介

李创斌，博士，陕西师范大学教育学部讲师，研究方向为教育政策。

王书琴，陕西师范大学教育学部硕士研究生，研究方向为教育政策与法律。

□ 杜　越　祁占勇

基于政策执行系统模型的"双减"政策有效执行的行动逻辑①

【摘　要】任何政策都要依托政策执行来实现政策目标，本研究以霍恩-米特政策执行系统模型为分析框架，从政策目标、执行资源、府际互动、执行主体、执行环境、执行态度等方面省思"双减"政策的执行。"双减"政策的执行应避免陷入资源短缺与利用低效、执行主体知能局限、内外环境牵引不足、执行共识凝聚力有限、府际互动分割闭塞的窠臼，坚持提升政策标准与目标的明确性与延展性、探索校外资源的合规引入、加强府际纵向传递与横向协同、提高执行主体的综合能力、营造内外共促的生态环境、夯实相关主体的政策理解与信念等行动逻辑，从而构建多边共振的"双减"政策有效执行的行动格局。

【关键词】"双减"政策　政策执行系统模型　学生课业负担　校外培训机构提质增效

任何一项政策影响的产生必然应以政策执行为依托，鉴于"双减"政策对教育领域调整力度之大、涉及利益群体之广、对个体成长影响之深，有必要对其执行情况进行

① 本文系陕西省社会科学基金项目"教育培训市场的合法性分析"（2019Q005）的研究成果。

探究，聚焦政策执行初期所显露的尖锐矛盾，警惕未来可能的政策执行偏差，以提升政策目标的完成质量。霍恩－米特政策执行系统模型将政策执行的内外因素囊括其中，强调政策标准与目标、政策执行资源、组织间的沟通与强化行动、执行机构的特性、政策执行环境、执行人员意愿六个关键因素间的相互作用（Van Meter et al.，1975），能为"双减"政策执行研究提供可靠的分析思路。借助政策执行系统模型构建起完整动态的"双减"政策执行框架，有利于科学调整政策行动，更好地实现政策目标。

一、科学的政策目标是政策有效执行的逻辑起点

政策标准是关于具体事项的规定，政策目标则反映政策部门的总体价值偏好、分配倾向与政策结果。此次"双减"改革以《关于进一步减轻义务教育阶段学生作业负担和校外培训负担的意见》（以下简称《意见》）为指导，明确了多部门联合行动中不同主体的责任，针对学校和校外培训两类教育场域疏堵兼行，有效规避了目标模糊与重叠的问题。

一是整体目标的统合性与弹性。《意见》明确了学校教育教学质量和服务水平、作业布置、学校课后服务、校外培训机构的工作重点等事项，提出"1 年内有效减轻、3 年内成效显著"的阶段性改革目标。拟调整的重点不再简单局限于课堂等单一维度，或延续既往"头痛医头，脚痛医脚"的选择性治理方式（王毓珣 等，2018），而是将校内校外整合到同一层次的政策目标之中开展综合治理。在减轻学生校内外负担和家庭负担方面也留有行动空间。

二是执行标准的明确性与可行性。在具体操作性事项中，《意见》量化了执行主体的行为。具体措施中限定"60 分钟""90 分钟"等作业完成时长；规定课后服务从服务时间、服务渠道、服务多样化几方面提升水平；从严审批校外培训机构，严禁资本化运作，规定"不得占用国家法定节假日、休息日及寒暑假期组织学科类培训"等。不仅明确了"双减"改革中关键执行主体的权责范围，更是在对中小学生全面发展的科学研究的基础上凝练了合理的标准。

　　三是政策结构的一致性与系统性。为贯彻"双减"政策，教育部会同相关部门围绕学科类培训范围界定、备改审、营改非、培训材料管理、培训人员管理等出台 11 个文件（教育部新闻办公室，2021），旨在同《意见》相配合逐步构建起齐抓共管、精准狙击的"1+N"政策体系。各项政策面向不同维度更加细致地规定了"双减"改革中相关利益者的调整方向，为地方政策执行主体的制度安排与实践提供了完备系统的行动思路。

　　在进一步的政策完善中，应着力提升政策标准和目标的明确性与延展性。一方面，继续围绕关键事项出台专项文件，规范政策执行过程。完善校外资源遴选引进、预收费监管、校外机构党建、家校社协同等方面的政策规定。另一方面，聚焦义务教育优质均衡问题，思考政策的更新完善，加强同其他政策法规的衔接。教育领域过度内卷背后潜藏的优质教育资源不均衡是教育改革所应破除的顽障，如何缓解家长的教育焦虑，破除唯分数、唯升学、唯学历的育人标准，关键在于优质教育资源的供给。

二、完备的执行资源是政策有效执行的基础条件

　　政策的有效执行必然涉及资源要素的合理配置，完备的执行资源为政策主体践行政策举措奠定基础，受限于学校教育资源有限的现实困境，"双减"政策中提出的课后服务等措施在实际开展中遭遇了不同层次的阻碍，资源短缺与利用低效削减了政策执行的力度和效果。

　　首先，师资力量供给滞后，同课堂内外提质增效的新需求不匹配。创新优化课堂教学方式与内容和探索多样化的课后服务形式，对学校教师队伍提出了全方位的新要求。而家长要分数、学校要升学、国家要质量的多边矛盾阻碍了教师的课堂创新。同时，课后服务所囊括的基础性学科辅导、拓展性综合活动、延时性托管服务三个层次的内容，有别于传统教学模式下形成的课堂教学定势思维与习惯，导致教师在践行"5+2"课后服务时存在一定程度的心理焦虑、能力脱节、负担增加等不适应问题。

　　其次，校内外尚未搭建起合理的合作机制，校外资源引入不足。当前的课后服务多是困守于校园和教室内部。考虑到学生安全、家长意愿、教师能

力、经费等因素，课后服务多以基础性辅导为主，在学生体验性、差异性、发展性方面能动性不足。同时，在对校外资源的筛选、引入上不够规范，社会志愿者的不稳定性和资质审核问题、校外机构的准入和退出机制、家长的自愿性及专业性问题等仍然存在（杨清溪 等，2021），对此需要以严格的筛选和管理机制进行规范。

最后，资源配置及利用转化能力不均衡，城乡间、区域间、学校间的差异始终存在。弱势地区在课后服务的内容、形式和范围上存在较大的资源局限，教育服务供给难以满足家长日益提升的优质教育资源需求，而家长原本期望通过抢占课外时间"超车"的路径也遭压制，这种不均衡势态将从另一层面催生家长的焦虑心理，区域间教育能力及人才培养差异可能进一步加大。

针对当前校内资源短缺、资源配置不均衡等问题，应坚持内导外引相结合，公平效率两手抓。一是夯实学校师资力量和基本条件建设。加强教师课后服务的能力培训，重视教师职业压力的日常疏导，形成弹性的轮岗制度，保障课后服务的顺利开展。同时，加强基础设施建设，提升资源利用效率和利用质量。二是面向校外进行人员与内容的双重引入。一方面，聘请"退休教师、具备资质的社会专业人员或志愿者"以缓解课后服务中师资结构性短缺问题，借助"名校 +"等工程畅通校际师资流动与合作。另一方面，探索建立校外资源引入机制，通过政府出资、学校购买服务或政策优惠等方式有选择地吸收校外优质资源（张志勇，2021），发挥少年宫、博物馆等场所的育人功能。三是聚焦义务教育发展水平不均衡的现实问题进行适当的资源倾斜，通过财政补贴、人才输送、社会公益项目入驻等方式调动弱势区域的积极性。

三、灵活的府际互动是政策有效执行的机制保障

政策执行主体间纵向的层级权力交付和横向的部门权责互动在事实意义上催促着权力效果的产生。当前，"双减"政策正紧锣密鼓地实施，在国家政策的府际联动过程中，既要警惕指令的逐级下发及执行中的信息损耗问

题，还要吸取过往教育减负中部门结构松散的经验教训，避免陷入效用稀释的困境。

自上而下的信息传导存在损耗的可能，将导致地方的部署和执行出现偏差。中央制定的指导性《意见》不可能全方位地对地方发展特点及区域差异进行详尽描述，仍需各级部门迅速反应。《意见》要求教育部抓好"双减"的统筹协调，会同相关部门形成科学完备的顶层制度设计；省级政府结合地方实际细化并完善政策执行方案，构建专项治理格局，做好校外培训机构的审批监管工作；中小学校、校外培训机构等关键主体积极配合并落实相关要求。"双减"政策执行的层级链条环环相接、主体丰富，其间存在大量的信息再加工，若不能形成畅通有效的信息沟通机制，必然会因信息不对称而削弱政策执行的行动力和效果。

横向来看，部门间的低协作共识与职责定位不明易导致政策失灵。早期的教育减负政策多是针对特定对象、某一方面进行的有限调整。教育行政部门常常处于单兵作战的窘迫境地，由学校配合教育行政部门调整校内的制度建设与教育教学工作，减负政策的落实多呈单线模式。部门间的低协作共识和职责权限模糊，导致减负政策常常陷入"按下葫芦浮起瓢"的怪圈（顾秀林 等，2020）。"双减"改革是牵一发而动全身的全局性工程，涉及学校课后服务的财政保障、校外培训机构的监管审批、课后服务和校外培训机构的收费指导、家长接送子女上下学时的交通管制、"双减"改革的舆论宣传以及培训机构"退费难"的风险应对与处置等，这些均对更多相关部门提出了明确的权责要求。

政策执行权力的有效运作需以各方利益相关者的理性协商与沟通为前提（倪亚红 等，2018），解决好府际信息互动和协同共治问题，形成协调一致的行动逻辑。一是要提升政策指令下达的准确性和时效性，针对"双减"改革开展专项技术咨询和援助工作，协助地市级政府做好政策方案的细化调整工作。上级部门的信息传递应当留有一定的行动空间，避免因行动框架太过具体而导致政策设计同地方教育发展错配。二是要形成协同治理的综合格局，保证部门间信息共议共享和各部门职责精准落实。《意见》对教育部等13 个部门做出明确的职责要求，既对不同部门领域内的工作进行细致划分，同时也强调制定课后服务和培训机构的收费标准、查处违法违规培训等事务的联合性治理。此次"双减"政策的实施，应依托市场监管、财政、交通、公安等有关部门进行多线治理，避免过往教育部门独角戏态势下教育减负政策失灵的问题。

四、有力的执行主体是政策有效执行的核心要素

新的制度框架下，学校和校外培训机构同时被纳入政策执行的核心利益相关者之中，遵循双边同担、疏堵兼治的行动逻辑，以解决义务教育逐利性危机下的"内减外增""只减量不提质"等问题。然而，"双减"改革中政策执行主体并不总是都能完整地领会政策标准，无论是政策决策者还是执行者，其行为通常都是有限理性下的活动（张玲 等，2019），在一定程度上存在知能局限。

一是执行主体对"双减"改革系列行动方案的路径认知和责任抓取是否精准。地方政府及其职能部门作为政策执行的关键主体，在教育减负工作方面常常会陷入政绩量化的内卷化执行之中，为规避弹性机制下可能产生的管理遗漏，采取"一刀切"模式落实减负要求，或是在政策层级互动中层层加码（项贤明，2019）。学校和校外培训机构作为政策执行的关键"代理人"（张文娟 等，2018），容易基于片面性政策认知而做出单一的路径选择。相较"多样化""个性化"等抽象标准，"不超过 60 分钟""不晚于 21 点"等规定似乎更明确并能准确执行。鉴于此，学校更多表现出做"减法"的选择偏好，在做质量"加法"方面表现出畏难情绪。校外培训机构多是在"严禁资本化运作"红线内寻求非学科培训甚至家长培训的发展转向，依旧带有逐利性目的，较少考虑到同学校课后服务的公益性合作。

二是执行主体在各自领域内的责任落实是否高效。当前的减负方式较之前有所优化，各级各类组织机构对政策落实的推进节奏也较为协调有序，整体战略实施以市为单位开展试点工程。然而，当前政策在对学校和校外培训机构的思想引导方面稍显不足，且风险应对仍存在一定的滞后性，主要表现在对培训机构的调整规范过程中，培训机构退费难、机构变相缩减课程、变相违规培训等问题仍存在，要求市场监管部门等职能部门提升管控能力，采

取有效策略妥善处理。

新的减负形势下，全链条专项治理行动的开展需要各执行主体明确行动规划，夯实自身素养，克服知能局限，构建最优组合以实现多元共治。教育行政部门及相关部门需要落实好整体性的指导评估工作、程序性的监管审批工作和支持性的资源配置工作，协调好"管制"与"放权"的关系。学校和校外培训机构在以政策行动框架为指导制定具体方案的同时，也应提升自身的综合能力。学校应加强教师培训，提升教师在课后服务、作业管理等方面的制度理解与行动能力，鼓励教师在教育教学方面大胆创新。校外培训机构则应尽快转变发展思路，聚焦学生素质发展开拓新理念、新形式、新内容，弱化校内外的竞争性，探寻同学校的双边合作。

五、协调的执行环境是政策有效执行的重要支撑

执行环境是指影响政策执行的政治、经济和社会条件，政治条件主要是管辖特定区域的政党性质与党派意见，经济条件则体现为执行区域或组织的可用经济资源以及特定政策执行对当下社会经济的反作用力，社会条件通常将普通民众、社会精英、私人利益团体的政策态度纳入考虑范围（Van Meter et al., 1975）。"双减"政策环境应以学校为主体，厘清学校这一政策执行核心"代理人"所处的内外环境。

内部环境主要是校园内部的支持与规约，包括学校的经济环境、制度保障、文化氛围等。当前学校内部环境存在如下问题。一是学校设施设备的供给匮乏，学校课后服务水平的提升面临可依托设备资源及活动经费有限同学生差异化、个性化、层级化发展需求的现实矛盾。二是学校制度保障有待改进，存在激励性不足、课后服务开展界限模糊、校外资源引入空白等问题。给教师的课后服务补贴低，现有激励措施未能与教师心理认同及行动妥善挂钩。课后服务中教师对作业辅导、答疑解惑等师生互动界限的把握让教师如履薄冰。三是校园文化对"双减"改革思想的贯彻浮于表面。当前各区域及学校的减负措施安排，对教师压力疏解、减负政策实质、学生发展本位等观念共识的引导不足。

外部环境包括政治环境、社会经济发展状况、社会舆论等。政治环境中国家宏观战略部署上对"双减"持高度重视态度。国家积极动员各部门和社会力量以实现系统的综合性治理，教育部更是在官网中开设"双减"专栏，实时更新政策动向、地方经验和专家评鉴。社会经济发展对"双减"政策的支持与挑战并存。当前我国社会经济发展水平已能够支撑学校教育发展设备、技术等基本资源需求，保障学校开展不同程度的课后服务工作。但同时，社会经济发展也面临多层次、专业化、高水平人才紧缺的生产力局限，需要借力于"双减"工作实现义务教育的提质增效。对于"双减"改革，大部分利益相关者持认可态度，小部分利益相关者持质疑态度。"双减"工作开展以来，舆情走势不断上升，2021 年 7 月 24 日至 9 月 22 日，与"双减"工作相关的网络文章总计 1892509 篇 / 条，"助力教育良好生态""强化学校教育主阵地"等正面思考层出不穷（孙梦捷 等，2021）。一些质疑的声音则认为，对学科类培训的限制可能会加剧教育不公平、提升校外培训的管理难度、削弱青少年"弯道超越"的机会。

针对当前"双减"改革中内外环境的限制性问题，应对内发挥学校育人主阵地功能，对外加强各方在人才需求方面的行动引导。一方面，学校应充分发掘校内资源，探索校内设备、土地、校舍等资源育人功能的实践转化并走出校园。同时，根据地方政策要求及学校发展实际情况，完善校内制度建设，渗透对教师的观念引领，明确基本的教师弹性离校、课后服务开展、作业布置、与家长的责任对接等工作，更新教师补贴、服务方式及内容监管、校外资源规范化引入等具体事项。另一方面，政府应加大对外部环境中的不稳定因素的监管与引导力度。既要规范教育行业准入门槛及企业的人才聘用机制，解决好高门槛同低内需的不匹配问题，也应加强舆论引导，重视社会舆论中的民众隐忧，扩大信息共享途径，及时回应民众质疑。

六、积极的执行态度是政策有效执行的精神动力

政策是对价值的权威性分配，而价值分配并不总是能满足所有利益相关者的期望，甚至需要一些群体牺牲部分利益以谋求更加深远持久的社会效

益，这便涉及政策执行者的态度问题。各方是否真正理解"双减"改革的本质，是否认可教育减负的价值本源及政策部署，是否愿意积极参与到政策执行过程中扩大政策影响，都是政策执行态度的重要表现。

一是对教育减负的认知偏差常常制约教育减负行动。执行主体对减负政策的价值、功能、内容及精神实质缺乏科学认知，易导致政策行动片面化。学校和教师对学生发展的认知局限于分数、升学率等应试指标，对减负政策表现出较强的政策漠视和心理抗拒（葛新斌 等，2019），即使根据有关规定调整学生课业负担，在方式方法的选择、教学质量的提升等方面仍较为刻板僵化。此外，政府部门及社会对教育减负问题重要性、严峻性和教育性的认知障碍，也加剧了教育减负的阻滞势态。

二是"双减"新格局下家长新的焦虑点及内卷倾向。作为重要的"外围"执行者，家长对教育减负是认可的，但碍于现实的升学、就业压力（张旸 等，2021），家长在该问题上仍存在较大疑虑。学科培训遭到严格管制后转向"地下"，重新催生家长间的恶性竞争心态，家教、"游击战"等变相补课现象出现，更多家长则是采取"曲线救国"策略，转投非学科培训，由学科向内卷转变为素质向内卷。

三是各方对政策的响应效率与程度需要更强的外生性动力来推动提升。"双减"政策实施以来，各地积极响应，相继立足本地实际情况出台地方性政策以指导区域工作。如成都市印发《关于进一步减轻义务教育阶段学生作业负担和校外培训负担的实施方案》、海南省开展专项行动整治变相违规学科类校外培训、宁波市将"双减"列为教育督导"一号工程"。但碍于教育事业公益性、公共性等特点，调整教育活动的政策多以教化引导性手段为主，一定程度上弱化了执行主体的行动积极性，未来仍需要更具强度、更加规范的监督机制来激发各方对政策的行动响应。

政策执行活动中必然存在主观偏差，应正视共识凝聚的有限性，尽可能确保关键执行者具备一致的行动目标与高度的信念感、使命感和责任感。一方面，应加强政策宣传，提升目标群体的政策理解及配合意愿。学校应在日常培训、教师技能大赛、教师评奖评优等事项中渗透教育减负的相关部署及精神内涵，确保教师能够全面理解并接受政策指导。同时，引导家长树立科学合理的家庭教育理念及心态。另一方面，建立健全专项监督机制。落实好

"双减"工作专项督导半月通报制度，对各省份工作开展进度及达标情况进行定期通报、问责追责和信息公开。对校外培训机构进行摸排与长期监测，制定"黑名单"制度。同时，设立专项监管平台，配备专门人员进行督导，畅通民众监督举报渠道，利用好社会监督力量。

参考文献

葛新斌，张玲，2019. 我国减负政策执行阻滞及其对策探析：基于"马－萨模式"的视角［J］. 教育发展研究（2）：1-7.

顾秀林，佘林茂，2020. 省级政府推进新一轮国家减负政策的困境与出路：基于 23 个地区减负方案的政策分析［J］. 教育发展研究（Z2）：32-39.

教育部新闻办公室，2021. 教育部新闻通气会：打出政策"组合拳"，加强校外培训机构管理［EB/OL］.（2021-09-24）［2021-09-26］. https://baijiahao.baidu.com/s?id=1711727164914181423&wfr=spider&for=pc.

倪亚红，马陆亭，赵富春，2018. 中小学减负政策执行力反思与出路［J］. 中国教育学刊（6）：39-43.

孙梦捷，孙谦，2021. "双减"之下，学校育人主阵地如何巩固［N］. 中国教育报，2021-09-24（4）.

王毓珣，刘健，2018. 改革开放四十年中小学减负政策变迁及走向分析［J］. 教育理论与实践（31）：17-23.

项贤明，2019. 七十年来我国两轮"减负"教育改革的历史透视［J］. 华东师范大学学报（教育科学版）（5）：67-79.

杨清溪，邬志辉，2021. 义务教育学校课后服务落地难的堵点及其疏通对策［J］. 教育发展研究（Z2）：42-49.

张玲，葛新斌，2019. 有限理性视域下减负政策的限度与突破［J］. 教育理论与实践（34）：16-19.

张文娟，万来斌，2018. 教育减负政策执行偏离的原因及对策分析：基于利益相关者的视角［J］. 现代教育科学（8）：51-55，61.

张旸，张雪，刘文倩，2021. 义务教育阶段学生减负背后的供需困境与化解［J］. 中国教育学刊（9）：27-32.

张志勇，2021. "双减"格局下公共教育体系的重构与治理［J］. 中国教育学刊（9）：20-26，49.

VAN METER D S, VAN HORN C E, 1975. The policy implementation process: a conceptual framework [J]. Administration & Society, 6(4): 445–488.

Action Logic for the Effective Implementation of the "Double Reduction" Policy Based on the Policy Implementation System Model

Du Yue　　Qi Zhanyong

Abstract: Achieving policy objectives relies on policy implementation. With Horn-Meter Policy Implementation System Model as analysis framework, this study reflects on the implementation of the "double reduction" policy from the aspects of policy objectives, implementation resources, intergovernmental interaction, implementation subjects, implementation environment, and implementation attitudes. The implementation of the "double reduction" policy should avoid falling into the problems of shortage and inefficient use of resources, limited knowledge and ability of implementation subjects, insufficient traction of internal and external environment, limited cohesion of implementation consensus, and divided and closed intergovernmental interaction. We must persist in improving the clarity and extensibility of policy standards and objectives, exploring the compliant introduction of extramural resources, strengthening the vertical transmission and horizontal synergy between governments, improving comprehensive capabilities, creating an ecological environment for internal and external promotion, and consolidating policy understanding and belief, so as to build a multilateral resonant action pattern.

Key words: "double reduction" policy　policy implementation system model　students' burden of schoolwork　quality and efficiency improvement of off-campus training institutions

作者简介

杜越，陕西师范大学教育学部博士研究生，研究方向为教育政策与法律。

祁占勇，博士，陕西师范大学教育学部教授、博士生导师，研究方向为教育政策与法律。

□ 张　玉

我国创新创业教育政策的演进逻辑及展望

【摘　要】创新创业教育是推进创新型国家建设的重要基础。自 1977 年恢复高考以来，我国创新创业教育政策历经以恢复—酝酿为中心的启动阶段、以调整探索为重点的适应—改革阶段、以规模发展为动力的整合—推进阶段和以内涵建设为重点的深化—发展阶段，其演进遵循以促进人的自由全面发展为指导的政策价值取向，以各主体利益博弈为核心的政策动力机制，以政策工具选择为路径的政策保障机制，以政治学、经济学话语为主导的政策话语机制。当然，我国创新创业教育政策还有很大的发展空间，促进教育目标系统化、利益分配和谐化、教育保障精准化、教育话语本土化，从而推动创新创业教育高质量发展，应是我国未来创新创业教育政策的理性选择。

【关键词】创新创业教育政策　价值取向　动力机制保障机制　政策话语

1977 年恢复高考以来，国家出台了一系列政策提升科技实力和经济发展活力。回顾创新创业教育政策的演进过程，开展政策演进逻辑分析，深入总结创新创业教育规律，不仅有利于理性构建创新创业教育政策体系，而且有助于加快科技强国建设步伐，从而为实现我国高水平科技自立自强提供支持和保障。

一、我国创新创业教育政策的历史演进

依据我国创新创业教育主要政策颁布的时间及特征，自 1977 年恢复高考至今，我国创新创业教育政策历经恢复—酝酿阶段（1977—1992 年）、适应—改革阶段（1993—2001 年）、整合—推进阶段（2002—2014 年）、深化—发展阶段（2015 年至今）。

（一）我国创新创业教育政策的恢复—酝酿阶段（1977—1992 年）

恢复高考后，党中央将以创造为核心的创新和以推动私营经济发展为核心的创业作为两个独立的部分予以推动。在创新方面，颁布、修订《关于科学技术体制改革的决定》《中华人民共和国自然科学奖励条例》《合理化建议和技术改进奖励条例》《中华人民共和国发明奖励条例》，组织实施国家重点科技攻关计划、国家重点实验室建设计划等重大科技计划；在创业方面，出台《关于开展和保护社会主义竞争的暂行规定》，邓小平南方谈话更是激发起全社会的创业热情。我国创新教育逐渐恢复，创业教育萌芽。一是教学研究秩序逐渐恢复，创新创造备受关注。青年崇尚知识、崇尚科学的热情被重新唤醒；国家鼓励革新技术和创造发明，允许科技成果有偿转让；大中小学聚焦教学、活动开展创造教育，各种创新创造组织在全国各地成立。二是经济体制改革不断深入，自主创业得到支持。党的十一届三中全会做出大幅度提高生产力、改变生产关系和思想方式的重要决定；《中华人民共和国宪法》作为国家根本大法提出保护创业行为；科技成果转化成为高校服务经济建设的重要渠道，出现了一批"校办产业"。三是国际合作领域持续扩大。联合国教科文组织面向 21 世纪教育国际研讨会第一次提出"创业教育"，我国创新创业教育概念逐渐明晰并开始与国际接轨。与此同时，国内教育工作者开始规划我国创新创业教育轮廓，相关理论著作、教材相继问世。

（二）我国创新创业教育政策的适应—改革阶段（1993—2001年）

20世纪90年代初，高校毕业生就业逐步市场化，国家出台《中国教育改革和发展纲要》《关于进一步改革普通高等学校招生和毕业生就业制度的试点意见》《面向21世纪教育振兴行动计划》等政策文件，召开第三次全国教育工作会议，深入实施国家重点基础研究发展计划（973计划）、高校高新技术产业化工程。我国创新创业教育政策步入了以适应宏观政策为目的的改革阶段。一是以提高创新创业素质为核心的教育理念逐渐形成。"创业"就是"经商"的认知偏差得以修正，创新创业教育的内涵进一步明确；"创新教育"理念被提出，创造教育与创新教育得以承接发展；以清华大学为代表的高校率先通过教学改革，引导学生树立创新学习意识。二是创新创业活动宣传氛围日渐浓厚。各高校积极利用社会资源，邀请知名企业家、校友开展讲座；1997年清华大学发起"创业计划大赛"，这项比赛孵化了延续至今的"挑战杯"竞赛。三是以创新创业促进就业为导向的工作意图初步实现。高校毕业生就业逐渐走向市场，高校、地方政府迅速调整观念，帮助大学生扭转就业观念、保障大学毕业生平稳就业。南京大学等高校设立"学士后流动站"，吸引有创业热情或创业项目的在校大学生、应届毕业生入站实习和创业；宁波等城市支持建设现代化专业、创新创业基地，有效保障大学生就业，提升创业成功率。

（三）我国创新创业教育政策的整合—推进阶段（2002—2014年）

全党形成关注青年、关心青年、倾听青年心声，鼓励青年成长，支持青年创业的共识。《关于引导和鼓励高校毕业生面向基层就业的意见》《国家中长期科学和技术发展规划纲要（2006—2020年）》《中华人民共和国就业促进法》《国家中长期教育改革和发展规划纲要（2010—2020年）》《高等学校创新能力提升计划实施方案》等政策法规先后出台。我国多主体、多层次的创新创业教育格局逐渐形成，创新创业教育嵌入社会运行，各种资源整合推动我国创新创业教育进入新阶段。一是试点辐射效果显著。教育部先后确立 40 余所高校为国家级创业教育人才培养模式创新试验区，黑龙江大学构建教学、实践、保障"三位一体"的"融入式"创新创业教育模式，温州医科大学确立以"岗位创业"为导向的创新创业教育体系。二是多方参与保障有力。创新创业政策制定主体从国务院、教育部、劳动部等逐渐扩散到其他部门、组织；创新创业政策内容从单纯引导转变为引导、教育、保障多措并举；"高校毕业生创业减免 3 年行政事业性收费""中国青年创业小额贷款"等一系列政策实施，改变了创新创业政策不配套、不衔接的局面。三是内涵定位更加明确。教育部明确创新创业教育要面向全体学生，结合专业教育融入人才培养全过程；各高校深入构建"创新创业教育""创业基地建设""创业政策支持""创业指导服务"四位一体创新创业教育格局。

（四）我国创新创业教育政策的深化—发展阶段（2015 年至今）

2015 年前后，"大众创业、万众创新""产业转型"成为国家经济社会发展"热词"。《国务院关于大力推进大众创业万众创新若干政策措施的意见》《国务院办公厅关于深化高等学校创新创业教育改革的实施意见》《国家创新驱动发展战略纲要》等密集出台。为进一步支持大学生创新创业，《国务院办公厅关于进一步支持大学生创新创业的指导意见》要求构建校内外多部门协同、跨专业融合的大学生创新创业教育体系。创新创业教育融入高等教育人才培养格局，逐渐进入了"润物无声"的深化—发展阶段。一是教育理念进一步达成共识。诸多高校将创新创业作为重要内容写入人才培养方案，用创新创业文化所蕴含的创新竞合、敢于挑战、勇担重任等精神品质浸润学生心灵，激励学生成长。二是教育目标设定多元。浙江高校利用区位优势，以"浙商文化""江浙沪协同发展"为基础，面向行业特色、网络服务、国际合作和高校自身的发展优势开展创新创业教育；北京航空航天大学持续开展"冯如杯"学生学术科技作品竞赛，逐渐形成"一杯三赛"协同发展机制。三是教育组织机构逐渐独立。西安交通大学西部创新港等一批具有引领性和示范性的创新创业基地辐射带动功能显著；广东、上海等省市出台政策并给予经费支持，鼓励高校设置专门机构负责面向全校开展创新创业教育。

二、我国创新创业教育政策演进逻辑

在国家大政方针与高等教育总体要求及学生发展需要的推动下，我国创新创业教育政策演进始终以促进人的自由全面发展为政策价值取向，以各主体利益博弈为政策动力机制，以政策工具选择为政策保障机制，以政治学、经济学话语为政策话语机制。

（一）以促进人的自由全面发展为政策价值取向

马克思关于"人的自由全面发展"的论述揭示了在物的自然属性下隐藏的人的社会属性，人通过劳动和实践，使自身的体力和智力获得充分自由的发展与运用，一切天赋得到充分释放，努力成为"完整的人"。创新创业教育通过提升人的综合素养、实践能力和适应能力，发展人的创新精神、创新意识和创业能力，为人的自由全面发展提供了坚实的基础。我国创新创业教育政策始终以马克思主义"人的自由全面发展"为价值追求。一是明确人的主体地位。教育部要求"创业教育要面向全体学生"，"面向全体"以培养所有学生的创新创业观念、知识和能力为目标（王占仁，2016），促进了"个性化"与"普及化"的辩证统一；围绕"大众创业、万众创新"，国家各部门、各省市、各高校进一步明确了人在创新创业中的主体地位，激发了人创新创业的潜能。二是尊重人的个性发展。一方面，注重创新创业教育的内涵和精神。创新创业教育政策形成了以促进受教育者观念更新带动行为方式调整，实现人自我超越、自我革新的价值取向（王洪才 等，2020），促进了高校毕业生从"求生式"被动就业到"主动式"创新创业的转变；另一方面，注重创新创业教育的差异性和实效性。创新创业教育政策在确保教育公平的前提下整合资源，为学生发现自我潜能提供条件，历年发布的关于做好普通高等学校毕业生就业工作的通知始终贴近学生发展需求，确保了教育公平与个性化教育的平衡。

（二）以各主体利益博弈为政策动力机制

政策作为平衡资源配置的规约，其形成是各利益主体博弈的结果。不同利益主体之间的相互作用是推动教育政策形成与落地的重要动力。创新创业教育政策的动力机制主要表现在创新创业过程决定权和成果占有权的博弈。我国创新创业教育管理权历经三次变革。一是中央统一管理阶段（1977—1996年）。在中央统一部署下，师资配备、资金配套、教育教学、就业分配由教育部、劳动部等部门分工负责。二是中央宏观领导下依法自主管理阶段（1997—2014年）。《中华人民共和国高等教育法》赋予高校依法办学、民主管理的权利；学生更积极地主张自己的受教育权和选择权，以获得更好的发展。不同主体尝试通过创新创业利益博弈增强自身竞争力，创新创业教育成为地方、高校、学生适应改革并推动发展的重要手段。三是国家直接领导下的深入发展阶段（2015年至今）。创新驱动理念深入人心，提升核心竞争力成为各主体明确的发展方向。地方和企业通过产学研合作、项目孵化、实习实践、资金支持，影响创新创业教育过程，享受创新创业教育成果；高校和学生在实施、接受创新创业教育的基础上，丰富教育手段、主动接入市场、参与创新创业成果运作，争取更大利益。

（三）以政策工具选择为政策保障机制

政策工具是政策执行的手段，创新创业教育政策工具是政府为深入推进创新创业教育、提升人才培养质量而采用的可辨别的行动机制。我国在不同历史时期，通过权威工具、激励工具、能力建设工具、象征和规劝工具及学习工具选择（吴合文，2011），形成了具有时代特点的创新创业教育政策。权威工具以政策对象服从、一致为基本要求，通过法律规范、权力分配、强制惩处，促使目标群体按照所期望的方式行动。这是我国创新创业教育过程中最常被使用的政策工具，"自主择业""创新创业教育学分制"等政策都有行政许可、权力配置的特点。激励工具依靠切实的回报，诱导目标群体遵从或做出积极的行为促进目标达成。以"就业率"为指标的奖惩机制是典型的激励工具。能力建设工具通过为目标群体提供必要的信息或其他资源促使其做出对政策目标有益的决策和行为。政府在各地设立创业园、创业孵化器，开设创新创业项目培训等，通过能力建设工具推动创新创业教育达成目标。象征和规劝工具利用决策呼吁符合政策偏好的无形信念与价值，促使目标群体在信念和价值的驱动下，产生有利于政策目标达成的行为。创新型国家建设、创新创业百强高校评选等通过价值引领的方式激励参与者模仿或创造有效行为，促进目标实现。学习工具通过开放的目的和目标，促使目标群体试验性地实现工具选择，这个工具在创新创业高校试点工作中发挥了重要的作用。

（四）以政治学与经济学话语为政策话语机制

话语与现实始终保持高度同源，政策通过话语力量调节关系、获得认可，实现"说服"功能（祁占勇 等，2020）。创新创业教育政策话语将创新创业教育的意义凝结成自然和社会系统中不同主体与客体间的同一性。

我国创新创业政策在不同社会背景下形成了以政治学、经济学话语体系为主线，逐渐纳入社会学、管理学、伦理学等多元话语体系的政策话语谱系。一是政治学、经济学话语体系主导阶段（1977—1992年）。政治学话语主要体现在创新创业教育与社会主义政治稳定的关系；经济学话语一方面体现为创新创业教育与经济发展的关系，另一方面体现为创新创业教育投入与资源配置、教育成果使用、利益分配的关系。二是政治学、经济学话语逐渐转向以社会治理为主的话语体系阶段（1993—2014年）。这种转向与国家政策话语体系嬗变高度一致，创新创业教育被赋予促进社会公平、法制的内涵。三是多元化话语体系主导阶段（2015年至今）。公共管理学、文化传播学等内容被纳入，如强调对公共权力的监督、制约和规范；将创新创业教育根植于中华民族文化中，体现文化创新和文化传承；增强大学生的创新精神、创业意识和创新创业能力等。

三、我国创新创业教育政策未来展望

创新创业教育在政策推动下，实现了从"聚焦问题解决"到"聚焦高质量发展"的升级，但政策演进过程中仍然存在政策目标漂移、动力机制不稳定、过程保障不精准、话语规则本土化不足等问题。创新创业教育作为高等教育的"新地标"，其政策在未来发展过程中应不断调整与完善。

（一）持续推进教育改革，促进创新创业教育目标系统化

形成系统而稳定的目标，是创新创业教育政策制定的核心任务。一是构建创新创业生态，将文化建设摆在更加突出的位置。文化作为一种"软实力"，既是在精神、理念和价值观层面提升主体自主创新创业能力的前提，又是从制度、环境角度提高创新创业能力的基础（潘懋元 等，2017）。以麻省理工学院为代表的美国高校十分推崇创新创业文化，把创造性原则与学生的课程紧密地联系在一起，为学生营造鉴赏和培养创造力的氛围（卓泽林 等，2016），创新创业文化特质被深深地"烙"在每一位学生身上，发展成为美国高校一种潜在的竞争力（包水梅 等，2016）。二是满足学生个性化需求，处理好通识教育与深度教育的关系。目前，我国已建立起覆盖各类型、各层次高校的创新创业教育体系，但通识教育存在广而杂的问题，深度教育存在聚焦竞赛的功利化倾向。高校应针对不同学科特征及学生个性化需求，系统化设计通识课程和深度课程，更加精准地关照学生个性化需求。三是关注人发展的连贯性与内生性，明确不同阶段创新创业教育的目标。一方面，应抓住青少年创新素养提升的关键期，将青少年创造力培养作为战略任务，推进素质教育，落实党的教育方针（顾明远，2021）。另一方面，以终身教育理念为先导，做好学校教育之后的创新创业教育部署，满足大众创新创业需求，促进创新创业社会文化形成。

（二）优化价值协商机制，实现创新创业教育利益分配和谐化

利益是一个动态的历史的概念，其核心是经济关系，但本质属于社会关系范畴（何立平，2014）。创新创业教育利益和谐对达成创新型国家建设社会共识和价值认同起着决定性作用。应将整个创新创业教育纳入法制和国家宏观制度轨道。一是进一步转变政府职能。厘清政府、高校、企业、市场与学生的权力边界，深入激发创新创业教育的内在活力和发展动能（徐小洲 等，2021）。政府释放权力时，一方面应保持对创新创业教育价值属性的思考，把握好放管服、管办评的尺度，给予各主体充分的发展空间和表达空间；另一方面要深入准确把握创新创业教育投入情况、发展状况、利益分配等问题，处理好各主体"为何""何为""如何"及其自身期待的关系，公正地配置各主体责权利，激发其融入创新创业教育的自觉。二是整合利益和价值。创新创业教育本质上是一种合作式的社会行为。各主体间交往、联系、协作的过程是创新创业社会价值形成的重要过程，有利于促进权利和义务统一体的形成，为社会共生、利益共享和公民自觉意识形成提供价值基础，推动创新创业行为、价值的相互促进和良好互动。

（三）建立联动工作机制，促进创新创业教育保障精准化

创新创业教育具有复杂多变的特点，其政策过程保障精准化是达成政策目标的重要前提。政府应不断创新政策工具，提供精准的政策过程保障，引导高校分层分类制定适切的创新创业教育发展蓝图。一是精准加大经费投入。首先，应在充分掌握创新创业教育发展状况的基础上，建立科学精准的预决算机制，合理投入经费。其次，统筹社会资源，深化"共享机制"，引导社会力量融入创新创业教育全过程。再次，加大高等学校科技成果转化力度，推进高校科技创新产业链发展。德国创新创业教育正是在政府、学校、社会组织及知名企业的协同合作中取得了丰硕的成果。二是精准实施人才战略。首先，进一步明确创新创业教育对高等教育人才培养的意义，注重人才引进、培育，推进跨学科、跨专业高水平师资队伍建设。其次，开展校社协

同，选聘有实战经验的"社会导师"，按需求开展精准化的创新创业教育，缩短创新创业教育"学社衔接"周期。三是精准实施政策保障。创新创业教育既关系民生，又涉及国家战略，国家应为创新创业教育构建好发展空间，引导职能部门和各级政府分级分类做好政策保障，激发创新创业内在活力。

（四）融入国家发展体系，推动创新创业教育话语本土化

我国创新创业教育的话语体系建设要以政策问题、政策目标及政策实践为逻辑起点。第一，进一步明晰中国特色创新创业教育价值取向、现实追求。要更加深入地阐释创新创业教育的特殊使命及其与国家民族发展的内在联系，明确创新创业教育的存在方式、运行状态和战略地位，在政策应然选择和实然构建中获得最优解。第二，完善中国特色创新创业教育政策逻辑体系。我国创新创业教育政策发展还不充分，尚未消除对西方政策的模仿和套用。应结合创新创业教育基本规律和我国政策科学研究范式，构建互为依存的政策逻辑体系，进一步提升政策指向性和工具效力。第三，构建具有中国特色的创新创业教育政策话语体系。处理好"本土化"与"国际化"的关系，既不用绝对"中国化"的思维将遇到的问题与世界割裂，也不简单用"共同化"的思维套用他国经验简单应对，要科学总结改革开放以来的创新创业教育经验，深刻诠释创新创业教育内涵特色，在世界格局中探索中国方案，形成可以被同行理解、国际认同、广泛借鉴的中国创新创业教育表达，在全球融合中实现特色发展，提升中国创新创业教育世界话语权。

参考文献

包水梅，杨冬，2016. 美国高校创新创业教育发展的基本特征及其启示：以麻省理工学院、斯坦福大学、百森商学院为例［J］. 高教探索（11）：62-70.

顾明远，2021. 教师学习与创新［J］. 中国教育学刊（11）：9.

何平立，2014. 个体化背景下利益和价值的整合［J］. 探索与争鸣（6）：19-20.

潘懋元，朱乐平，2017. 以创新文化养人　以创业实践育才［J］. 中国高等教育（8）：49-51.

祁占勇，郑森，2020. 修辞学视角下教育政策文本分析及其话语逻辑［J］. 清华大学教育研究（5）：

37-45.

王洪才，郑雅倩，2020. 创新创业教育的哲学假设与实践意蕴［J］. 高校教育管理（6）：34-40.

王占仁，2016. 中国创业教育的演进历程与发展趋势研究［J］. 华东师范大学学报（教育科学版）
（2）：30-38，113.

吴合文，2011. 改革开放以来我国高等教育政策工具的演变分析［J］. 高等教育研究（2）：8-14.

徐小洲，梅伟惠，韩冠爽，2021. 论我国高校创业教育高质量发展的十大关系［J］. 高等工程教育
研究（1）：155-161.

卓泽林，杨体荣，2016. 美国顶尖理工大学创新创业人才培养机制探究：以伍斯特理工学院工程教育
培养为例［J］. 现代教育管理（4）：109-113.

Evolution Logic and Prospect of China's Innovation and Entrepreneurship Education Policy

Zhang Yu

Abstract: Innovation and entrepreneurship education is an important foundation to promote the construction of innovative country. Since the resumption of college entrance examination in 1977, the development of innovation and entrepreneurship education policy in China has gone through the stage of "restoration–incubation" centering on start-up, the stage of "adaption–reform" focusing on adjustment and exploration, the stage of "integration–advance" driven by scale development and the stage of promotion focusing on connotation construction. Its evolution follows the policy value orientation guided by promoting people's free and all-round development, the policy dynamic mechanism centered on the interest game of all subjects, the policy guarantee mechanism based on the choice of policy tools, and the policy discourse mechanism dominated by political science and economics discourse. In the future, China's innovation and entrepreneurship education policy should promote the systematization of educational objectives, the harmony of interest distribution, the accuracy of educational guarantee and the localization of educational discourse, so as to promote the high-quality development of innovation and entrepreneurship education.

Key words: innovation and entrepreneurship education policy   value orientation　dynamic mechanism　guarantee mechanism　policy discourse

作者简介

张玉，陕西师范大学教育学部博士研究生，青岛科技大学团委副书记，研究方向为高等教育领导与管理。

后　记

经过半年缜密的组稿、审稿、定稿，《中国教育法制评论（第 23 辑）》终于完成。本书自 2008 年入选 CSSCI 收录集刊，持续至今，在教育法学研究中不断沉淀，积累了丰硕的学术成果。本书以当代中国教育法制建设的理论与实践为主要研究内容，汇集了中国教育法学研究领域的共同智慧和最新成果，展示了教育法学领域研究者对我国教育法制建设的思考和探索。

依法治国、依法治教的不断推进为教育法学研究提供了更加开放的学术氛围，随着时代的发展，更多教育领域的问题需要从更深入、更多元、更全面的角度去思考。本辑主要围绕党领导教育立法、父母家庭教育权利、公办中小学教师的国家公职人员身份、学校保护、教育法典、学位授予、校园欺凌治理、"双减"政策、创新创业教育政策等问题进行了讨论，同时聚焦德国学生托管制度和英国高等教育对外合作办学政策思考国外实践经验。

教育政策与法律的发展需要以开放性的学术平台为保障，在充分交流、不断争鸣的学术氛围中推进中国教育法学研究事业健康发展。本书将积极为中国教育法制建设实践服务，努力促进教育决策文化和学术文化的交流，致力于通过教育法学理论研究为中国教育立法和教育政策制定的实践活动提供建设性的学术支持。

陕西师范大学教育学部博士研究生杜越、李莹、康韩笑对本辑的顺利出版多有助力，教育科学出版社对本辑的出版给予了大力支持，在此一并致谢。囿于篇幅，来稿未能全数刊用，特致歉意，期待各位同人一如既往地支持我们的工作，积极投稿！

劳凯声　余雅风　陈　鹏
2022 年 7 月

《中国教育法制评论》

中国教育法制研究系列
教育科学出版社，北京

编辑宗旨

　　《中国教育法制评论》以当代中国教育法制建设的理论与实践为主要研究内容。本书将始终致力于关注中国教育法制建设的理论与实践问题，汇聚中国教育法学研究领域的共同智慧和最新成果，展示教育法学领域研究者对我国教育法制建设的思考和探索。本书也致力于为中国教育法学研究提供一个开放性的学术研究和学术推广平台，通过学术交流和学术争鸣，推进中国教育法学研究事业健康发展。本书将积极为中国教育法制建设的实践服务，努力促进教育决策文化与学术文化的交流，致力于通过教育法学理论研究为中国教育立法和教育政策制定的实践活动提供建设性的学术支持。

　　本书的读者对象主要包括：（1）中国教育研究特别是教育法学与教育政策研究领域的专家学者、研究人员和教学人员；（2）各级各类教育行政部门的教育决策人员、政策研究人员、行政管理人员和中小学校及其他教育机构的管理人员；（3）各级各类学校及其他教育机构的教师；（4）国家机关和社会各界关注与从事教育领域法律问题和政策问题研究的专业人员；（5）从事教育法学学习和研究的各级各类学校及其他教育机构的学习者；等等。

投稿须知

《中国教育法制评论》由首都师范大学劳凯声教授、北京师范大学余雅风教授、陕西师范大学陈鹏教授主编，每辑将围绕几个主要的议题开展学术研究和交流，面向全国征集稿件，欢迎全国同人踊跃投稿。

来稿请提供英文标题、中文摘要（150字以内），参考文献格式请按《信息与文献　参考文献著录规则》（GB/T 7714—2015）著者–出版年制著录。著录项目应齐全，各项应核实无误。参考文献统一放在文章的最后，说明性的注释以脚注的形式呈现。

外国人名、地名、书刊名、文章名、机构名等在第一次出现时，用括号加注原文，并请核准无误。书名、期刊名用斜体。地名、人名的翻译，须参照相关辞典和译名手册（如《外国地名译名手册》和《世界人名翻译大辞典》），按规范或惯例译出。

法律法规的名称、文件政策名、机构名称等规范性名称，应确保准确无误。

文末作者简介的基本格式为：姓名，职务，职称/学位，研究方向……

来稿请提供规范的 Word 电子文本和书面文本。书面文本请用宋体小四号字格式，1.5 倍行距，A4 纸打印。来稿请注明作者姓名、通信地址、邮政编码、联系电话或电子邮件地址，并注明"《中国教育法制评论》稿件"字样。

来稿请寄：北京市新街口外大街19号北京师范大学教育学部　余雅风（收）

邮　　编：100875

电子文本请发至：yuyafeng@bnu.edu.cn